2019年山东省社会科学规划研究项目

优势学科项目“我国信托法制现代化”（19BYSJ07）研究成果

中国现代信托法制研究

于朝印 著

中国人民公安大学出版社

·北 京·

图书在版编目（CIP）数据

中国现代信托法制研究 / 于朝印著. — 北京：中国人民公安大学出版社，2022.11

ISBN 978-7-5653-4587-6

Ⅰ.①中… Ⅱ.①于… Ⅲ.①信托法—研究—中国 Ⅳ.①D922.282.4

中国版本图书馆CIP数据核字（2022）第163663号

中国现代信托法制研究

于朝印 著

出版发行：中国人民公安大学出版社
地　　址：北京市西城区木樨地南里
邮政编码：100038
印　　刷：北京市泰锐印刷有限责任公司

版　　次：2022年11月第1版
印　　次：2022年11月第1次
印　　张：16
开　　本：787毫米×1092毫米 1/12
字　　数：200千字

书　　号：ISBN 978-7-5653-4587-6
定　　价：55.00元

网　　址：www.cppsup.com.cn　　www.porclub.com.cn
电子邮箱：zbs@cppsup.com　　zbs@cppsu.edu.cn

营销中心电话：010-83903254
读者服务部电话（门市）：010-83903257
警官读者俱乐部电话（网购、邮购）：010-83903253
综合分社电话：010-83901670

前 言

随着2018年《关于规范金融机构资产管理业务的指导意见》（以下简称“资管新规”）和压缩信托通道业务规模、压缩违规融资类业务规模、加大表内外风险资产处置的“两压一降”措施的实施，我国信托业规模自2017年年底开始进入一个下行周期，直到2021年年底才进入行业止跌企稳的新阶段。自2018年到2021年年底，信托业发展出现明显调整：第一，信托资金来源发生实质性变化，单一资金信托规模明显压缩，集合资金信托规模稳步增长，信托“去通道”取得明显成效；第二，信托功能发生结构性变化，主动管理信托持续增长，融资类信托规模继续压缩；第三，信托资金投向伴随国家调控政策进行因应性调整，投向证券市场的资金信托规模大幅度上升，投向房地产、金融机构的资金信托规模保持下行。

信托业多年来在资产规模扩张型增长方式下所形成的粗放式经营方式，面临监管部门加强监管、行业转变经营方式的双重压力，而2020年年初暴发的新冠疫情造成的经济下行无疑是雪上加霜。根据数据统计，2020年共发生310多起集合信托产品违约事件，违约项目金额1600多亿元，2021年前11个月共发生信托违约事件250多起，违约金额超过1200亿元。安信信托、四川信托等信托公司发生大面积兑付危机。

银保监会信托管理部2018年8月发布《关于加强规范资产管理业务过渡期内信托监管工作的通知》（信托函〔2018〕37号）（以下简称37号文）。37号文明确指出，公益信托与家族信托不适用“资管新规”的相关规定。同时，对家族信托进行了界定，即委托人为单一个人或家庭；信托目的为家庭财富保护、传承与管理；受益人为包括委托人在内的家庭成员，但委托人不得为唯一受益人；受托人为信托公司，可以提供包括风险隔离、财产规划、资产配置、家族治理、子女教育等在内的事务管理与金融服务。单纯以财产保值、增值为目的、具有专户理财性质或资产管理属性的信托不属于家族信托。

虽然37号文对家族信托的界定值得商榷，但是规定本身可能起到促进民事信托发展的作用。从事家族信托事务的信托公司从2013年的6家增加到2018年的34家，家族信托的规模也从十几亿元增长到数百亿元。

信托公司从事的商事信托业务和近些年来以家族信托为代表的民事信托业务正成为我国信托发展的两大支柱。信托法制应当为信托的发展提供基础的制度支撑，但是我国2001年实施的《信托法》对当前我国信托业的发展所提供的制度支撑作用有限，信托法制现代化的问题也成为一个避不开的话题。

从早期欧洲的列支敦士登、卢森堡等国家，到后来拉丁美洲各国、非洲的南非与埃及和亚洲的日、韩等国纷纷移植了信托法制。大陆法系各国移植、引进信托制度主要目的在于两个方面：一方面是源于信托商事化应用的推动，另一方面是源于国家间法制竞争的深层原因。这种功利性的立法不仅未能引导民事信托的发展，也没有给商事信托的持续发展提供有力的制度支撑，最终使得信托业发展遇到难以克服的瓶颈。

我国《信托法》定位于民事信托、营业信托与公益信托共同的调整规则，但实质上是以调整营业信托为主要基点的。但是，目前我国《信托法》立法理念落伍，技术落后，不能满足现代信托发展的要求。我国《信托法》的制定主要借鉴了日本1922年《信托法》。如果制定信托法时，一个国家的信托本身没有多少发展，那么什么样的信托法都是只关乎理论争议的问题；但如果信托一旦得到实质性发展，信托法制能不能提供足够的制度支撑就成为一个非常现实的问题。日本《信托法》在2006年进行了大幅度的修改，以回应该国民事信托与商事信托发展对信托法制的需求。面对我国信托发展的现实，《信托法》的不适主要表现为以下几个方面：第一，信托立法理念落后，不适应现代信托的发展需要。信托是一种应用非常灵活的制度，在美国，民事信托的种类层出不穷，日新月异，这与其充分保护委托人的处分自由不无关系。在美国的可撤销生前信托中，委托人可以根据信托文件的规定随时变更、终止信托；在不可撤销信托或遗嘱信托中，也可以通过赋予受托人广泛的自由裁量权来保障委托人的意志实现。相对于美国的信托法，英国的信托法更倾向于保护受益人的利益，在所有受益人达成一致的情况下，可以变更或终止信托，而美国的信托法则需要所有受益人达到一致不与信托的实质目的冲突的情况下才能变更或终止信托。信托是一种灵活的财富管理工具，不管是倾向于实现委托人的处分自由，还是倾向于保护受益人的利益，信托都是一种服务于信托当事人意志的手段。反观我国《信托法》，对委托人知情权、调整权、撤销权等权利的一般规定并不足以充分实现委托人处分自由，受益人与信托变更与终止的规定，也不能保障受益人对受益权、信托处分的合理诉求。第二，立法存在明显的缺陷。在我国，《信托法》对受托人的信义义务制度作了比较全面的规定，对受托人的报酬请求权、求偿权也作了规定，貌似是权利义务的均衡，但是这种表象掩盖的真相是，受托人的信义义务约束的是受托人对信托事务的管理权、对信托财产的运用和处分权。受托人是信托运行机制的核心，受托人在信托运行上享有很大权限，为了约束受托人权限，才产生了严格的信义义务制度。但立法似乎对受托人权限视而不见，只规定信义义务，而不规定信义义务所针对的受托人权限，表现出明显的立法缺陷。第三，《信托法》的实施未达到预期目标。当年我国制定信托法主要是为商事信托的发展提供基础的制度支撑。就商事信托的发展来看，信托财产的独立性、破产隔离功能得到较为全面的应用，但是受托人的信义义务制度却没有从根本上转化为一种职业自觉，受托人谋取受益人利益最大化的信托文化没有真正落地生根。因此，诸多信托产品暴雷、违约屡见不鲜，受托人信义义务约束不足成为不可忽视的原因。另外，我国《信托法》制定已经二十多年了，而民事信托的发展并不见多大起色，这与社会对《信托法》的期待形成较大落差。

随着资产证券化快速扩容、养老制度深化改革以及信托登记制度的建立，信托机制面临着更广阔的应用空间。在英美、大陆两大法系信托法制纷纷进行现代化变革的背景下，我国信托法制进行现代化变革以满足社会经济发展需求就显得尤为紧迫。本书主要对我国《信托法》进行了实证研究，并结合国外现代信托法制进行比较研究，探讨我国信托法制的完善，以期信托法制能为我国的民事信托与商事信托发展提供更全面的制度支撑。

本书为2019年山东省社会科学规划研究项目优势学科项目“我国信托法制现代化”（19BYSJ07）的研究成果。感谢山东省社会科学规划管理办公室为本项目研究所提供的资助。由于作者才学有限，疏漏、错误在所难免，敬请学界同仁指正，不胜感激。

于朝印
2022年6月31日
泉城燕子山脚下

目　录

Contents

第一章 中国现代信托制度的商事化驱动

通常认为，现代信托制度起源于英美法系的英国。信托制度随着英国的殖民扩张传播到了世界各地。基于信托制度的独特魅力，大陆法系早在20世纪20年代就开始移植信托制度，如欧洲的列支敦士登、卢森堡等国家，拉丁美洲各国，非洲的南非与埃及等国，亚洲的日、韩等国纷纷移植了信托法制。

第一节 信托制度的引入

现代信托作为一种财产管理制度，最早是由西方殖民者带入中国的。早在1890年英国商人联合其他国家的商人在上海设立了主营证券信托业务的大东惠公司；次年，英国商人又设立了信托放款公司，专门经营股票买卖。[1]

[1] 田泽望：《信托在中国：从南橘北枳到浴火重生》，载《当代金融家》2019年第4期，第104页。

不少文章认为，1918年浙江兴业银行推出的具有信托性质的保管箱业务是我国信托业的开端，但是有文章考证认为，华商最早设立的信托机构是1914年在吉林滨江成立的农产信托交易所和滨江货币信托交易所，1916年另一家华商信托机构沈阳信托公司经批准成立,公司主营金银钞票、中外金银货币兑换,股票、债券买卖等业务。[1]在南方，上海商业储蓄银行保管部在1917年设立，并于1921年改称信托部，开始从事金融信托的经营活动。[2]

此后，外商和华商先后设立了几十家信托机构。但大量的信托机构在1921年的“信交风潮”中遭受重创。1920年7月1日，上海证券物品交易所经当时北京市政府批准正式开业；1921年5月，上海华商证券交易所开业，加上1918年在北京成立的北京证券交易所，标志着当时的中国证券交易进入了交易所时代。交易所成立后经营状况良好，回报丰厚。以上海证券物品交易所为例，在1920年12月1日至1921年5月31日的半年中，股东的半年股利即达到了30%，而上海华商证券交易所1920年股东年收益率则达到了40%。[3]受此鼓舞，棉、粮、油、酒、金、丝、皮毛等各行业纷纷开设交易所，据统计，在1921年5月至12月仅上海一地就设立了136家交易所，其中不少为了规避北洋政府《证券交易所法》一地只能有一家交易所的规定，许多交易所开进了当时外国在上海的租界。随着交易所数量剧增，投资理财的需要应运而生，1921年成立的“中国商业信托公司”成为中国第一家名为“信托公司”的企业。[4]从1921年5月至7月就设立了大中华、中央等12家华商信托公司。由于当时

[1] 田泽望：《信托在中国：从南橘北枳到浴火重生》，载《当代金融家》2019年第4期，第104页。

[2] 武飞：《中国信托业发展的历史演进》，载《浙江金融》2013年第8期，第49页。

[3] 朱荫贵：《1921年“信交风潮”》，载《中国金融》2014年第10期，第92页。

[4] 刘光祥：《1913—1937：旧中国信托业的兴起——中国信托业发展与理论探索系列（一）》，载《金融博览（财富）》2019年第8期，第62页。

中国的经济发展水平较低，加之交易所设立的投机目的，泡沫很快在1921年年底破灭，信交风潮后交易所只剩下上海证券物品交易所、上海华商证券交易所等六家，而信托公司也纷纷停业、转业，最后只剩下中央信托公司和通易信托公司。[1]

而存留的两家信托公司颇具黑色幽默色彩，两家信托公司的发起人都来自银钱界，其设立信托公司的目的是保护银钱业固有存款，防止其成为其他信托公司的资本。公司成立后也主要经营银行业务，而不是进行当时信托公司从事的投机活动，因此公司股价并未受“信交风潮”的影响，从而得以幸存。[2]

从1927年南京国民政府建立到1937年抗日战争爆发前这段时间，时局不稳，工商业发展不景气，信托公司投资的经营受到时局制约，需要时常变化经营策略，有的时段以投资房地产为主，有的时段则以银行业务为主。在这个阶段也出现了一些特色的信托公司，一是国民政府在1935年出资设立了官办的中央信托局，主要业务是为政府部门采购所需物品以及军火，为公务人员和军人办理强制储蓄业务，另外还有担保、保险等业务。因其官办性质，中央信托局在实际经营中享受政府的特殊政策照顾。二是出现了一些特色经营的信托公司，如经营资产管理的诚孚信托公司，其主营业务为银行不良债权的处置。[3]

抗日战争爆发导致经济生活紊乱，通货膨胀高企，银行活期存款激增，但是放款风险大增，企业融资难度加大。当时政策允许信托公司吸收存款，吸收社会资本进行投资，经批准后可以兼营有价证券及不动产。为了减少或摆脱对银行的融资依赖，不少企业家纷

[1] 《1921年信交风潮》，https://www.archives.sh.cn/shjy/scbq/201203/t20120313_5769.html，2020年7月13日访问。

[2] 刘光祥：《1913—1937：旧中国信托业的兴起——中国信托业发展与理论探索系列（一）》，载《金融博览（财富）》2019年第8期，第63页。

[3] 同[2]。

纷成立自己的信托公司。从 1937 年到 1945 年 8 月，在上海就有多达 44 家民营信托公司设立，可以算作信托公司发展的另一个高峰期。[1]

1947 年，国民政府颁布《银行法》，规定新设立的信托公司不得从事银行业务，这一规定对信托公司的经营造成巨大影响。1948 年币制改革，要求信托公司缴付与银行一样金额的资本金，为方便经营，很多信托公司纷纷改组为银行。[2] 据统计，到 1949 年中华人民共和国成立前，全国总共有 14 家信托公司，其中 13 家在上海。[3]

旧中国信托业起伏不定，发展举步维艰，有文章概括为四点缺乏：缺乏良好的经济基础支撑、缺乏政府扶持、缺乏法律支持及缺乏信托文化。[4] 信托作为一种舶来品，从其引入中国到 1949 年间并未在经济发展中确定其发展基调，与银行业务的同质性大大降低了其独立存在的价值。信托业务活动不固定，也难以获得社会认同。其实，信托制度大放异彩需要一个稳定、富裕、繁荣的社会环境。

[1] 刘光祥：《1937—1949：旧中国信托业的衰退——中国信托业发展与理论探索系列（二）》，载《金融博览（财富）》2019 年第 10 期，第 61 页。

[2] 刘光祥：《1937—1949：旧中国信托业的衰退——中国信托业发展与理论探索系列（二）》，载《金融博览（财富）》2019 年第 10 期，第 62 页。

[3] 武飞：《中国信托业发展的历史演进》，载《浙江金融》2013 年第 8 期，第 49 页。

[4] 刘光祥：《1937—1949：旧中国信托业的衰退——中国信托业发展与理论探索系列（二）》，载《金融博览（财富）》2019 年第 10 期，第 63 页。

第二节 信托业的恢复与发展

一、信托业的短暂恢复

中华人民共和国成立后曾一度试水信托业。中国人民银行上海分行于 1949 年 11 月在原中国银行信托部、交通银行仓库业务的基础上设立了信托部。1951 年 6 月，天津市地方集资的公私合营天津信托投资公司宣告成立。1955 年 3 月，广东省成立办理信托业务的华侨投资公司。[1]后来由于社会主义改造以及计划经济体制的建立，信托业自此消失，直至改革开放才重新登上历史舞台。

二、信托业的快速发展

1979 年，经国务院批准，中国国际信托投资公司成立，这标志着信托业在中国的恢复。但信托业的恢复并不是信托业的高光时刻，从 1979 年到 2007 年信托业先后经历了五次清理整顿。

（一）第一次清理整顿

1980 年 6 月，国务院下发《关于推动经济联合的通知》，要求银行试办信托业务，但由于文件对信托业务的指向不明，信托业务与银行业务并没有明显区别。1980 年 9 月，中国人民银行下发《关于积极开办信托业务的通知》，要求各地积极开办信托业务，特别强调办好委托放款、委托投资业务，以推动地方经济发展，搞活银行业务。该文件授权省级分行行使审批信托投资机构的权力。除了

[1] 田泽望：《信托在中国：从南橘北枳到浴火重生》，载《当代金融家》2019 年第 4 期，第 105 页。

银行开办的信托业务以外，各地各部门也纷纷创办信托投资公司。信托投资公司成为银行之外重要的资金融通部门，在对外融资、筹措银行计划体系以外建设资金方面发挥着重要作用。到1982年年底，全国有600多家信托投资机构。由于信托业盲目发展，冲击了银行贷款的规模。

直接引发第一次信托清理整顿的事件是1982年2月甘肃省计委等部门发布通知要求把存入银行账户的专项基金存款转为地方信托存款。国务院要求甘肃省人民政府予以纠正，并于同年4月下发《关于整顿信托投资机构和加强更新改造资金管理的通知》，该通知明令要求一律停办地方信托投资公司，规定信托投资业务只能由人民银行及指定的专业银行办理。[1]

（二）第二次清理整顿

中国人民银行在1984年6月到7月的系列会议上以金融轻骑兵、金融百货公司定位信托业，提出开展信托业务有利于引进外资、引进先进技术以及有利于发展生产和搞活经济。伴随当时整个过热的经济环境，信托规模迅速扩张，在一定程度上干扰了国家对经济的宏观平衡和调整能力。国务院在1985年年初发布《关于进一步加强银行贷款检查工作的通知》，人民银行随即对信托业进行第二次清理整顿，叫停新增信托贷款与信托投资。1985年年底，中国人民银行发布《金融信托投资机构管理暂行办法》，加强了对信托业的监管。但是，信托的业务活动以及人民银行对信托的监管却导致了银行与信托明显同质化的倾向。

[1]《为什么信托行业10年四次“推倒重来”？》https://www.sohu.com/a/492793173_121205928，2020年9月13日访问。

（三）第三次清理整顿

从 1986 年开始，经济发展出现过热现象，从而引发资金需求大增。在此背景下，信托业迅速扩张，信托投资公司的数量急速增长。专业银行纷纷通过信托公司转移资金，信托公司乱集资、乱贷款、乱拆借等三乱问题丛生，信托公司成为固定资产投资失控的重要因素，对信托监管不足的问题越发明显。这些乱象引发了对信托业的第三次清理整顿。1988 年下半年中共中央、国务院下发《关于清理整顿公司的决定》（8 号文），人民银行依据此文对信托公司进行第三次清理整顿。在清理整顿期间，对信托公司采取停止发放贷款、停止投资与停止拆出资金即“三停”处理措施。同时，人民银行通过撤销、合并等方式解决信托机构泛滥之流弊，机构数量从清理整顿前的 700 多家下降到 339 家，并对信托机构核发了新的金融业务许可证。

（四）第四次清理整顿

自信托业第三次清理整顿到 1992 年期间，信托业在发展的轨道上又出现了粗放发展、治理混乱的问题。在 1992 年邓小平南方谈话后，经济发展过热现象中也出现了信托的影子。因此，信托业从 1993 年起经历了长达数年的第四次清理整顿。1995 年，人民银行要求全国非银行类金融机构进行重新登记，并根据 1995 年国务院的命令要求国有商业银行与其主办的信托投资机构脱钩。重新登记后，信托机构从原先的 392 家下降到 244 家，同时在信托业的经营方式上实现了银行业与信托业的分业经营。

信托业的第四次清理整顿对我国信托业的发展具有重要意义，其主要表现为以下几个方面：第一，为现代意义上信托业的发展奠定了组织基础。在第四次清理整顿之前，银行办信托公司是普遍现象，而信托公司大量的业务活动与银行并没有质的区分，反而成为很多银行突破当时贷款规模、扩大投资规模的重要途径，成为引发经济过热的原因之一。银行与主办的信托公司脱钩，是实现分业经营的重要组织保障，银行不能再通过信托公司从事不受监管的银行业务。银行与信托的脱钩，也为信托公司成长为独立于银行的金融机构奠定了组织基础。第二，为现代信托业的发展确定了经营模式。本次清理整顿中，在“分业经营、分业管理”思想的引领下，信托公司与银行之间的股权关系与资金关系被切断，这为信托公司以后开拓真正意义上的信托业务提供了重要的机遇。虽然在清理整顿过程中，不少信托公司消极应对，但是没有真正意义上的信托业务，就没有信托业存在的合理价值。

在第四次清理整顿期间曾发生影响颇大的“中农信”事件。中国农村发展信托投资公司（以下简称中农信）于1988年经国务院批准设立，当时注册资本5亿元人民币；自1991年6月起直属于国家计委，到1993年10月又划归农业部。到1996年年底，中农信在全国22个省市设有分支机构362家，业务涉及证券、信用社、房地产和贸易等领域，集团并表资产总额335亿元人民币。但由于境内外分支机构众多，管理混乱，盲目扩张，风险失控，最终人民银行于1997年1月4日依法关闭了中农信，并由建设银行托管，在托管工作完成后，人民银行发布公告于1998年2月23日依法解散了中农信。[1]在中农信被关闭后，最高人民法院发布通知，对涉及因严重违规违法经营而被关闭的中农信的案件受理、审理与执行等方面的问题作出了专门规定。[2]

第二起影响较大的事件是“中银信”事件。中银信托投资公司成立于1990年，其管理水平没有随着其急剧膨胀的规模而提高，违

[1]《中农信被解散》，http://www.people.com.cn/9802/26/current/newfiles/b1070.html，2020年6月3日访问。

[2] 参见《最高人民法院关于审理涉及中农信公司经济纠纷案件有关问题的通知》。

法违规经营不断，不良资产高企不下。根据中国人民银行发送给最高人民法院的《中国人民银行关于延长对中银信托投资公司作为被执行人的案件中止执行期限的函》（银函〔1996〕364号）可以确定，人民银行于1995年10月就对中银信托投资公司进行了为期一年的接管。[1]1996年10月，人民银行收回了中银信托公司的《经营金融业务许可证》，并批准了广东发展银行的收购。[2]当年最高人民法院发布《关于中银信托投资公司作为被执行人案件应中止执行的通知》，对中银信托投资公司在接管、清理期间作为被执行人应中止执行。

（五）第五次清理整顿

从广东国际信托投资公司破产开始的第五次信托业的清理整顿给中国信托业带来了根本性的变革。[3]

广东国际信托投资公司（以下简称为广东国投）是经广东省人民政府批准于1980年7月注册的全民所有制企业，当时注册名称为广东省信托投资公司。1983年经人民银行批准，广东国投成为享有外汇经营权的非银行金融机构。广东国投自1992年以来，经营管理混乱，如高息揽存、违规拆借、账外经营、投资无序等违规经营现象严重。1997年下半年爆发的亚洲金融危机导致美日等外资银行纷纷撤资，要求广东国投偿还到期外债。为了防止金融风险蔓延，人民银行于1998年10月6日决定关闭广东国投，成立清算组进行清算。后经清算，查明广东国投资不抵债达近147亿元。

广东国投及其旗下三家全资子公司于1999年1月11日向广东

[1] 参见《中国人民银行关于延长对中银信托投资公司作为被执行人的案件中止执行期限的函》（银函〔1996〕364号）。

[2] 沈伟：《“中银信”事件的法律思考》，载《法学》1996年第12期，第2页。

[3] 方家喜：《近180家问题公司被撤消 信托业整顿即将完成》，载《经济参考报》2003年6月18日。

省高级人民法院提出破产申请。破产案件的债权人多达490个，申报的债权接近470亿元，其中80%以上为涉外债权，成为当时全国最大的非银行金融机构破产案件，引起海内外的广泛关注。广东国投破产案件经过四年多的审理，广东省高级人民法院于2003年3月裁定终结了案件的破产程序，由清算组办理公司注销登记，但保留清算组进行追收财产等事宜。广东国投破产案件的全面终结直到2021年2月才得以实现。根据广东省高级人民法院的民事裁定书，到2020年12月，清算组完成了破产债权分配、缴纳清算所得税等工作。裁定书依法将剩余的破产财产分配给广东省人民政府，并全面终结了广东国投破产程序。[1]

1999年3月，信托业第五次清理整顿拉开帷幕。本次清理整顿确定了“信托为本、分业经营、规模经营、分类处置”的基本原则。具体地说，“信托为本”就是要明确信托投资公司“受人之托、代人理财”的信托行业定位。第五次清理整顿与前四次清理整顿最大的区别在于信托投资公司的“信托为本”的定位，这为信托投资公司与银行等金融机构的错位发展奠定了基础，改变了信托公司之前无所不包但却不具有行业特色的金融百货公司的行业发展模式。“分业经营”要求信托投资公司分离其证券业务部门，实现信托业与证券业的分离。“规模经营、分类处置”要求根据当时信托投资公司的资产规模、资产质量和风险控制水平等情况重新设定设立条件，进行区分处理，符合条件的保留，不符合条件的分别采取合并、重组、关闭、破产等处置措施。经过分类处置，对239家信托投资公司重新审核，最终获得批准登记的只有60多家。

我国的信托业从第五次清理整顿后才逐步具有了信托资产管理的实质，之前信托投资公司虽然诸多业务冠以“信托”之名，但其本质就是其他金融机构的业务活动的翻版。如在广东国投破产案件中，有17家债权人申报了37亿元的信托存款，部分债权人认为信

[1] 参见《广东省高级人民法院民事裁定书》（2021）粤破1号。

托存款属于信托财产，依法具有独立性，不属于广东国投的财产，要求行使取回权。广东省高级人民法院认为，信托存款人与广东国投之间就信托存款形成债权债务关系，并非信托关系，存款人不享有取回权。[1]因此，信托公司的信托存款、信托贷款就是以信托公司的名义从事的存款、贷款业务，其法律性质与银行的存款、贷款并无实质区别。信托投资公司在从事银行业务的同时，又没有受到如银行一样的监管，常常成为无序投资、引发经济过热、造成金融混乱的主要推手，因此，对信托业的清理整顿也就在所难免。

客观地说，引发五次清理整顿的主要原因是缺少对信托业的准确定位。改革开放初期，国家恢复信托业的主要目的是开辟引进外资的渠道，并不是想真正建立信托制度，因此后来有的信托公司实际从事的是银行业务，有的信托公司从事的是投行业务，有的承担了地方政府的财政职能，就是没有真正从事信托业务的。[2]五次清理整顿对信托业步入健康发展的轨道起到了积极作用，监管部门在历次的整顿中积累了监管经验。由于长期以来信托业发展定位不清晰、主业不明确，信托发展的多元化和灵活性经常成为规避国家信贷计划的工具，成为信贷增长过快、固定资产投资失控的主要推手。前期监管机构对信托的监管参照了银行的监管模式，没有形成信托发展的准确定位和明晰的发展方向。从改革开放到第五次清理整顿，国家设立信托投资公司的初衷是使其发挥改革工具和融资工具的作用。信托投资公司可以突破传统计划体制对银行的各种束缚，有限度地打破贷款规模、存贷款利率、贷款对象等方面的限制，以弥补传统计划经济下银行功能的不足。对信托投资公司工具性的定位，政策层面就缺少了把信托业作为产业、把信托投资公司作为资产管理机构进行建设的规划。[3]

---

[1] 参见“两高”公布案例：广东国际信托投资公司破产案。

[2] 许均华：《解读信托业保障基金》，载《当代金融家》2015年第1期，第93页。

[3] 马永红、陈赤：《中国信托业转型升级创新研究》，中国金融出版社2020年版，序言第1页。

通过五次大规模的清理整顿，监管部门逐步明确了信托业的功能定位和经营范围。自第五次清理整顿以来，监管部门对信托业没有再进行过大规模的清理整顿。[1]

当然，也有研究认为，2007年“新两规”的出台，引入合格投资者的概念，是对信托业的第六次清理整顿；2015年监管部门禁止信托公司的配资类业务，是对信托业的第七次整顿；2018年“资管新规”出台，禁止了信托公司的通道业务，是对信托业的第八次整顿。[2]从2001年信托业的“一法两规”出台，信托业的信托定位基本确定，之后对信托业的监管政策调整与之前的五次清理整顿在方式、方法、程序、内容等方面存在质的区别。前五次的清理整顿主要以行政指令为主，在清理整顿期间整个信托行业总体上处于停业或半停业状态；而“一法两规”确立信托业的主营定位后，监管部门出台新的监管规章总体呈现的是监管政策调整与完善，信托业的经营活动虽然有所调整，但行业发展基本保持总体平稳。

三、信托业的守正与创新：制度的建立与完善

（一）信托业发展的“一法两规”

2001年，针对信托投资公司监管的“一法两规”即《中华人民共和国信托法》《信托投资公司管理办法》《信托投资公司资金信托业务管理暂行办法》先后颁布，信托业的发展由此进入规范化阶段。

首先，《信托投资公司管理办法》规定了信托公司的经营范围主要包括三大部分，即信托业务、自营业务与传统的投资银行业务。

[1] 蔡鄂生：《我国信托监管的“守正创新”之路》，载《当代金融家》2019年第7期，第30页。

[2] 中铁信托——西南财大中国信托研究中心：《信托前沿热点问题研究》，中国金融出版社2019年版，第3页。

其中，信托业务包括资金信托、动产信托、不动产信托与其他财产信托等信托业务；自营业务主要包括自有资产进行的各种投资活动；传统的投资银行业务主要包括投资基金业务，资产的重组、购并及项目融资、公司理财、财务顾问等中介业务，国债、企业债券承销业务，代理财产的管理、运用与处分、代保管业务，资信调查及经济咨询业务等业务活动。其次，《信托投资公司管理办法》确定了信托公司的经营规则。信托公司在经营活动中，应当以受益人的最大利益为宗旨处理信托事务、谨慎管理信托财产。这一规定实质上是《信托法》中受托人信义义务的具体体现。基于受托人维护受益人利益最大化的信义义务，该管理办法同时禁止信托公司从事下列行为：利用受托人地位谋取不当利益、挪用信托财产、进行保底、保收益承诺、以信托财产为自己及他人债务提供担保、以信托资产认购自己或关系人发行的有价证券、与信托资金进行自我交易、不同信托财产进行相互交易等行为。

《信托投资公司资金信托业务管理暂行办法》对信托公司的资金信托业务进行了具体的规范，其中最为鲜明的规制在于对其私募性质的定位。该办法规定，信托公司进行集合管理、运用、处分信托资金时，与委托人签订的资金信托合同不得超过 200 份，每份合同金额不得低于人民币 5 万元，并且不得通过报刊、电视、广播和其他公共媒体进行营销宣传。

“一法两规”以强制的制度变迁方式改变并打破了信托业原有的发展路径，为信托业的规范化发展提供了基本的制度保障。

信托业步入正轨后，规范发展、合规发展依然是整个行业面临的重要课题。2004 年，诸多信托投资公司部分证券业务出现资金链断裂、挪用信托资金、信托产品不能按时兑付等问题。从 2004 年开始，银监会先后对金新信托、伊斯兰国际信托[1]、庆泰信托[2]、浙江金信信托[3]、吉林泛亚信托实施停业整顿。金信信托是我国金融不良资产处置过程中第一个因重大违法违规行为被强制行政关闭的信托公司，也是第一家成功实施了破产重组的信托公司。金信信托也是人民银行“善后”的最后一家信托公司。[4]

银监会在2004年到2005年密集出台了多项加强信托投资公司监管的规范性文件，包括《信托投资公司集合资金信托业务信息披露有关问题的通知》《关于进一步规范集合资金信托业务有关问题的通知》《关于信托投资公司开设信托专用证券账户和信托专用资金账户有关问题的通知》《关于规范信托投资公司证券业务经营与管理有关问题的通知》《信托投资公司信息披露管理暂行办法》等，为信托投资公司的规范化发展奠定了重要制度基础。

2007年，银监会发布修订的《信托公司管理办法》和《信托公司集合资金信托计划管理办法》（以下简称“新两规”）两部规范性文件，将使用多年的“信托投资公司”更换为“信托公司”，明确了信托投资业务的范围，强化了信托公司经营性信托核心功能。

《信托公司管理办法》对原信托投资公司的业务范围进行调整，体现了“压缩固有业务，突出信托主业”的行业定位。[5]信托公司的信托业务除了原来的资金信托、动产信托、不动产信托、其他财产或财产权信托外，还增加了“有价证券信托”这一类型；另外新增了居间业务、保管箱业务，取消了代理财产管理、运用处分业务

[1] 2007年，中粮集团对伊斯兰国际信托实施重组，并于2009年7月获得银监会批准成立中粮信托。

[2] 根据《中国银监会关于庆泰信托投资有限责任公司重整后续变更事项的批复》(银监复〔2010〕465号)庆泰信托变更五矿国际信托公司。

[3] 现名为浙商金汇信托。

[4] 蔡鄂生:《我国信托监管的“守正创新”之路》，载《当代金融家》2019年第7期，第29页。

[5] 韩雪萌:《解读新修订信托业监管办法》，载《金融时报》2007年2月2日，第2版。

和信用见证业务，业务范围的调整体现出聚焦信托业务的监管倾向。对信托公司固有业务范围进行了严格限定，可以开展存放同业、拆放同业、贷款、租赁、投资等业务，而投资业务也限定为金融类公司股权投资、金融产品投资和自用固定资产投资。信托公司开展固有业务时，不得向关联方转移财产或融出资金，不得为关联方提供担保，不得对本公司股东持有的本公司股权进行质押融资。除银监会另有规定外，信托公司不得以固有财产进行实业投资。在此之前，信托公司的实业投资领域主要是基础设施和房地产，约占信托公司投资的60%。[1]而信托公司的负债业务也仅限于同业拆入业务，且拆入余额不得超过其净资产的20%，信托公司可以开展对外担保业务，但对外担保余额以其净资产的50%为限。

《信托公司集合资金信托计划管理办法》相对于《信托投资公司资金信托业务管理暂行办法》最大的修改主要表现为取消了200份合同、每份合同金额不得低于人民币5万元的限制，要求单个信托计划的投资者为自然人的，人数不得超过50人，投资者为机构投资的，数量不受限制。但是，《信托公司集合资金信托计划管理办法》引入了合格投资者的概念，要求投资者达到规定的条件才能投资于集合资金信托计划。该办法所说的合格投资者除能够识别、判断和承担信托计划投资所产生的相应风险外，还应当持有规定数额以上的金融财产，自然人应当提供相关证明其认购信托产品时个人或家庭金融资产超过100万元，信托计划的起投金额为100万元。对于合格的机构投资者，该办法并没有给出相应的标准，结合相关规定，只要机构投资者对于信托计划的投资金额不少于100万元即可。不仅信托计划的投资仅限于合格投资者，信托计划存续期间的受益权转让对象也仅限于合格投资者。受益人可以向合格投资者转让其持

[1] 吴清桦、秦利：《三大文件亮相第六次整顿来临》，载《证券时报》2006年12月21日，第A06版。

有的信托单位，但是机构受益人的信托受益权，不得向自然人投资者转让或拆分转让；信托受益权进行拆分转让的，受让人不得为自然人投资者。

"新两规"对信托公司的固有业务与融资业务也作了进一步限制，促进发展信托业务，强化了信托公司"受人之托，代人理财"的信托性质和定位。2010年后，信托业务收入超过固有业务收入，成为信托公司的主营业务。[1]另外，"新两规"明确了信托业的私募性质，引入了合格投资者的概念。这种投资者身份的变化既有助于信托公司控制金融风险的传播，也促成了信托公司产品设计从"融资导向"转向"投资导向"。[2]

（二）步入正轨的信托业发展

《信托公司净资本管理办法》的出台，标志着对信托公司的监管进入了一个新时代，净资本管理构建了一个能够综合反映信托公司潜在经营风险的监管体系。实行净资本管理，意在防范信托公司可能会出现的兑付风险，引导信托公司进行主动管理。[3]

自2007年《信托公司管理办法》颁布到2009年年底，信托业管理资产规模在三年时间里实现了6倍的快速增长，有些信托公司的信托资产管理规模超过净资产的50倍，但是信托公司的内控能力和风险管理能力并未与急速增长的资产管理规模同步提高。为有效控制信托公司资产规模的盲目扩张，防范经营风险，银监会通过以净资本为核心的风险控制指标体系对信托公司进行必要的约束。[4]具体来说，信托公司应当按照相应的标准分别计算公司的净资本和风险

[1] 邢成：《中国信托业黄金十年发展研究》，经济管理出版社2019年版，第12页。
[2] 邢成：《中国信托业黄金十年发展研究》，经济管理出版社2019年版，第13页。
[3] 邢成：《中国信托业黄金十年发展研究》，经济管理出版社2019年版，第17页。
[4] 《银监会就〈信托公司净资本管理办法〉答记者问》，http://www.gov.cn/gzdt/2010-09/10/content_1699941.htm，2020年10月13日访问。

资本。净资本是净资产减去各类资产的风险扣除项或有负债的风险扣除项以及监管部门认定的其他风险扣除项；风险资本由信托公司的固有业务、信托业务和其他业务的各项净资产值分别乘以监管部门发布的风险系数而后加总形成信托公司的风险资本。根据该办法的规定，信托公司的净资本最低限额为2亿元，并且资本与风险资本的比值不得小于100%，净资本占净资产的比例不得低于40%。净资本与风险资本等风险控制指标的运用，可以实现对信托公司的经营风险的动态监控，在一定程度上防止信托公司经营规模的盲目扩张而引发的风险积聚。

正如有学者所指出的，净资本管理一方面是避免信托公司“小马拉大车”所带来的管理能力与风控能力不匹配的问题，另一方面是防止有些信托公司为了追逐短期利益而恶意“违规超载”。[1] 此外，净资本管理还可以发挥引导信托公司转型的作用，监管部门自2001年起就一直强调信托公司应当回归“受人之托，代人理财”的信托本源，通过为信托公司的主动管理业务配置较低的风险资本就可以鼓励信托公司业务转型。[2]

经过一段时间的快速发展，截至2014年第三季度末，信托业管理的信托资产规模接近13万亿元，是仅次于银行业的金融子行业，成为服务实体经济的重要金融行业。[3] 资产管理规模的高企也伴随着产品风险和行业风险的积聚，为了落实党的十八届三中全会提出的战略方针，完善金融机构的市场化退出机制，保障金融市场安全、高效运行和稳定，2014年12月银监会与财政部联合印发《信托业

[1] 韩婷婷:《资产规模挂钩净资本信托公司“小马拉大车”受控》，载《第一财经日报》2010年9月8日，第A09版。

[2] 陈众：《浅谈净资本管理办法下的信托公司财务管理——解读〈信托公司净资本管理办法〉》，载《中国总会计师》2012年第2期，第52页。

[3]《银监会就〈信托业保障基金管理办法〉答记者问》，http://finance.people.com.cn/money/n/2014/1212/c42877-26197391.html，2020年6月16日访问。

保障基金管理办法》（以下简称《基金管理办法》）。

根据《基金管理办法》的规定，信托业保障基金主要由作为信托业市场参与者的信托公司共同筹集的非政府性行业互助资金，主要用于化解和处置信托业风险，由信托业协会联合信托公司共同出资设立的中国信托业保障基金有限责任公司作为基金管理人。

根据《基金管理办法》的规定，信托业保障基金的首要来源是信托公司的认购，包括按净资产额的1%、资金信托按新发行金额的1%、信托公司对新设立的财产信托所收到报酬的5%认购；其他来源包括基金获得的收益、捐赠和监管部门批准的其他来源。信托公司在出现了《基金管理办法》规定的五种情形时才可以使用保障基金。[1]保障基金的使用要遵循“债务重组—外部接盘—履行恢复与处置计划—动用保障基金”的顺序。使用保障基金不是对投资者的损失进行赔付，而是对信托公司进行有偿求助的最后手段，有效地把行业风险与政府隔离开来，是缓释风险、减少金融风险对市场和社会冲击的有力工具。[2]保障基金的净收益可以按照规定向认购基金的信托公司或融资人进行分配。

《基金管理办法》是放弃隐性“刚性兑付”规则后增强投资人对信托业信心的重要制度保障。信托业长期以来吸引投资者的重要法宝就是“刚性兑付”，监管层面一直以来强调“卖者尽责、买者自负”的原则，但如果放弃“刚性兑付”，在没有其他相应的配套制度措施保障投资者权益的情形下，信托业将会面临重大的发展障

[1]《基金管理办法》第十九条规定：“具备下列情形之一的，保障基金公司可以使用保障基金：（一）信托公司因资不抵债，在实施恢复与处置计划后，仍需重组的；（二）信托公司依法进入破产程序，并进行重整的；（三）信托公司因违法违规经营，被责令关闭、撤销的；（四）信托公司因临时资金周转困难，需要提供短期流动性支持的；（五）需要使用保障基金的其他情形。”

[2]《银监会就〈信托业保障基金管理办法〉答记者问》，http://finance.people.com.cn/money/n/2014/1212/c42877-26197391.html，2020年6月16日访问。

碍。通过保障基金对信托公司进行救助，将有助于维护信托业的稳定，助力解决“刚性兑付”问题。[1]《基金管理办法》使得监管部门拥有更多应对信托行业风险的工具和手段。《基金管理办法》的出台，改变了以往监管部门对行业风险能遮就遮、能拖就拖的策略，信托公司不能处置其风险，则由基金公司帮助处理，而不用再担心一个风险的提示会带来更大的风险。[2]

《基金管理办法》的出台也对信托公司的经营活动造成了一定影响。信托公司认购保障基金，有可能会加重公司的资本压力，如果由融资者认购保障基金则可能因为加重融资成本而影响其对信托融资方式的选择。另外，由于认购比例的不同，可能会使信托公司重点拓展财产权信托业务。[3]

有专业人士指出，信托业转型发展要经历三个阶段：第一个阶段，设立信托是为了实现增值目标，赚取更多的利润；第二个阶段，是为了财产的保值而设立信托；第三个阶段，则是委托人为了财富传承而设立信托。[4] 这种阶段的划分是站在委托人的角度进行的，而作为信托业主体的信托公司应当根据这种阶段划分进行相应的经营方式与业务活动的调整。

---

[1] 许均华：《解读信托业保障基金》，载《当代金融家》2015年第1期，第93页。

[2] 张榆：《信托兑付突围》，载《上海国资》2015年第1期，第29页。

[3] 陈进：《保障基金认购对信托公司影响几何》，载《上海证券报》2015年3月5日，第A05版。

[4] 张榆：《信托兑付突围》，载《上海国资》2015年第1期，第29页。

第三节　信托法制的现代化

一、英美法系的信托法制现代化

英美法系自 20 世纪 90 年代以来就开始了信托法制现代化的变革。在美国，信托立法权归属于各州。早在 20 世纪 50 年代就有学者撰文揭示了在伊利诺伊州的信托法制现代化现象，其主要的表现是对信托管理规则的宽松化与自由化改造。[1]有研究指出，密歇根州在 1998 年就开始了信托法制现代化进程，2010 年的成文信托法推动了现代化进程；[2] Karisch 认为，得克萨斯州信托法的现代化始于 2003 年，2013 年成文信托法成为信托法制现代化的标志；Arruda 与 Ardinger 强调，新罕布什尔州 2006 年实施《信托现代化与竞争法案》的目的是把该州建成美国信托与信托服务最有吸引力的司法环境。[3]但是也有学者怀疑，新罕布什尔州通过删除长期以来存在的反永续规则与不得自设浪费者信托规则进行的信托法制现代化，能否成功地吸引并保护信托业务存在疑问。[4] Moffat 与 Bean 详细分析了英国《2000 年受托人法》为适应现代经济生活所进行的变革，授予受托人在投资方面更多的权力以适应现代投资活动的需要。[5]

---

[1] Kohn, L. A.; Bogert, G. T., Modernization of the law of trusts in illinois, 5(1) DePaul L. Rev. 1 (1955), 1.

[2] Mark K. Harder, The Michigan Trust Code: Some Things and Some Things New, 28 MICHIGAN PROB & Est PLAN J. 2 (2008).

[3] Arruda, Michelle M.; Ardinger, William F. J., Policy and Provisions of the Trust Modernization and Competitiveness Act of 2006, 47 N.H. B.J. 6 (2006-2007),6.

[4] Christopher Paul, Innovation or a Race to the Bottom - Trust Modernization in New Hampshire, 7 PIERCE L. REV. 353 (2008), 372.

[5] GRAHAM MOFFAT, GERRY BEAN and REBECCA PROBERT. Trusts Law. Fifth Edition, Cambridge University Press,New York,2009.

英美信托法制现代化变革主要体现为以下几个方面：第一，信托法由判例法向成文法演化。English认为，《统一信托法典》(Uniform Trust Code, UTC）是统一州法委员会为各州制定信托法典提供的一个全面的示范；[1] Langbein 强调，信托法成文化的主要原因是金融组合资产成为信托财产后对管理能力提出了更高的要求。[2] 第二，受托人权力的扩张。Halbach 强调，《信托法重述》（第3版）与《统一信托法典》表明受托人信托管理的权力不存在限制；Langbein 认为，随着信托财产形式的变化，受托人职能也随之变化，当金融资产开始取代家庭土地成为信托所持有财产的标志形式时，受托人必须被适当授予权力以进行组合管理工作，这是导致受托人权力扩张的主要原因；[3] Sterk 从经济学视角用组合投资理论解释了受托人权力扩张的成因，他认为，当代组合投资理论的核心是谨慎的投资者应当寻求分散风险而不是避免风险。《信托法重述》（第3版）、《谨慎投资人法案》以及《统一信托法典》都以不同的方式把组合投资理论融入了立法之中，主要表现为删除了信托法中对投机性投资的禁止性规定，废除了传统信托法禁止授权转移投资责任的规定，鼓励投资授权转移。[4] 第三，受托人注意义务变化。Schanzenbach 与 Sitkoff 梳理了美国信托法中受托人的注意义务标准从“谨慎人”到“谨慎投资人”的演变，到20世纪90年代初期美国各州纷纷废止了旧的谨慎人规则。[5] 第四，“造福受益人规则”确立。Cooper 指出，委托

[1] David M. English, Uniform Trust Code (2000): Significant Provisions and Policy Issues, The, 67 Mo. L. Rev. (2002) 143,144.

[2] John H. Langbein（2007）Why Did Trust Law Become Statute Law in the United States? Alabama Law Review , Vol.58:5:1069,1071.

[3] John H. Langbein（2007）Why Did Trust Law Become Statute Law in the United States? Alabama Law Review , Vol.58:5:1069,1073.

[4] Stewart E. Sterk（2010）Rethinking Trust Law Reform: How Prudent is Modern Prudentinvestor Doctrine? Cornell Law Review, Vol. 95:851,854.

[5] Max M. Schanzenbach and Robert H. Sitkoff. Did Reform of Prudent Trust Investment Laws Change Trust Portfolio Allocation? The Journal of LAW and ECONOMICS, vol. 50 (November 2007),681,686.

人对受托人的限制应当给受益人带来利益最大化，如果委托人对于受托人的限制不能通过经济利益的目标测试，就可能被废弃。[1]第五，反永续规则的废除。Schanzenbach 与 Sitkoff 指出，1995 年从特拉华州开始了一场废除反永续规则的运动，表明了该州对保持自己在资本形成、信托业管理方面引领性司法管辖区地位的持续警觉，此后有多州允许设立永久信托或长达几百年的信托。[2]

英美法系信托法制现代化的主要原因是不断扩大的信托商事化应用。Plank 认为，传统信托的受托人也可以从事某些商事活动。相应地，在传统信托与商业信托进行区分可能存在一定的困难。同时，商业信托也是传统信托的延伸，和传统信托一样，商业信托的信托财产也是根据信托合同为了已定受益人的利益向一个或多个受托人转移。[3]Frankel 强调，虽然商业信托的某些特征像公司，但商业信托可以被看作发起人自由的缩影。在遵从市场压力和判断的情况下，信托允许发起人以他们喜欢的任何方式来自由选择、设计商业信托组织形式。[4] Schwarcz 的结论表明，商事信托在多个方面具有公司的特征，但它也具有公司不具备的特征，公司与商事信托都是回应投资者不同需求的实体。[5] Langbein 列举了商事信托常见的几种形式，指出了信托吸引交易者的四个特征：第一，在受托人破产的情

---

[1] Jeffrey A. Cooper. Empty Promises: Settlor’s Intent, The Uniform Trust Code, and The Future Of Trust Investment Law . Boston University Law Review Vol. 88:1165, 2008，1169.

[2] Max M. Schanzenbach,Robert H. Sitkoff，Perpetuities Or Taxes? Explaining The Rise of The Perpetual Trust，Cardozo Law Review,Vol. 27:6,2006,2465，2474.

[3] Thomas E.Plank,The Bankruptcy Trust as a Legal person,Wake Forest Law Review, Volume 35,2000,251,257.

[4] Tamar Frankel. The Delaware Business Trust Act Failure as The New Corporate Law, 23 Cardozo L. Rev. 325, November, 2001,325–326.

[5] Steven L. Schwarcz, Commercial Trust As Business Organizationsa: An Invitation To Comparatists, Duke Journal of Comparative & Interantional Law, Vol 13:321. SPECIAL ISSUE 2003, 322.

况下保护受益人利益；第二，信托可以提供有利的管道型税收便利；第三，信托信义法的保护体制；第四，信托在治理问题上受益人权益建构方面具有的灵活性。[1] Langbein 另撰文指出，现代信托财产已从传统的土地等不动产转化为股票、债券等金融资产。[2] Cooter 与 Ulen 进而提出，随着时光流转，现代信托的目的从原来保管信托财产变换到了管理信托财产。[3] 同时，Schwarcz 也认为，信托法虽然承认受托人与受益人之间的冲突与受益人之间冲突的区别，但是因为信托法是在无偿信托的语境中发展起来的，它并不必然调整商事信托的安排。商法通常调整正常交易行为，而不调整信义关系。[4] 因此，传统信托法制在信托商事化应用不断扩张的背景下进行现代化变革成为历史的必然选择。

二、大陆法系国家的信托法制现代化

大陆法系国家自进入 21 世纪以来通过两种路径进行信托法制现代化变革。一种是以德、法为代表的国家，在挖掘本土法制资源的基础上确立现代信托制度。有研究指出，德国信托法以罗马法、日耳曼法理论为基础，通过判例和法学研究得以发展，在公、私法领域得到了广泛运用；[5] 李世刚的研究表明，法国的信托制度以罗马法信托为基点，融合英美法信托的“资产剥离技术”，形成了独

[1] John H. Langbein, The Secret Life of The Trust: Trust as An Instrument of Commerce, 107 Yale L. J. 165(1997),179.

[2] John H. Langbein（2007）Why Did T rust Law Become Statute Law in the United States?Alabama Law Review , Vol.58:5:1069，1702.

[3] Robert Cooter & Thomas Ulen, Law and Economics (3d ed. 2000);p98-101.

[4] Steven L. Schwarcz, Fiduciaries With Conflicting Obligations, 94 Minnesota Law Review 1867-1913 (2010).

[5] 孙静：《德国信托法探析》，载《比较法研究》2004 年第 1 期。

特的信托制度进路，维护了国内法的和谐发展；[1] 叶朋认为，法国通过2008年、2009年两次信托法的修改，修正了信托主体范围，对担保信托的具体规则予以增补，扩大了信托制度的应用空间。[2] 另一种是以日本为代表的国家对移植的信托制度进行现代化改造。2006年日本对原信托制度进行了被称为“信托法现代化”的大幅度修改。有文章梳理了日本新《信托法》在确立民事、商事信托共同实体法，向任意法转变，促进民事信托发展三方面的观念变化；[3] 有研究指出，日本新《信托法》的修改主要集中于受托人义务、受益人权利以及信托利用形态三个方面，《信托法》的修改确定了民事信托、商事信托和公益信托共同适用的规则，增加了任意规范，扩大了当事人意思自治的空间；[4] 还有研究从委托人权利角度发掘了日本《信托法》修改中重大的立法价值取向变化，从基于防弊需要赋予委托人极大的权利转向兴利的价值定位；[5] 日本学者分析了日本信托法修改的社会背景、经济背景与法律背景，结合信托新的样态，指出了日本信托法依然存在需要解决的问题。[6]

简言之，英美法系信托法制的现代化主要表现为围绕信托商事化应用而进行的制度变革与竞争，变革背后的功利性色彩尤为浓厚；大陆法系的信托法制现代化则主要表现为信托制度与本国法制的加速融合，扩大信托制度的应用空间。

---

[1] 李世刚：《论〈法国民法典〉对罗马法信托概念的引入》，载《中国社会科学》2009年第4期，第106页。

[2] 叶朋：《法国信托法近年来的修改及对我国的启示》，载《安徽大学学报（哲学社会科学版）》2014年第1期，第121页。

[3] 赵廉慧：《日本信托法修改及其信托观念的发展》，载《北方法学》2009年第4期，第154页。

[4] 文杰：《日本〈信托法〉的修改及其借鉴意义》，载《河北法学》2011年第12期，第171页。

[5] 周勤：《日本〈信托法〉的两次价值选择——以意定信托委托人的权利为中心》，载《华侨大学学报（哲学社会科学版）》2010年第3期，第109页。

[6] [日] 神作裕之：《日本信托法及信托相关法律的最新发展与课题》，杨林凯译，载《中国政法大学学报》2012年第5期，第74页。

三、国内学术界对现代信托法制的反思与有关研究

第一，信托商事化应用基础理论研究。有研究揭示了商事信托制度具有破产隔离、规避税负、制度灵活和信义义务标准宽松等优势。[1] 有文章梳理了我国商事信托应用的主要形式，包括集合资金信托计划、结构化信托、银信理财合作业务、房地产信托业务、证券投资信托业务、私募股权投资信托业务等形式。[2] 有学者提出，划分民事信托与商事信托的标准在于受托人是否专门经营信托业务。[3] 有研究梳理了民事信托与商事信托区分的三种学说，包括目的说、受托人行为说和受托人身份说，并强调行为说更具合理性。[4]

第二，国内学者从不同角度研究了商事信托的组织性特征。有研究认为，商事信托具有商事组织破产隔离和有限责任这两大商事组织的共性。[5] 有文章概括了商事信托成为商事主体所应具备的条件，包括经营营业、拥有营业财产和实体保护等实质性要件，以及具有法律人格的法律要件。[6] 有研究指出，商业信托是商事信托的一种具体表现形式，其具有有偿性、组织性、财产独立性等法律特点，赋予其法律主体地位实际上是一个国家立法政策选择的问题。[7]

第三，对我国《信托法》全方位的解析与批判。《信托法》颁行后，

---

[1] 沈四宝：《商事信托制度的现代发展》，载《甘肃政法学院学报》2005 年第 4 期，第 1 页。

[2 周小明：《信托制度：法理与实务》，中国法制出版社 2012 年版，第 421—535 页。

[3] 何宝玉：《信托法原理研究》，中国政法大学出版社 2005 年版，第 25 页；陈向聪：《信托法律制度研究》，中国检察出版社 2007 年版，第 20 页。

[4] 施天涛、周勤：《商事信托：制度特性、功能实现与立法调整》，载《清华法学》2008 年第 2 期，第 116 页。

[5] 何正荣：《现代商事信托的组织法基础》，载《政法论坛（中国政法大学学报）》2006 年第 2 期，第 140—145 页。

[6] 陈雪萍：《商事信托之商主体地位研究》，载《法商研究》2010 年第 6 期，第 104—109 页。

[7] 于朝印：《论商业信托法律主体地位的确定》，载《现代法学》2011 年第 5 期，第 38—40 页。

有学者著文详细列举了我国信托法包括信托合同的诺成性、委托人享有信托财产所有权、信托登记生效要件、委托人干预信托的权利、委托人变更权与撤销权、受托人的保密义务等十余项创新；[1] 另有学者肯定了我国《信托法》所体现的务实精神，并不沉溺于理论的论辩。[2] 同时，也有研究指出了我国信托立法中存在的问题，信托立法中信托财产权转移及其归属方面存在一定的缺陷，体现出我国传统民法观念与信托制度之间存在的冲突。[3] 有观点强调，英美法系的双重所有权无法为大陆法系的所有权制度所兼容，我国信托法不确定信托财产的归属，对委托人、受益人及其债权人的利益保护不利。[4] 另有研究认为，基于我国绝对所有权制度与英美法系财产制度存在的差异，造成我国信托法没有明确信托财产归属、信托财产独立性不足、受托人权力规制机制缺失等，造成了商事信托发展的障碍。[5] 有文章专门从释义角度研究了我国《信托法》的部分条文，发现部分条文存在不同程度的不周全，易导致误解；[6] 还有研究认为，我国《信托法》的主要缺陷表现为没有把信托业纳入调整范围、把受托人承诺作为信托生效要件进行规定时忽略了遗嘱信托、规定信托公示作为部分信托生效要件但却未能提供配套制度规范等方面。[7]

[1] 张淳：《〈中华人民共和国信托法〉中的创造性规定及其评析》，载《法律科学》2002 年第 2 期；张淳：《〈中华人民共和国信托法〉中的创造性规定及其评析（续）》，载《南京大学法律评论》2002 年第 2 期。

[2] 潘嘉玮：《论信托的法律性质及我国〈信托法〉的得失》，载《广东社会科学》2002 年第 1 期，第 126 页。

[3] 盛学军：《中国信托立法缺陷及其对信托功能的消解》，载《现代法学》2003 年第 6 期，第 139 页。

[4] 温世扬、冯兴俊：《论信托财产所有权——兼论我国相关立法的完善》，载《武汉大学学报（哲学社会科学版）》2005 年第 2 期，第 203 页。

[5] 陈雪萍：《论我国商事信托之制度创新》，载《法商研究》2006 年第 3 期，第 68 页。

[6] 中野正俊、张军建：《从比较信托法看中国信托法的立法及其解释》，载《中南大学学报（社会科学版）》2003 年第 1 期，第 48-49 页。

[7] 余能斌、文杰：《我国〈信托法〉内容缺陷管窥与补正思考》，载《法学》2002 年第 9 期，第 56 页。

有学者对我国《信托法》中受托人的责任规定不足进行了总结，主要表现为受托人民事责任归责原则适用不一致、受托人过错认定标准未确定、受托人民事赔偿范围不明确、民事责任免责事由缺失四个方面。[1]

国内信托法制在实证研究、规范研究的广度、深度上不断拓展，但是目前的研究表现出碎片化的特点，相关研究成果亟待进一步整合，信托法制现代化研究急需加强。

四、信托法制现代化的背景与路径

（一）信托法制现代化的含义

信托法制现代化的本质是信托法制价值、规范、体系合理化的特定历史过程，现代社会经济、文化、法制等条件的发展变化成为信托法制现代化变革的基础，为信托工具性价值与理念性价值的重新定位提供了参照。从空间维度上说，信托法制现代化是信托商事化应用而引发的信托法制理念、规则与制度框架等内容的变革；从时间维度上说，信托法制现代化是现代信托法制生成和构建的历史过程。信托在民事领域中财产种类增加，受托人职责拓展，信托应用形态转变，信托在商事与金融领域中应用的增多以及不同范围内的制度竞争信托功能的转变使信托在商事、金融领域得到了广泛应用，而因此产生的新型利益关系促进了传统信托法制不断进行调整，从而共同驱动了信托法制现代化的进程。

从生成机制来说，信托法制现代化表现为利益平衡基础上的制度合理化和制度协调基础上的制度一体化。首先，法制现代化的核心就是制度的合理化过程，信托法制现代化就是在信托关系中实现

---

[1] 聂毅、文杰：《论完善我国受托人违反信托的民事责任制度》，载《湖北大学学报（哲学社会科学版）》2010 年第 1 期，第 83-84 页。

当事人之间的利益平衡，具体表现为对委托人的处分自由进行一定程度的限制，通过信义义务对受托人不断扩张的权力进行制衡。其次，信托法制虽然具有独特的性质与功能定位，但信托法制功能的发挥离不开其他法律制度的配合，信托法与财产法、继承法、合同法、破产法、税法的关系日益紧密融合，形成了以信托为中心的相关制度体系。

（二）信托法制现代化的主要表征

在英美法系，信托在商事、金融领域越来越广泛的应用成为信托法制现代化的主要原因。信托法制现代化主要表现在以下三个方面：第一，信托法制观念现代化是信托法制现代化的内生推动力量，也是信托法制现代化的决定性因素。在我国，信托观念的现代化对于信托法制现代化具有决定性意义，它决定着信托法制现代化进程的深度与广度，也影响着信托法制现代化目标的实现。现代信托法制观念中信托自由、自治观念更加明显，从信托的设立、终止，到受托人、受益人在信托关系中权利义务的配置，都体现出一种自由化倾向。第二，信托法制规则的现代化是信托法制现代化最直接的表现形式。现代信托法制规则以信托的应用为中心，通过对传统信托法规则的增、减和修改来构建现代信托法制规则的自洽逻辑体系。在英美信托法的规则变迁中，受托人权力规则、受托人信义标准、造福受益人规则、反永续规则等集中体现了现代化的变革。第三，信托法制体系的现代化实质上是围绕着信托多样化特别是商事化应用而进行的信托法制体系的重构。信托法制体系是由信托法的部门法所构成的相互联系的统一整体。现代信托法制体系主要包括信托基本法、商事信托法与其他部门法中调整信托活动的法律规范三部分内容。信托法制体系的现代化实质上是围绕着信托多样化应用而进行的信托法制体系的重构。

（三）我国信托法制存在的问题

我国信托立法目的没有完全实现，既没有促进民事信托发展又不能为商事信托发展提供足够的制度支撑；立法理念落后，在信托法制现代化过程中，在受托人商事化与权力[1]扩张并行的趋势下，作为“经济人”的商事受托人舍弃了传统受托人的“道德人”定位，在这种“去道德化”转变过程中产生了受托人与受益人之间的利益冲突。另外，现代信托法制降低了对受托人传统信义义务和信义责任的刚性约束，受托人权力滥用成为难以避免的现象；立法技术不成熟，信托法没有与物权法、合同法等民事法律制度实现融合与对接；信托法制理论研究薄弱，没有为信托法制的完善提供足够的理论支持。

我国《信托法》功能应定位于民事信托与商事信托的基本法。这种功能定位决定了《信托法》应当首先促进信托机制在民商事领域中应用，完善信托法与其他部门法如物权法、合同法及税法衔接与协调。其次结合制度经济学制度变迁理论，对诱致性制度变迁的信托法制现代化和强制性制度变迁的信托法制现代化分别进行分析，描述其不同的生成路径和制度特征。从信托立法的价值选择角度，信托法应当以维护委托人的处分自由为首要的价值选择；从信托的构造角度，应当以信托财产的处分权与收益权为中心，处理好二者分离但又相互制约的关系；从信托的运行角度，应当强化信义义务对受托人的约束，并在此基础上赋予受托人必要的信托事务处理权限。最后结合对英美信托法从整体上进行较为系统的研究，从而为

[1] 本书对受托人“权利”与“权力”进行区分使用。受托人权力是指受托人对信托事务管理、对信托财产占有、运用和处分的权限；受托人权利是指受托人因为其提供的信托服务而获取报酬、垫付而求偿等权益。详见本书第五章第三节“受托人的权力与权利”。

修改、完善我国信托法立法中理念偏差、立法技术落后、过于功利性等不足提供借鉴。现代信托法制降低了对受托人传统信义义务和信义责任的刚性约束，受托人权力滥用难以避免，在信托法制现代化的语境中，对委托人、受托人与受益人三方之间的权利义务关系进行重新配置，建立新的受托人权力制衡监督机制成为信托法制迫切的任务。概括地说，我国信托法制现代化的顶层设计原则既要保证信托制度设计不背离信托法基本原理，还要使信托法制满足信托多样化应用的法律调整需求。

（四）域外信托法制现代化对我国的启示与借鉴

各国信托法制现代化过程中普遍有以下特征：第一，信托法与其他部门法，如财产法、商事组织法、税法等，逐步构建了协调运行的机制；第二，受信托多样化应用影响日益明显，规则体系的灵活性、自洽性特征日渐突出；第三，信托法律实体特征逐步进入立法的视野，有些规则的构建开始注意信托具备的准实体特点；第四，成文法成为英美法系信托法制的重要形式特征，在英美法系，现代信托法制规则不同于传统的不成文判例法规则，基本上以成文法的形式呈现，美国的《信托法重述》《统一信托法》和英国的《受托人法》是较为典型的信托成文法文本。

早期的信托法制发源于人们对各种不合理封建义务的规避，其脱法的目的不可避免。现代信托作为财产管理工具的定位决定了信托法治化的发展方向。国外信托法制现代化经验为我国以信托商事化应用为目的信托立法提供经验借鉴。在大陆法系，信托法制的现代化主要基于两个方面的原因：一是加速信托制度与本土法律制度的融合，二是要推动信托制度在民事领域中的应用。我国信托法制现代化应当首先完善《信托法》为主导的基本信托法制，使《信托法》适应商事信托自由化的发展趋势；其次构建与完善商事信托法制，制定统一的商事信托受托人规则，建立健全商事信托信息披露制度、商事信托监察制度、利益冲突防范机制，探索商业信托作为法律主体进行立法的可行性；最后探索信托法制与其他部门法衔接与融合的路径与机制。

第二章　信托的设立

第一节　信托的种类

法国著名律师皮埃尔·莱勃勒把信托称作盎格鲁－撒克逊人的守护天使，无所不在地陪伴着他们从摇篮到坟墓。[1] 现代信托自英国起源后，随着在民商事活动中应用的不断拓展，信托的类型也日渐丰富。

一、我国《信托法》中的信托分类

（一）民事信托与商事信托

1. 民事信托与商事信托的分类标准

根据我国《信托法》第三条的规定，民事、营业和公益领域中的信托活动适用《信托法》。该条规定也形成了我国信托的最基本

[1] David J. Hayton. The Law of Trusts. Law Press, 4th edition, pp.2−3.

分类：民事信托、商事信托。

依据受托人是否专门经营信托业务，信托分为民事信托与营业信托，其中营业信托又被称为商事信托。如果受托人专门以信托为业，如信托公司、银行的信托部门，则信托为营业信托；如果受托人并非以信托为业，而是偶尔接受委托人的委托从事信托活动，则为民事信托。有研究指出，商事信托是指商事组织以营利为目的，委托专业信托机构作为受托人，根据商业活动的一般规则对资产进行收受、管理，并将信托利益交付受益人的信托。[1]美国学者Schwarcz在无偿信托与商事信托的比较中指出，商事信托的委托人，在财产转移时通常会收取补偿并且会保留信托财产上的剩余权益，商事信托是诉诸信托形式服务于其商业优势的议定的交换。[2]与民事信托不同，商事信托活动通常要遵守等价有偿的原则，委托人财产转让与受托人的管理服务都会体现价值交换的规律。而在民事信托活动中，委托人无偿地把财产转让给受托人，受托人管理运用信托财产通常也不会收取报酬。

信托机制的独特性使其在商事活动中获得了大量应用。信托作为一种商事工具，与公司一样，也具有很高的适应性：比如类似合同的体制、受托人的义务、内部控制、向投资者提供的优于公司法的破产保护，另外信托还具有管道税收的便利。[3]国内有研究强调，从更宏观的角度看，在目前法律框架内，只有信托机制才能成为唯一可以连接资本市场、货币市场和产业市场的财产机制。[4]

---

[1] 胡卫萍：《我国商事信托制度建构中的法理思考》，载《中国商法年刊》2008年版，第288页。

[2] Steven L. Schwarcz, Commercial Trust as Business or Ganizationsa: an Invitation to Comparatists, Duke Journal of Comparative & Interantional Law, Vol 13:321. SPECIAL ISSUE 2003, p325.

[3] 张天民：《失去衡平法的信托——信托观念的扩张与中国〈信托法〉的机遇和挑战》，中信出版社2004年版，第304页。

[4] 王连洲：《中国信托制度发展的困境与出路》，载《法学》2005年第1期，第11页。

在美国，商事信托还包括一种企业组织形式的商业信托(business trust)。商业信托自17世纪以来就存在了。[1] 商业信托是和公司类似的一种企业组织，它又被称为麻州信托（Massachusetts trust）或普通法信托 (common law trust)，其设立程序与企业设立程序类似。其运行的形式就是包括不动产、动产在内的财产由指定的人为了受益人的利益进行管理。受托人由商业信托任命，信托中拥有财产所有权的人是委托人，受托人为了受益人利益管理信托。[2] 可见，在美国， Commercial trust 是一个上位概念，是一个由多种具体信托形式构成的类名；而business trust是其下位的一种组织体，是属名。[3]

一般来说，商业信托是非公司型的商业组织，是由受托人为受益所有人利益持有与管理确定财产的法律文书创设的。[4] 它与传统信托存在明显的区别。传统信托包含一个无偿转移，委托人不会因此项转移受到补偿，并且通常不保留在信托财产上的剩余利益；受托人在普通法上的照管信托财产的义务与公正的信义义务在很多情形下限定了信托财产的运用，特别是受托人在遵守谨慎投资人规则时。相反，商业信托通常是由议定的交换创设的，目标是为营利而经营财产，委托人通常会作为受益人保留其在财产上的权益，受益人与受托人分担损失的风险、分享可能的营利。在商业信托的安排中，受托人可以为营利进行风险投资并与受益所有人分担所产生的风险，这与受托人 / 受益人 / 委托人信义关系的传统理解截然不同。[5] 这是因为商业信托自身的许多局限与普通法在信义方面的限制，比如，投

[1] Karambelas, Limited Liability Companies: Law, Practice and Forms $11:2, Thomson West, 2nd. 2004 and supp. 2009.

[2] Business Trust Definition: Everything You Need to Know, https://www.upcounsel.com/business-trust-definition, 2021 年 2 月 23 日访问。

[3] 施天涛、周勤：《商事信托：制度特性、功能实现与立法调整》，载《清华法学》2008 年第 2 期，第 115 页。

[4] Wendy S. Goffe. An Introdction to Lesser-Known But Useful Trusts.

[5]Wendy S. Goffe. An Introdction to Lesser-Known But Useful Trusts.

资者是否享有有限责任并不是很明确。[1]所以，在此背景下，至少有30个州制定了商业信托成文法。[2]另外，2002年开始工作的统一州法委员会在2009年7月15日批准了《统一成文法信托实体法》，该法基本上以特拉华州成文法信托为蓝本，进行了一些创新制定的。成文法商业信托法的作用主要体现在两个方面：一方面确定了成文法商业信托的法律主体地位；另一方面确立了受托人、受益人的有限责任，有多个州的成文法商业信托法明确规定了受托人的有限责任，[3]受托人在商业信托中有限责任的确定实质上是商业信托责任主体地位确立的结果。[4]当然，随着公司法在法律上变得更加灵活以及在司法上更加确定，商业信托的使用已有所减少，但是在某些交易中却是最好的实体选择。[5]

商业信托尽管在很大程度上受到公司、合伙人或有限公司等组织形式的影响，但商业信托作为一种法律实体，尤其受到某些与抵押贷款、信用卡其他债务有关的金融交易实体的青睐。许多共同基金、养老基金、不动产管理投资公司（REMICs，real estate management investment companies）、受监管的投资公司，以及不动产投资信托（Real Estate Investment Trusts, REITS）也会采用信托结构。[6]可见，

---

[1] Tamar Frankal, The Delaware Business Trust Act Failure as the New Corporate Law, 23 Cardozo L. Rev. 325, n.4 and accompanying text(2001).

[2] Uniform Statutor Trust Entity Act pref. note(2009 Ann. Meeting Draft), at http://www.law.upen.edu/bll/archives/ulc/ubta/2009_amdraft.htm.

[3] 如明尼苏达州《1961年商业信托法》第二条规定：受益权益股份所有人、受益人、股东，或受托人对此前此后组建的商业信托的债务，不承担个人责任。《特拉华州法定信托法》第三条（b）规定：除非信托文件另有规定，受托人对以该身份行事的行为对法定信托和受益人以外的任何人不承担个人责任。

[4] 于朝印：《论商业信托法律主体地位的确定》，载《现代法学》2011年第5期，第43页。

[5] John P. Fowler, Garrett Sutton. Uses of Nevada Business Trusts, 10 Nevada Lawyer, January, 2002，12, p12.

[6] Schwarcz. Commercial Trust as Organizations:Unraveling the Mystery, 58 Business law. 1(February 2003).

作为法律主体的商业信托也存在着广泛的应用空间。

另外，还有研究从信托目的的角度把信托区分为民事信托与商事信托。如果为了个人或家人的利益设立信托，则为民事信托；如果以企业经营等商事目的设立信托则为商事信托。[1]美国有学者从信托的有偿性与无偿性方面将信托进行了区分，若委托人设立信托的目的是进行财产的无偿赠与，该信托为个人信托；若设立该信托的目的是从事商事交易，则为商事信托。[2]

对于民事信托与商事信托的区分，应当考虑受托人是否为专业受托机构，但更重要的是应当考虑委托人设立信托的目的。民事信托多具有无偿赠与的特点，委托人把特定财产利益通过受托人的管理无偿交付给受益人，而常见的商事信托则通常具有有偿交换的性质，即受益人（通常也为委托人）获取信托上的收益要通过议定的商事交换实现。如果单纯以受托人身份区别民事信托与商事信托，则会出现以偏概全的情况，如委托人 A 把财产交付给信托专业机构 B 进行管理，并要求其按信托文件的规定把信托收益交付指定的受益人 C。对于受托人来说，它是专门从事信托活动的专业机构，接受了委托人的委托从事信托活动，按受托人的身份作为标准，构成商事信托。但从委托人设立信托的目的和受益人无偿取得信托利益的角度来分析，认定其为商事信托也不尽合理。在商事信托中，不光受托人具有信托专营的资格，委托人参与商事信托也存在资格上的限制，并且委托人有明显参与商事活动的意愿并以商事交换的手段参与商事信托活动。以我国集合资金信托计划这种典型的商事信托活动为例，委托人首先应当具备合格投资者的身份，委托人参与集合资金信托计划目的非常明确，就是通过投资活动获得投资收益，

[1] 徐孟洲：《信托法》，法律出版社 2006 年版，第 49 页。

[2] Bernard Rudden, John P. Dawson. Bernard Rudden, Gifts and Promises, 44 Mod. L. Rev.

并且其获得的信托收益也是通过投资活动这种商事交换实现的。在前述例子中，委托人 A 把财产交付给 B 管理的目的不是获得投资回报，而是让 C 获得信托利益，C 获得信托利益也不是通过等价有偿交换的方式。因此，前述例子应当属于民事信托，而不是商事信托。

通常来说，信托在商事领域中的应用更趋复杂化，比较典型的就是结构化的应用。在一般的民事信托中，委托人将信托财产交付给受托人，指令其为了特定受益人或特定的信托目的对信托财产进行管理、运用或处分，受益人通常是由委托人指定，或在自益信托中，委托人同时也是受益人。但在部分营业信托中，受益人的产生则是通过商事交易这种平等的价值交换实现的，委托人、受托人、受益人要借助当事人之间订立的多个合同才能得以确定。

2013 年 6 月 18 日，成都市鑫河国际酒店有限公司（以下简称鑫河公司）作为委托人，四川信托有限公司（以下简称四川信托）作为受托人，签订《信托合同》约定：鑫河公司将合法拥有的收益权设立信托，由四川信托以自己的名义按照约定进行管理、运用与处分，为本信托的受益人获取收益。鑫河公司委托四川信托与投资本信托收益权投资人签订《投资协议》，将属于鑫河公司的信托受益权转让给投资人从而使其成为信托的受益人；信托期限为 70 个月。当鑫河公司财产（权利）收益权已移交给四川信托且投资人已将投资资金划入信托账户时，信托成立并生效。同日，工商银行作为甲方，四川信托作为乙方，签订《投资协议》约定：工商银行将依法募集的资金投资于“四川信托·鑫河国际酒店物业收益权信托”的受益权，成为信托的投资人和受益人，资金额总计 13500 万元。关于信托收入、信托收入支付计划、信托利益等核心条款同鑫河公司与四川信托订立的《信托合同》一致。同日，四川信托又与鑫河公司签订《抵押合同》《质押合同》等法律文件。[1]

[1] 参见四川省高级人民法院民事判决书（2020）川民终 1574 号。

该案信托的结构与民事信托存在的区别甚为明显。第一，受益人基于投资取得受益人身份，此为与民事信托最为明显的区别。在民事信托中，受益人的身份取得是基于委托人的指定，根本不需要支付代价或对价。而在商事信托中，受益人往往是投资人，是通过投资这种交易活动取得了受益人身份，体现了商事信托交易性、有偿性的特点。在该案的信托中，工商银行作为投资人投资于信托计划取得受益人地位及权利。第二，信托是由四川信托与鑫河公司设立的，而后鑫河公司又委托四川信托把受益权转让给工商银行，工商银行与四川信托订立《投资协议》成为信托的受益人。由此可见，信托的成立与生效包含了多个不同当事人订立的合同：鑫河公司与四川信托订立的《信托合同》，四川信托与工商银行订立的《投资协议》，以及四川信托与鑫河公司订立的《抵押合同》和《质押合同》。这是商事信托结构化的另外一个明显的体现：民事信托中的受托人也通常不要求报酬，而在商事信托中，受托人通常是通过信托合同来确定受托人职责与报酬的。

民事信托与商事信托的分类具有明确的法律意义，只有信托经营机构才能以信托为业，非信托专营机构可以从事信托活动，但不能以信托为业，专业信托机构从事信托活动应当具备法律法规规定的资质条件并受监管部门的监管。[1]

2. 商事信托的应用与监管

在广义上使用的商事信托指那些具有私益性质、由具有商人身份的主体担任受托人的信托。[2] 首先，商事信托是传统信托在商事领域中的应用与延伸，受托人作为信托关系核心要素在商事信托中的作用更为明显。在很多商事信托形式中，如共同基金、证券投资

[1] 周小明：《信托制度：法理与实务》，中国法制出版社 2012 年版，第 61-62 页。
[2] 沈四宝：《商事信托制度的现代发展》，载《甘肃政法学院学报》2005 年第 4 期，第 1 页。

基金等形式，受益人人数众多，且由受托人管理处分的信托财产数额巨大，受托人的管理处分行为对信托目的有决定性的影响。其次，因为多数商事信托都涉及金融投资活动，其专业性日渐突出，因此，仅通过传统的信托法来规范受托人的经营管理活动则不能适应商事信托广泛应用的现实状况。

在我国银行业所从事的个人理财业务、证券公司从事的资产管理业务、保险资产管理公司从事的资产管理业务实际上都具有信托性质。[1] 但是在目前金融分业经营、分业监管的体制下，银行、证券公司等金融行业从事信托性质业务活动是法律禁止的[2]，因此监管部门有意回避上述活动的信托属性。银监会发布的《商业银行个人理财业务管理暂行办法》《商业银行个人理财业务风险管理指引》等规范性文件，以及证监会发布的《证券公司客户资产管理业务管理办法》《证券公司定向资产管理业务实施细则》《证券公司集合资产管理业务实施细则》和保监会发布的《保险资金委托投资管理暂行办法》等规范文件，并没有以《信托法》作为制定依据，“这实际上给信托法律性质的经营活动贴上了其他标签，为保护投资者利益和防范金融风险增加了障碍，也增加了市场投资者对于信托业的模糊认识。”[3] 另外，尽管都是信托性质的业务活动，但是由于监管部门和监管规则不同，导致了产品的募集、管理、销售等多方面的差异。“因此，‘游戏规则’并不统一，造成了市场的复杂性

[1] 潘耀明、康锐：《信托之困境抑或信托业之困境——论我国〈信托法〉下的资产管理市场》，载《上海财经大学学报》2007 年第 2 期，第 39 页。

[2]《商业银行法》第四十三条规定，商业银行在中华人民共和国境内不得从事信托投资和证券经营业务；《证券法》第一百二十五条规定，证券公司只可从事业务中有一项是证券资产管理，但目前证券公司从事的资产管理业务已不限于证券资产了。

[3] 李勇：《信托业监管法律问题研究》，中国财政经济出版社 2008 年版，第 67 页。

与混乱”。[1]

美国是商事信托多元化监管的典型国家，联邦存款保险公司（FDIC）、货币监理署、证券交易委员会（SEC）分别根据法律规定对银行业、证券基金业所从事的商事信托活动进行监管。虽然我国也是商事信托多元化监管的国家，但与美国相比最大的区别是，监管部门对商事信托活动并没有以信托的名义进行监管。

在目前我国分业经营、分业监管的法律框架内实现对信托性质的理财产品与资产管理活动进行信托正名尚存在着制度障碍，相应地也就很难实现对各商事信托人的统一监管。因此，要对目前商事信托监管政出多门、各说各话的现象进行治理，方案有两个：第一个方案是改变金融分业、分业监管的现状，实现混业经营、混业监管；第二个方案是在不打破金融分业、分业监管现状的前提下，制定《信托业法》，规范各金融行业商事信托活动，将实质上金融业通过信托机制进行混业经营的“非正式规范”正式化，明确规定信托业可由不同的金融机构来经营。两个方案中，第二个方案的可行性较强，通过制定《信托业法》可以对不同金融行业的商事信托活动进行统一规范，对从事信托活动的金融机构以受托人的身份进行统一监管，从而实现商事信托活动的有序发展。虽然在 2018 年中国人民银行、银保监会、证监会、外汇管理局四部门联合下发《关于规范金融机构资产管理业务的指导意见》（以下简称“资管新规”），提出了同类型资管产品适用相同监管标准的监管原则，但如何判断属于相同类型的资管产品、谁来制定适用同一监管标准却有待进一步明确。

3. 商事信托应用示例与分析

（1）伞形信托的法律构造

在我国，信托的实践主要集中于商事领域。信托制度在商事领

[1] 吴晓灵：《在 2005 中国财富论坛上的讲话》，http://www.cs.com.cn/xwzx/01/t20050826_748798.htm，2021 年 8 月 3 日访问。

域的应用则明显体现出创新性的结构性制度安排特点，下面结合法院的判决文书对一种典型的伞形信托的法律构造进行实证分析。

在罗某诉方正东亚信托公司一案中，罗某与方正东亚公司于2015年3月、2015年10月先后签订了《信托合同》和《补充协议（三）》。双方约定，罗某作为“神龙31号证券投资集合资金信托计划”（以下简称信托计划）第40期子计划的劣后委托人，认购信托计划项下300万份劣后信托单位；兴业银行股份有限公司作为优先委托人认购信托计划项下优先资金900万元，罗某同时也是信托计划的劣后受益人，兴业银行股份有限公司是信托计划的优先受益人，方正东亚公司为信托计划第40期子计划的受托人。信托计划期限12个月，信托计划子计划的投资范围主要限定于证券二级市场，具体的投资运作如下：由方正东亚公司向罗某提供资产管理系统的用户名及密码登录，罗某通过方正东亚公司提供的资产管理系统向方正东亚公司发送投资建议，由方正东亚公司对投资建议进行审查，在符合约定条件时予以执行具体的交易操作。信托计划的优先受益人年化分配比率为7.4%，按持有的优先信托单位计算信托计划成立之日至提前终止日期间的收益；劣后受益人按约定的条件提取期间信托利益，或在信托计划注销后享有扣除信托税费、费用和其他负债、优先信托利益后的信托财产余额。[1]

该案中的信托法律构造就是一种伞形信托。伞形信托在形式上表现为一个信托产品中包含两种及以上的信托子产品，投资者可以根据自己的意愿和实际情况选择投资对象。伞形信托实质上是迎合投资者多样化的投资需求，在伞形信托中嵌入结构化的设计，拓展了投资者选择的空间。该伞形信托较为特殊的表现首先在于罗某的多重身份上。罗某既是信托计划的劣后委托人和受益人，也具备执行受托人职责的身份，由其具体负责信托计划的证券投资活动。其

[1] 参见湖北省武汉市江汉区人民法院民事判决书（2016）鄂0103民初1207号。

次在伞形信托的结构化构造中，罗某认购了劣级信托单位，在信托收益分配时，如果出现亏损，罗某要保证优先信托受益单位持有人的利益分配；如果信托出现盈余，在扣除了优先信托受益单位的收益及相关费用后，都归属于劣后信托受益单位持有人。因罗某承担了投资管理职能，故这种结构化伞形信托实际成为罗某的融资工具。

在孙某某诉西藏信托有限公司一案中，2015 年西藏信托有限公司推出了英大 1 号伞形证券投资集合资金信托计划，以该计划母信托推出了 30 期的子信托。中国对外经济贸易信托有限公司作为委托人，西藏信托有限公司作为受托人签订了《西藏信托有限公司英大 1 号伞形证券投资集合资金信托计划文件》(以下简称《信托文件》)，约定中国对外经济贸易信托有限公司认购西藏信托有限公司发行的英大 1 号伞形证券投资集合资金信托计划第 11 期信托单元 6000 万份优先信托单位，信托受益权类别为优先受益权。孙某某也与西藏信托有限公司签订了《信托文件》。根据约定，孙某某出资 3000 万元认购英大 1 号伞形证券投资集合资金信托计划第 11 期信托单元一般信托单位 3000 万份，信托受益权类别为一般受益权，预期存续期间为第 11 期信托单元成立日起至满 12 个月。优先受益权是指受益人在扣除信托费用和其他负债后分配信托利益时，可以优于一般受益权取得信托利益的受益权类型，享有优先受益权的委托人为优先受益人；一般受益权是指只能在全部优先收益权项下信托利益足额分配后，方有权取得信托利益的益权类型。西藏信托有限公司作为受托人经营信托业务，依照约定收取信托报酬；包括固定信托报酬和浮动信托报酬；信托报酬依据信托单元财产分别计算。[1]

需要指出的是，这两个案例中涉及的信托类型均为伞形信托。

[1] 参见西藏自治区拉萨市堆龙德庆区人民法院民事判决书（2016）藏 0103 民初 1218 号。

伞形信托的全称为“多单元结构化伞形信托”，涉及复杂的结构安排。伞形信托的主账号下分别设立多个子账号，每个子账号形成一个独立的交易单元，进行独立的交易与清算。在子账号对应的子信托中，有两个以上的委托人，分别属于劣后级委托人与优先级委托人。其中，劣后级委托人是子账户的实际操作人，通常由资金实力雄厚、投资经验丰富的个人或企业担任，优先级委托人通常是提供资金的银行与信托公司，资金通常来源于银行、信托公司发行理财产品所募集的资金。劣后委托人通常要对优先委托人的本金与收益提供一定保障，劣后委托人提供的资金与优先委托人提供的资金配比多为1∶1、1∶2、1∶3。资金配比完成后由劣后委托人在证券二级市场上进行证券投资。[1]

（2）伞形信托的金融实质与监管

采用伞形信托的证券投资集合资金信托计划从证券监管角度分析，实质是一种场外配资活动。伞形信托中的证券投资集合资金信托计划的交易结构实质上规避了监管部门的监管规范。

与场外配资相对的是场内配资，是指由券商向投资者所进行的融资融券活动，券商的配资杠杆比例通常为1∶1，券商通常把配资打入投资者的个人股票账户，由投资者进行操作。而场外配资的杠杆比例比较高，有时甚至高达1∶10，并且融资人通常要使用配资提供的账户进行证券交易操作。在前述两个案例中，证券投资集合资金信托计划中的优先委托人实际上就是配资人，劣后委托人是融资人，劣后委托人使用信托公司提供的证券投资账户进行证券交易。由于场外配资活动的随意性和隐蔽性，其违法违规的经营活动必然会蕴含一定的金融风险。

2010年银监会发布《关于加强信托公司结构化信托业务监管有

[1] 刘士祥、赵倩倩：《浅析伞形信托的是与非》，载《现代商业》2015年第30期，第129页。

关问题的通知》（银监通〔2010〕2号，以下简称《2号通知》），对信托公司开展结构化信托业务提出相应的规范要求。《2号通知》指出，结构化信托业务是信托公司开展的一种集合资金信托业务，其主要的特征在于根据不同投资者的风险偏好，把信托受益权按照优先与劣后进行分层配置和收益分配，使投资者投资于不同的信托受益权而获取不同的投资收益并承担相应的投资风险。《2号通知》规定，信托公司开展结构化信托业务应当遵循依法合规、风险与收益相匹配、充分信息披露和注重保护优先受益合法权益的四项原则，同时对结构化信托业务中的信托公司、劣后受益人作了禁止性行为的规定。[1]《2号通知》特别对信托公司开展结构化证券投资业务提出了要求，第一，应当明确证券投资的品种范围和投资比例，单个信托产品持有一家公司发行的股票最高不得超过该信托产品资产净值的20%；第二，科学合理地设置止损线；第三，配备足够的证券交易操作人员并逐日盯市。在利用伞形信托结构进行投资以后，伞形信托的子单元共用一个主账户，但是各子单元又通过自己对应的子账户进行独立操作和交易。前述20%的比例限制只适用于主账户，而不针对子账户，这样子账户对应的信托产品就不受20%的比例限制，伞形信托的主账户与子账户的结构安排巧妙地使单个信托

[1] 信托公司开展结构化信托业务不得有以下行为：

（1）利用受托人的专业优势为自身谋取不当利益，损害其他信托当事人的利益。

（2）利用受托人地位从事不当关联交易或进行不当利益输送。

（3）信托公司股东或实际控制人利用信托业务的结构化设计谋取不当利益。

（4）以利益相关人作为劣后受益人，利益相关人包括但不限于信托公司及其全体员工、信托公司股东等。

（5）以商业银行个人理财资金投资劣后受益权。

（6）银监会禁止的其他行为。

结构化信托业务劣后受益人不得有以下行为：

（1）为他人代持劣后受益权。

（2）通过内幕信息交易、不当关联交易等违法违规行为牟取利益。

（3）将享有的信托受益权在风险或收益确定后向第三方转让。

产品规避了20%的比例限制，这样无疑会增加单个信托商品的投资风险。

另外，在深圳证券交易所2006年发布的《深圳证券交易所融资融券交易试点实施细则》中，其4.5条与4.6条分别规定，投资者融资买入证券与投资者融券卖出时，融资保证金比例与融券保证金比例不得低于50%。上海证券交易所在同年发布的《上海证券交易所融资融券交易试点实施细则》第三十四条与第三十五条作了相同的规定。因此，按沪深两证券交易所的规定，融资融券的杠杆比例为1∶2。而在罗某诉方正东亚信托公司一案中，优先信托受益单位与劣后信托受益单位的比例为1∶3，超过了证券交易所规定的1∶2的比例。因此，在部分信托公司推出的伞形信托产品中，其结构设计也是向某些个体提供证券交易的配资，但配资比例又超过了证券监管部门的规定。需要指出的是，在深圳证券交易所2021年修订的《深圳证券交易所融资融券交易实施细则》4.5条和上海证券交易所2019年修订的《上海证券交易所融资融券交易实施细则》的第三十八条规定，投资者融资买入证券时，融资保证金比例不得低于100%。也就是融资买入证券的杠杆比例变为1∶1。

为了整顿证券市场的投资秩序，证券监督管理委员会于2015年7月发布《关于清理整顿违法从事证券业务活动的意见》，要求各地证监局规范证券公司信息提供外部接入行为；要求中国证券登记结算公司严格落实证券账户实名制的规定，加强证券账户管理，禁止账户持有人通过证券账户下设子账户、分账户、虚拟账户等方式违规进行证券交易。2015年9月，证监会发布《关于继续做好清理整顿违法从事证券业务活动的通知》，要求各地证监局督促证券公司甄别、确认涉嫌场外配资的相关账户。就信托产品账户来说，需要清理的范围包括：第一，在证券投资信托委托人份额账户下设子账户、分账户、虚拟账户的信托产品账户；第二，伞形信托不同的子伞委托人（或其关联方）分别实施投资决策，共用同一信托产品证券账户的信托产品账户；第三，优先级委托人享受固定收益，劣后级委托人以投资顾问等形式直接执行投资指令的股票市场场外配资。证监会于2016年11月25日依法对杭州恒生网络技术服务有限公司、浙江核新同花顺网络信息股份有限公司、上海铭创软件技术有限公司、广发证券股份有限公司、海通证券股份有限公司、华泰证券股份有限公司、方正证券股份有限公司、湖北福诚澜海资产管理有限公司、南京致臻达资产管理有限公司、浙江丰范资本管理有限公司等在场外配资中证券违法违规行为作出了行政处罚。[1]

（3）伞形信托效力的司法认定

最高人民法院2019年发布《全国法院民商事审判工作会议纪要》（法〔2019〕254号）（以下简称《九民纪要》），该纪要认为，融资融券是证券经营机构的核心业务，属于国家特许经营的金融业务，实践中一些P2P公司与私募类配资公司利用互联网技术把出资人、融资人和券商营业部三方连接起来，构建了游离于监管体系之外的融资平台。这种融资业务不仅规避了监管部门对融资融券业务资金来源、投资标的、融资杠杆比例等事项的监管，同时也加剧了非理性市场波动。因此，对于任何依法取得融资融券资格的单位和个人与用资人签订的场外配资合同，应当依法认定为无效。[2]

上述两个案例中，信托公司通过伞形信托把优先委托人的资金交付给劣后投资人进行证券投资，实质上也是一种配资活动。同时，信托公司并不具有证券公司可以从事的融资与融券的业务资质，因此，这种配资活动应当属于一种场外配资的形式。但是，在《九民纪要》发布之前审理的案件，对伞形信托之下的配资合同效力少有否定。如在罗某诉方正东亚信托公司一案中，法院认为，双方签订

[1]《证监会对场外配资中证券违法违规案件作出处罚》，http://www.ce.cn/xwzx/gnsz/gdxw/201611/25/t20161125_18161039.shtml，2020年5月23日访问。

[2] 参见《全国法院民商事审判工作会议纪要》（法〔2019〕254号）第86条。

的《信托合同》《补充协议》等法律文件系当事人的真实意思表示，不违反法律法规强制性规定，合法有效。[1]在孙某某诉西藏信托有限公司一案中，法院认为，孙某某诉西藏信托有限公司签订的《信托文件》系双方当事人真实意思表示，文件内容未违反法律、行政法规的强制性规定，双方当事人应当按照《信托文件》约定全面履行各自的义务。并且进一步指出，证监会发布的《关于清理整顿违法从事证券业务活动的意见》《关于继续做好清理整顿违法从事证券业务活动的通知》两个文件属于管理性规范，并不属于效力性规范，并不影响双方之间签订的《信托文件》效力。[2]

（二）生前信托与遗嘱信托

从信托设立方式这一标准，可以把信托分为生前信托与遗嘱信托。委托人生前通过合同或其他信托文件设立并生效的信托为生前信托，而遗嘱信托为遗嘱人生前设立但信托要等遗嘱人死亡后才能生效的信托。

生前信托与遗嘱信托的区别不仅仅体现在其设立与生效时间上，其实质的区别在于两类信托中委托人享有权利的巨大差异上。

在生前信托中，根据我国《信托法》的规定，委托人享有知情权、调整权、撤销权、解任权、终止权等一系列影响受托人管理、信托存续、受益人权益的重要权利，生前信托的委托人可以对设立后的信托施加影响；而遗嘱信托的委托人因为委托人死亡后信托才生效，因此委托人不享有生前信托委托人享有的权利，不可能对生效后的信托施加信托文件规定以外的影响。另外，生前信托的委托人也可以成为信托的受益人，而遗嘱信托的委托人则不可能成为信托的受益人。

---

[1] 参见湖北省武汉市江汉区人民法院民事判决书（2016）鄂0103民初1207号。

[2] 参见西藏自治区拉萨市堆龙德庆区人民法院民事判决书（2016）藏0103民初1218号。

（三）私益信托与公益信托

以设立信托的目的为标准，信托可以分为私益信托与公益信托。

私益信托是指为了特定受益人的利益而设立的信托。受益人的特定性表现为委托人的指定，受益人可以为单一受益人，也可以为多数受益人，甚至可以为种类受益人，其受益人身份信赖于委托人的指定。委托人的指定也表明委托人与受益人之间存在较为紧密的个人关系，如配偶关系、父母子女关系、家庭成员关系或亲朋好友关系。

私益信托在设立上应当满足信托设立三个确定性的要求，没有确定的受益人，信托则不能有效设立。

私益信托还可细分为自益信托与他益信托。自益信托是指委托人以自己作为唯一受益人而设立的信托；他益信托是指委托人以他人作为受益人而设立的信托。但这种划分会遇到的一个难题是，当委托人设立的信托中受益人包含了委托人和其他人时，自益信托与他益信托的界限就不是那么分明了，但这种信托依然属于私益信托的范畴。

公益信托是委托人为了诸如扶贫、救助、救灾、科学、文化、教育等公益性目的设立的信托。公益信托与私益信托最大的区别就在于受益人的确定上。公益信托的受益人为社会中不特定公众，委托人可以在信托文件中明确受益人应当符合的条件，但是委托人不能具体指定哪些人作为受益人。

公益信托在设立运行方面与私益信托存在较大差别。除了在受益人产生方面的差异外，公益信托的设立和确定受托人应当经公益事业管理机构批准，公益信托应当设立信托监察人以维护受益人的利益，行使诉权及其他法律行为。公益信托的终止也适用不同于私益信托的规定。

二、英美信托法上的信托分类

信托在英美国家的历史较为久远，加之信托的应用范围不断扩大，应用方式不断推陈出新，相应的信托种类也就花样繁多。曾有英美国家的信托法专家断言，要穷尽列举信托的种类是个几乎不可能完成的任务。下文主要结合目前英美信托实践，概括几类常见的立法上的信托分类。

（一）可撤销信托（Revocable Trust）与不可撤销信托（Irrevocable Trust）

在美国信托实践中，可撤销信托与不可撤销信托是一个基本分类。

1. 可撤销信托

可撤销信托是指委托人有权随时修改或取消信托的信托。在可撤销信托中，信托财产依然为委托人所控制，信托财产上所产生的收益要由委托人承担相应税负。可撤销信托具有较高的灵活性，可以随着情势的变更与委托人意愿的变化而做相应的调整。在英美的可撤销信托中，委托人有权规定除了委托人以外的所有受益人在委托人死前都不能现实占有或享有信托收益，或规定这些权益是或然的，或规定权益是受解除条件制约的，包括委托人保留的撤销权、撤回权、修改权或任命权（revocation, withdrawal, amendment, appointment），而无论是委托人生前还是通过遗嘱行使。在可撤销信托中，委托人可以作为唯一的受托人或共同受托人，保留否决权、指示权，或通过其他方式控制另一个受托人在信托管理或信托财产分配中的行为，甚至委托人可以在其生前或死后授权受托人或受益人，或其他与信托无关的人以管理、指定或取回信托财产的权力。[1]

英美信托实践中，可撤销信托成为实践中常见的一种信托类型。

[1] Restatement of the Law Third, Trusts, Vol. 1, § 25, comt. p380-381.

基于多年来立法与司法活动中的广泛认可，在公众体验与兴趣的支撑下，可撤销信托已经成为美国法上发展良好的具有社会有效性和成功的财产管理工具。[1]

基于严肃的实体政策，如配偶的选择份额（spousal elective share）、债权人权利等，对可撤销信托的信托财产通常像对待委托人所有的财产一样对待。[2] 对可撤销信托持有的财产通常像它们依然属于委托人而不是属于受益人一样对待。[3] 信托法对可撤销信托财产的这种定性对税收产生了决定性影响。美国《国内税法典》第676条认为，可撤销信托的财产基于所得税目的属于委托人所有，因为委托人享有撤销权，委托人被视为拥有信托财产，因此在信托存续期间所产生的所有收益都由委托人申报；而不可撤销信托必须拥有自己的纳税账号（tax ID number）并提交自己的纳税申报单汇报获得的任何收益。对于不可撤销信托来说，如果收益没有分配给受益人，则由信托汇报信托收益并按较高的信托税率缴税，如果收益全部分配给受益人，则由受益人缴纳所得税，如果向受益人分配了其他收益，则由信托汇报收益并扣减已经分配给受益人的收益数额后缴纳所得税。[4] 可见，美国可撤销信托中委托人权利决定了立法上对信托财产的归属认定，并且进一步影响到委托人税收地位。

2. 不可撤销信托

不可撤销信托是指委托人在设立信托后不得进行变更的信托。在不可撤销信托中，委托人失去了对信托财产的控制，并且不得对

[1] Restatement (Third) of Trusts § 25cmt. a.

[2] Restatement (Third) of Trusts, § 63, comt. a, 443.

[3] Restatement (Third) of Trusts § 25cmt. a.

[4] How Are Revocable and Irrevocable Trusts Taxed?https://askharry.info/how-are-revocable-and-irrevocable-trusts-taxed/#:~:text=Revocable%20Trusts%20If%20you%20are%20the%20trustee%20of,those%20for%20individual%20taxpayers.%20Here%27s%20how%20this%20works.，2021-11-21.

信托条款进行修改或终止信托。如果委托人的目标是通过转移财产减少应税财产的数量，那么不可撤销信托是更好的选择。从这一点来说，可撤销信托就不能给委托人带来减税的效果。另外，如果委托人设立的为不可撤销信托，信托财产就脱离了委托人的实际控制，针对委托人个人的司法判决就不能追及信托财产。但在可撤销信托中，针对委托人个人的司法判决就可以追及信托财产，这时信托财产并不能隔离委托人债权人的追索。

可撤销信托与不可撤销信托都属于生前信托（inter vivos trust）的范畴，而与此相对的是遗嘱信托。可撤销信托通常在委托人死亡时变为不可撤销信托。

3. 国内研究存在的一些偏差

国内有研究指出，英美信托法中委托人在信托有效设立后，就基本上脱离了信托关系，除非信托文件明确地为委托人保留了一定的权利，否则委托不享有任何权利、职责。[1] 日本也有学者强调，在英美的传统观念中，因为信托是委托人把自己不能亲自管理和运用的信托财产交付给受托人管理，委托人干预已经设立的信托是不恰当的，除非委托人保留了相关权利，否则，委托人不得干涉信托。[2] 有文章在研究日本信托法、韩国信托法及我国台湾地区的信托法后指出，各国的信托法并不承认委托人享有撤销权。[3] 可见，大陆法系学者的诸多研究倾向于把不可撤销信托作为理论研究的一个基本样本，这基本体现了20世纪英美信托法的一个基本原则，即信托一般是不可撤销的，除非委托人明示地保留了撤销权。[4] 进入20世纪以来，以美国为代表的国家立法原则发生了一些明显的变化。在美

[1] 何宝玉：《信托法原理研究》，中国政法大学出版社2005年版，第128–129页。

[2] [日]能见善久：《现代信托法》，赵廉慧译，中国法制出版社2011年版，第223页。

[3] 张军建：《论中国信托法中的委托人的撤销权——兼评中国〈信托法〉第22条》，载《法学家》2007年第3期，第92页。

[4] 何宝玉：《信托法原理研究》，中国政法大学出版社2005年版，第130页。

国加利福尼亚、艾奥瓦、蒙大拿、俄克拉荷马、得克萨斯等几个州的信托法推定信托为可撤销信托，即在没有相反证据的情况下推定委托人可以终止和修改信托，而其他大多数州遵循的规则是在没有相反意图证据的情况下，信托被推定为不可撤销信托。[1] 这种情况在进入 21 世纪后发生了重大变化，《统一信托法典》（2010 年修正）（Uniform Trust Code,Last Revised or Amended in 2010， UTC）则采用了少数州的做法，在信托文件未做声明时，《统一信托法典》推定信托是可撤销的。[2] 最近的《信托法重述》修改也推翻了以前的做法，如果委托人保留了受益人权益，信托就推定为可撤销信托。[3]

因此，对英美信托法的研究中，不能忽视可撤销信托这样重要的法律现象。在可撤销信托中，委托人享有终止、修改信托等多项权利，所以后续的研究不能不区分可撤销信托与不可撤销信托的语境，从而对委托人权利得出一些片面和有失客观的结论。

（二）明示信托（express trust）与归复信托（resulting trust）

明示信托是委托人有意识、有目的地设立的信托。明示信托的委托人把财产或资金转移给受托人，由其为了受益人的利益持有信托财产。明示信托是基于委托人的意愿设立的，其生效要满足以下几方面条件：委托人必须具有相应的行为能力和设立信托的意图；委托人必须把信托财产上的法定所有权（legal tittle）转移给受托人；受托人必须为了受益人的利益持有信托财产的法定所有权。前述的可撤销信托、不可撤销信托及遗嘱信托都属于明示信托的范畴。

归复信托也叫默示信托（implied trust），是指因为法的运行（operation of the law）所产生的信托。归复信托通常产生于下面几种情形：第一，委托人试图设立明示信托但未能有效设立。如委托

[1] Restatement (Second) of Trusts § 330 (1959).

[2] UNIFORM TRUST CODE (Last Revised or Amended in 2010)， § 602.

[3] Restatement (Third) of Trusts § 63 cmt. c.

人设立了一个明示信托，指定了B为受益人。但是，在委托人指定B为受益人之前，B已经死亡，明示信托因为没有确定的受益人而落空。在这种情形下，受托人将在一个归复信托中为了委托人的利益持有信托财产，也就是原来明示信托中的受益权益又回归于委托人。第二，信托未能用尽或耗尽所有信托财产。委托人把一笔资金转入信托，由受托人按信托规定每月向指定的受益人支付固定的金额，后来受益人死亡。受益人只获取了信托资金的一部分，受益人死亡时信托财产还有剩余。在这种情形下，受托人就在归复信托中以受托人的身份为了委托人的利益持有剩余的信托财产。第三，法院为了纠正一个错误（right a wrong）或消除误解而进行干预认定的信托。甲把钱交给其朋友乙让其购买特定不动产。乙购买不动产后将其载入自己名下而不是甲的名下，这种情况下，法院会认定乙与甲之间存在信托关系，由乙为了甲的利益而持有乙购入的不动产。再假设S将其银行账户转给其女儿T，T明白S的用意是账户里的钱在S死后在S的所有子女之间进行分配。如果T拒不交出资金，其兄弟姐妹可以起诉T，法院会根据相关证据认定T与其兄弟姐妹之间存在信托关系，由T为其兄弟姐妹持有S的资金。

第二节　信托设立的“三个确定性”

在Knight v Knight一案中，Langdale法官曾指明，“对于一个有效的明示信托来说，法院需要找到三种形式的确定性：设立信托意图的确定性、识别构成信托基金（trust fund）标的的确定性、信托受益人的确定性。”[1] 我国《信托法》第六条、第七条也对设立信托目的和信托财产提出了类似的要求。

---

[1] Knight v Knight (1840) 3 Beav 148.

一、设立信托意图的确定性

如何确定委托人设立信托的意图呢？委托人设立信托的意图就是设立信托的意思表示。委托人设立信托的意思表示可以多种方式进行，如口头方式、书面方式甚至行为方式。

（一）明示信托中的设立意图的确定性

在英美信托法中，确定委托人的意图时，有判例指出，并没有什么关键词能使我们认为委托人为谁的利益设立信托，应当根据每个案例的具体情况来确定。[1] 对于确定的意图来说，它的判断标准是委托人是否想对受托人施加一项有法律约束力的义务以使其为了意定的受益人的利益持有并管理财产。对于明示信托来说，可以通过委托人使用的语句判断其是否存在设立信托的确定意图。

如果委托人为做某事而对受托人使用了表明命令或义务的语句，用了命令性语言（imperative words），就表明委托人有设立信托的意图。如果委托人使用了恳求性的语句（precatory words），即表示愿望、希望、希冀的语句，如“我希望财产应当以特定的方式使用”“我相信财产应当以这种方式应用”等，就不能确定委托人有设立信托的意图。如果使用了这些表述通常是进行赠与的意思表示。在 Johnson v. Farney 一案中，遗嘱人在遗嘱中写道：“我把我个人所有的动产与不动产留给我的妻子。”在结尾处，写道：“我也希望如果你（指妻子）在我之后不久也去世的话，我希望你会把你拥有的全部财产在我家族人和你家族人之间平分。”遗嘱人死亡七年后，他的妻子也去世。夫妻二人没有子女。在妻子的遗嘱中，她把所有财产留给了她家族的人。法官认为，丈夫认为他在遗嘱中明确表达的希望可以影响妻子按他建议的方式来处置财产，但并未向那一项施加强制的或法定的义务。这样表述的希望或愿望只不过是一项建

[1] Kinloch v Secretary of State for India (1882) 7 App Cas 619.

议，由受赠人决定是否接受，但不能等同于一项强制的或义务性的信托。因此，根据丈夫遗嘱的规定并没有产生信托，妻子对其持有的财产享有绝对权利。[1]

当然法院也曾强调，如果文件总体上表明了信托而不是赠与，那么就允许在这种情形下使用恳求性的语句来设立信托。在 Staden v. Jones 一案中，Staden 女士的父母在 1971 年离婚并达成协议，其母亲放弃了在房产上的一半权益，但前提是她放弃的一半权益要转移（devolve）给 Staden。Staden 父亲之后两次再婚，后来死亡时未留遗嘱。Staden 要求获得其母亲留给她的权益。但一审法官认为，Staden 的母亲并没有为 Staden 设立信托，其父母订立的协议也没有执行（execute），因此不可强制执行（enforced）。上诉法院法官认为，协议从总体上看的确设立了信托，转移（devolve）不应当解释成“依据遗嘱继承”，而应当解释为更宽泛意义的转让（transfer）。[2]

（二）推定信托中的设立意图的确定性

英美信托法上承认推定信托，即便当事人没有通过口头的或书面的方式明确设立信托的意思表示，但是法院会通过当事人的行为或其言语表示来推定信托的存在，并从其行为或言语表示中确定其存在的信托意图。

在 Paul v. Constance 一案中，法院认为设立信托的意图可以通过委托人的行为来推断。在该案中，C 先生与其妻子分居（并未离婚）。他与其同居的 P 女士有个约定，P 女士可以在其许可的情况下从其银行账户中提出现金。他们向账户内存入了共同的所得。C 先生经常跟 P 女士说，这些钱“既是我的，也是你的”（the money was as much yours as mine）。法院认为，这些行为与表述足以表明 C 先生

[1] Johnson v. Farney (1913), 29 O.L.R. 223.

[2] Staden v. Jones [2008] EWCA Civ 936.

用账户中的钱设立了宣言信托，因此，P 女士与 C 先生的妻子有权获得账户中一半的金钱。[1]

最近加拿大安大略上诉法院确定了在没有正式信托文件时如何确定创立信托的“意图确定性”。在 Corvello v. Colucci 一案中，地产的使用许可证最早是在 1974 年从省政府获得的，当时登记的被许可人只有 Arthur 一人，因为当时不允许许可证登记在多人名下。许可证允许持有人在地产上从事建筑并把财产用于娱乐目的。许可证并没有授予当事人在土地上的所有者权力和利益。Arthur，他的兄弟 Gino 及他的姐 / 妹夫 Tony 三人及其家人多年来共同使用该地产。Gino 与 Tony 在使用该地产时从未事先征得 Arthur 的同意。三方当事人对地产都有所贡献，共同承担了费用，并同意对地产进行改善。后来政府修改地产许可证的名称要求，三方当事人一致同意把许可证登记在他们三人的名下。当事人认为自己是财产的所有人并作为财产保险的被保险人。2016 年，Arthur 认为地产属于他自己。他把 Gino 与 Tony 及其家人拒于该地产之外。因此，引发诉讼。Gino 与 Tony 成功获得法院裁决，判定 Arthur、Gino 与 Tony 以信托方式持有地产。Arthur 提出上诉，主张没有设立信托所必需的意图确定性。上诉法院确定，在没有书面信托合同确认信托意图确定性时，法院必须综合审视当事人的意图、达成的一致、当事人的行事等具体情形和证据。审视的焦点不应当局限于委托人的主观意图，而应当适用客观标准从当事人的行为来确认意图的确定性。法院有权从整体上审视证据以推断当事人的意图。在该案件中，初审法官考量了每一个当事人的证据，接受 Gino 与 Tony 的证据并得出结论，认为当事人从开头就想作为财产的合伙人或共同所有人。证据与法官的认定支持有效信托的设立。[2]

---

[1] Paul v. Constance [1977] 1 WLR 54.

[2] Corvello v. Colucci, 2022 ONCA 159 (CanLII).

信托引入我国主要基于商事信托的应用与发展，其在民事领域中的应用，用凤毛麟角来形容亦不为过。我国《信托法》第六条对设立信托也提出了必须有合法信托目的的要求。这一点基本对应了英美信托法中设立信托的确定意图这一要求，但由于信托在民事领域中应用的现状，公众对于信托的了解非常少。另外，根据我国《信托法》，我国司法实践中亦不像英美国家一样广泛承认推定信托。因此，在判断当事人之间是否存在信托关系时，应当以当事人有明确的设立信托的意思表示为限，而不应当以当事人的特定行为而推定其有设立信托的意思表示。

原告马某与被告杨某系高中同学，马某之弟与被告杨某系同事。原告经其弟介绍委托被告进行投资。2011 年 8 月，马某将 6 万元现金通过银行转入杨某的银行卡账户，委托杨某对资金进行管理处分，约定的利息为 1 分 8 厘。随后三个月，马某收到三笔利息，之后未再收到任何款项。后马某与其弟及证人到杨某家要求杨某返还 6 万元，未得偿还。之后向法院提起诉讼，要求杨某偿还借款及其利息。杨某认为双方之间不是借贷关系，而是委托理财关系，不应偿还马某现金 6 万元。一审法院认为，马某基于对杨某的信任，将 6 万元现金委托给杨某进行管理处分，双方之间为信托行为。受托人必须保存处理信托事务的完整记录，并且应当定期将对信托财产的管理运用处分及收支情况报告委托人和受托人。二审法院查明，马某将现金 6 万元打给杨某后，杨某把款项投入到河南华大投资担保有限公司，并经华大公司担保，以马某的名义与案外人罗某签订借款担保合同。借款担保合同上没有马某的签名，且马某对合同不知情。二审法院认为，原告与被告之间形成民间委托理财合同关系。[1]

在上述案例中，一审法院在没有明确的证据证明委托人有设立

[1] 马某诉杨某民事信托纠纷案，参见何宝玉：《信托法案例评析》，中国法制出版社 2016 年版，第 179-184 页。

信托意图的情况下，认定双方当事人之间成立信托关系。这种认定未免有些牵强。确定双方之间存在信托关系，应当以委托人的意图来确定，不管是书面的还是口头的，抑或是行为的。原告以借贷纠纷提起诉讼，要求被告还本付息，被告以委托理财抗辩，既有的证据未能证明马某有设立信托的意思表示，也不能从被告的行为中推定他有意愿与受托人建立信托法律关系。即原被告在建立信托法律关系这一点上，并不存在交集与合意。当然，设立信托的意思表示不必拘泥于《信托法》规定的以书面方式设立信托的规定。如果有确切证据证明委托人以书面方式以外的其他方式表明了设立信托的意思表示，则不宜根据《信托法》第八条规定的信托应当以书面设立之原则否认信托的效力。虽然《信托法》第八条的规定属于强制性的法律规定，但是按《九民纪要》第三十条的规定，强制性法律规范可以划分为“效力性强制性规定”和“管理性强制性规定”。《信托法》第八条的规定主要是针对信托秩序的管理，要求以书面方式设立信托，属于管理性强制性规定。如果委托人以口头方式表达了设立信托的意图并且实际设立了信托，在其不损害社会公共利益、第三人利益的情况下，自然没有以不符合形式要求的规定而否认其效力的必要，否则会形成公权对私人意思自治的过多干涉。

二、信托财产的确定性

委托人为了受益人的利益设立信托，应当以一定的物质财富为基础。我国《信托法》第七条要求设立信托应当有确定的信托财产。委托人合法所有的财产所构成的确定信托财产是设立信托的必备条件之一，财产则可以包括实体财产与合法的财产权利。因此，委托人可以其动产、不动产等实体财产设立信托，也可以其依法享有的股权、公司债券、有价证券、现金等具有财产价值的财产权利设立信托，其他如矿业权、渔业权或知识产权等准物权亦可设立信托。[1] 根据美国的信托法传统，信托设立时必须有现实存在并可确定的财产，但是财产的范围可以涵盖诸如法定的或衡平的权益，既定的或待定的权益，也可是不可分权益或未来权益，甚至是诉争物权（chose in action）以及信托设立时既不存在也不确定的财产（neither in existence nor ascertainable）。[2]

《信托法》第十四条规定了信托财产的两个来源，一是受托人承诺信托而取得的财产，二是受托人基于对信托财产的管理、运用、处分或者其他情形取得的财产。如果单从立法条文来进行文本分析的话，信托财产确定性的标准并不明确。通常来说，信托财产应当是可以用金钱计算价值的积极财产或财产权，且属于委托人可以处分、转让的确定、现实存在的财产。[3] 对于信托财产的现存性和特定性，日本《信托法》指出“信托财产被认为是必须具有存在可能性和特定可能性”，诸如库存商品、半成品等集合动产和未来债权，也被认为具有现存性与特定性。[4] 根据我国台湾地区“信托业法”的规定，信托业经营者经营的信托业务主要包括：金钱之信托、金钱债权及其担保物权之信托、有价证券之信托、动产之信托、不动产之信托、租赁权之信托、地上权之信托、专利权之信托、著作权之信托、其他财产权之信托。[5] 从信托业务的范围也大体可以确定营业信托的财产及财产权范围。在传统英美信托法上，信托财产的确定性应当包含两方面的含义：第一，信托财产应当从委托人原有

[1] 赖源河、王志诚：《现代信托法》，中国政法大学出版社 2002 年版，第 77 页。

[2] Restatement (Third) of Trusts § 2 cmt. i (2003).

[3] 何宝玉：《信托法原理研究》，中国政法大学出版社 2005 年版，第 136-141 页；[日]新井诚：《信托法》（第四版），刘华译，中国政法大学出版社 2017 年版，第 280-283 页。

[4] [日]新井诚：《信托法》（第四版），刘华译，中国政法大学出版社 2017 年版，第 283 页。

[5] 台湾地区“信托业法”第 16 条，2004 年修正。

的财产独立并标示出来；第二，信托财产应当在数量或范围上确定。[1]

首先，信托财产是实现受益人利益或信托目的的物质基础，所以财产的范围应当是确定的，也就是说哪些具体的财产是用于实现信托目的的，信托财产应当具备明确的可识别性；其次，信托财产应当是委托人具备完整、完全处分权的财产，在信托财产转移到受托人后受托人从而享有完整、完全处分权。

（一）信托财产范围的确定性

委托人设立信托时，应当对信托财产的范围作出明确的划定以实现信托目的。如果委托人设立信托时说以其“大部分”（bulk）财产设立信托，那么信托财产则不符合确定性标准。一个人的“大部分”财产范围是不好确定的，不能具体确定哪些属于信托财产。[2] 但是，如果委托人在遗嘱中说将遗嘱人遗产中“任何剩余财产”（anything that is left）设立信托，则满足信托财产的确定性要求。[3] 遗嘱人在对其财产进行了相应分配后把剩余财产设立信托是可以满足信托财产确定性的要求的，遗嘱人的财产范围是可以确定的，在指定用途财产范围确定后，剩余财产也就可以相应确定，因此可以确定信托财产的范围。

在江苏省国际信托有限责任公司（以下简称江苏信托）与中国农业银行股份有限公司昆明分行（以下简称昆明分行）合同纠纷中，江苏信托与广州证券公司于 2012 年 12 月 6 日签订《单一资金信托合同》，广州证券公司向江苏信托交付 12 亿元信托资金用于受让特定资产收益权，由江苏信托以收取回购价款等方式获取信托收益。同日，江苏信托与绿园置业公司签订《转让合同》，以江苏信托人民币 12 亿元购买绿园置业公司持有 “东方新天地”中 65690.91 平

[1] 董庶：《试论信托财产的确定》，载《法律适用》2014 年第 7 期，第 75 页。

[2] Palmer v Simmonds [1854] 2 Drew 221.

[3] Re Last [1958] p137.

方米房产所产生的收益权，江苏信托与绿园置业公司签订《回购合同》，约定2年后绿园置业回购收益权；江苏信托与昆明分行签订《转让协议》，双方同意按照本协议的约定，将江苏信托拥有的与绿园置业签订的《转让合同》下的特定资产收益权转让给昆明分行。后因绿园置业未能履行回购义务，江苏信托与昆明分行发生纠纷，昆明分行提出，江苏信托转让的特定资产收益权不确定。法院认为，根据江苏信托与绿园置业签订的《转让合同》，特定资产收益权包括“东方新天地”中的面积为65690.91平方米房产经营、管理、处分而产生的任何现实收益，特定资产收益权权利内容和边界明确和特定。[1]

（二）信托财产的可识别性

在确定信托财产范围的同时，信托财产的可识别性问题也可以得到解决。但有时信托财产范围确定后，可识别性问题未必能得到解决。在一个案例中，葡萄酒商的债权人主张他们购买葡萄酒的合同应当赋予他们在葡萄酒商酒窖里存储的80箱葡萄酒的20箱享有优先的财产权利。但法院认为这并未满足信托财产确定性的要求，法院指出，只有每个债权人能表明哪瓶特定可识别的酒已经从酒窖一般存货中分离出来了并单独为他们持有，才能表明可识别的酒是为了债权人利益由信托持有。[2]

在另一个案例中，一个雇员获得了公司950股股份中的50股。但是雇主并没有转移股权的所有权，也没有在合同中对50股股份进行特别标记。后来产生争议，雇员主张持有对50股股份的所有权。法院认为，问题的关键在于财产的确定性，或者说股份是否应当具有可识别性。法院指出，鉴于一只普通股份与其他的普通股份并没

[1] 参见中华人民共和国最高人民法院民事判决书（2017）最高法民终478号。

[2] Re London Wine Company [1986] Palmer’s CC 123.

有什么实质区别，50 股股份设立信托也没有必要把这 50 股股份与其他的股份区分开，即便区分开了也没什么实质区别。另外，股份是无形财产，股份间并不具有差异性，因为它们属于同一个公司。[1]

在一定的财产范围内，如果既有信托财产又有非信托财产，如何识别信托财产应取决于财产的同质性情况。如果财产具有高度同质性，如同种类股份，对具体哪些财产属于信托财产没有进行标记区别的必要，只要有确定的数量就可以确定其范围；如果一定范围内信托财产相互间存在差异，如葡萄酒的年份、品质、规格等存在差异，则需要对信托财产与其他财产进行区别或标示，以满足可识别性的要求。

（三）确定权益才能作为信托财产

美国《信托法重述（第三版）》第四十一条规定，一种将来能获得财产的愿望与希望，或一种没有形成的权益、一种已经终止的权益，不能为信托持有。[2] 如果一个人希望将来通过在世之人的遗嘱收到财产，或通过无遗嘱继承获得财产，那么这个人就没有进行宣言信托或转移给他人设立信托的既存权益。这不是一种或然将来权益，只是一种希望或愿望而已。某人为了获取所得税优惠，设立宣言信托，宣布将某些股票交易的未来收益设立信托。这个人没有把他既有股票组合包含进行信托，只是强调在他将来从事股票交易可能产生的收益上设立信托。该人的目的是通过设立信托使这些收益适用其母亲、妻子及其子女作为受益人时较低的所得税率，这在当时税法是允许的。但法院认为，信托并未能设立，因为这个人宣布设立信托时并没有收益。[3]

尽管或然将来权益（contingent future interest）的持有人在越来

[1] Hunter v. Moss [1994] 1 W.L.R. 452.

[2] Restatement (3rd) of Trusts § 40.

[3] Brainard v. Commissioner, 91 F.2d 880 (7th Cir 1937).

越多的州可以通过赠与或其他方式进行现实的处分，但一个人不能转让希望。遗嘱人已经死亡，某人根据遗嘱将会在遗产管理结束时获得财产分配，或遗嘱中某个将来事件已然发生，那么某人就拥有可以持有或转移的信托权益。[1]

下面通过两个例子来说明一下普通法上的确定利益与或然利益两个概念。

例 1. “A 享有终生受益权，剩余财产归 B 及其继承人”（To A for life, remainder to B and his heirs）。

例 2. “A 享有终生受益权，如果 B 能生存到 21 岁，剩余财产归 B（时年 18 岁）及其继承人”（To A for life, remainder to B（an eighteen-year-old） and his heirs）。

在上述两个例子中，B 的权益变为现实（possessory）权益的一个必要条件是 A 的终生权益终止。在第一个例子中，必要条件也是充分条件，但在第二个例子中，这个必要条件还不足以使 B 获得权益，他必须得满足年满 21 岁的条件。

在第一个例子中，B 享有的剩余权益是一种确定的剩余权益（vested remainder）。但这并不意味着剩余权益人有现实占有的权益，它只是表明剩余权益变为现实权益除了 A 的终生权益到期之外没有其他前提条件了。剩余权益确定并不意味着能成为现实权益。如果在第一个例子中，A 只有 20 岁，而 B 已年满 80 岁，那么 B 要享有剩余权益的机会是很渺茫的。

在第二个例子中，剩余权益是一种或然剩余权益（contingent remainder），它是指除了在先的终生权益到期之外还得满足其他条件才能使剩余权益变为现实权益。在很多情形中，附加的前提条件就是确定利益取得人的身份。比如，“A 享有终生受益权，剩余财产归 A 的第一个儿子及其继承人”，如果 A 没有儿子，剩余权益就

[1] Restatement (3rd) of Trusts §40,comment a.

是不确定的。如果一旦 A 有了儿子，剩余权益就变为确定权益，也就是确定给 A 的儿子。在其他情形中，一个既定的利益获得人还需要实现一个附加的条件，例如“A 享有终生受益权，剩余财产归 B 及其继承人，如果 B 能在 A 死亡后继续生存”，在这个例子中，剩余财产在终生权益到期之前就不能确定，因为只有终生权益到期时，才能确定 B 是否能活过 A，因此，在终生权益到期时剩余权益就得以确定并成为现实利益。[1]

在我国商事信托的实践中，信托财产的形式是多种多样的。五矿信托公司与广西有色金属公司约定五矿信托公司以 8 亿元信托资金受让广西有色金属公司持有的广西有色金属公司办公大楼及东盟文化交流中心的收益权，在双方形成的信托关系中，信托财产是广西有色金属公司持有的广西有色金属公司办公大楼及东盟文化交流中心的收益权；[2] 在北京天悦公司与安信信托公司 2013 年 9 月 18 日签订的《回购协议》中，约定安信信托公司以其持有的 3 亿元受让北京天悦公司持有的天域公司 100% 股权的收益权作为信托财产；[3] 在安信信托与昆山纯高签订的信托合同中，信托财产系指委托人昆山纯高对基础财产依法享有取得收益的权利及因对其管理、运用、处分或者其他情形而取得的财产。[4] 从信托财产确定性的角度分析，股权受益权因为股权的现实存在可得以确定，其他两个案件中的基础资产受益权并不像股权受益权一样好确定。广西有色金属公司持有的广西有色金属公司办公大楼及东盟文化交流中心的收益权具体为何并不明确，昆山纯高对基础财产依法享有取得收益的权利及因对其管理、运用、处分或者其他情形而取得的财产也并不十分清晰，

[1] Jesse Dukeminier, Robert H. Sitkoff, Wills, Trusts, And Wills, 9th ed., Wolters Kluwer Law & Business, New York, 2013, 837-838.

[2] 参见中华人民共和国最高人民法院民事判决书（2016）最高法民终 233 号。

[3] 参见中华人民共和国最高人民法院民事判决书（2017）最高法民终 907 号。

[4] 参见上海市第二中级人民法院民事判决书 (2012) 沪二中民六（商）初字第 7 号。

需要通过未来的销售、管理才可以确定。学术界对于财产收益权能否作为信托财产有几种不同的意见：一种观点认为，财产收益权是一种“将来债权”，具有债权标的的合法性、确定性和可让与性的特征，可以作为信托财产；[1] 另一种观点认为，可以未来债权或未来应收账款称呼在建工程收益权，其作为信托财产并不存在法律上的障碍，但未来债权尚未转化为现实债权之前，信托并不生效；[2] 还有观点认为，在安信信托与昆山纯高签订信托合同时，昆山纯高既没有基础资产的销售合同，也没有证明其将以特定价格出售基础资产，房产项目能否出售也不确定，基础资产无既得收益可言，信托合同又约定信托财产不包含基础资产，收益权则完全不能确定，因此导致信托无效。[3]

信托资产的确定性是一种相对的确定性，作绝对化理解则有失僵化。对于信托财产来说，即便在信托设立时有确定的范围和价值，但是在信托成立之后信托财产的范围、价值甚至是形态也会发生变化，并非一成不变，受益人的受益权也会根据信托财产具体情况依据信托文件进行调整。同理，在设立信托时如果以基础资产受益权这种未来债权设立信托也未尝不可，前提是信托文件确定受益权可以实现的方式途径，如确定了基础资产的范围、处置基础资产的方式等。信托财产的确定性，在一定意义上可以理解为：不管信托财产是现实存在的财产，还是未来才能确定的利益，只要有实现受益人利益的确定途径与方式就可以认为满足了信托财产确定性要求。

[1] 胡伟：《反思与完善：资产收益权信托之检视——兼析安信信托“昆山纯高”案》，载《华北金融》2013年第8期，第17页。

[2] 董庶：《试论信托财产的确定》，载《法律适用》2014年第7期，第80页。

[3] 高凌云：《收益权信托之合法性分析——兼析我国首例信托诉讼判决之得失》，载《法学》2015年第7期，第153页。

三、受益人的确定性

对于非慈善信托来说，有效的信托必须是为了可确定的个体的利益存在的。受益人有资格对受托人提起诉讼，并且法院可以要求受托人为受益人利益履行信托。这是信托法上的受益人原则。[1]

（一）固定信托受益人的确定

固定信托（fixed trusts）是对财产进行规划的生前信托的一种形式，它赋予委托人为受益人利益对金钱与财产进行控制的权利。固定信托的受益人根据委托人确定的特定安排获得信托财产，受托人不享有自由裁量权或享有很少的自由裁量权，受托人不能变更受益人或变更受益人应当获得的收益。固定信托是一种非自由裁量信托，最常见的固定信托类型是终生权益信托，根据信托条款的规定，受益人在其终生都可以获得来自信托的所有收益。在收益受益人死亡后，信托财产通常会分配给本金受益人（capital beneficiaries）。

对于固定信托而言，必须确定所有的受益人以便受托人能正确地分配信托财产。这便是所谓的"完整名单测试"（complete list test），也就是在分配信托财产时，必须列出所有受益人的名单，但在设立信托时则不必列出所有受益人的名单。如一个人为其孙辈设立信托，即使在设立信托时没有列明所有孙辈的名字，但只要在分配信托财产时能确定其孙辈，信托就依然有效。相反地，如果无法清晰地界定受益人，不能确定完整的名单，信托则会无效，如一个人为他的朋友设立的固定信托，如果不能列明谁是他的朋友，则信托无效。[2]

对于附条件的固定信托来说，确定性的测试还要取决于所附

---

[1] James Penner, The Law of Trusts, 10th edn, OUP 2016, 110.

[2] [英] 格雷厄姆·弗戈：《衡平法与信托的原理》，葛伟军等译，法律出版社2017年版，第133页。

条件是解除条件（condition subsequent）还是前提条件（condition precedent）。如果所附条件为解除条件，则意味着一项后续发生的事将解除受益人在信托财产享有的既定利益。当解除条件生效时，受益人对信托财产则不再享有权利，但解除条件从信托设立时就应当确定，否则将被认定为无效。在一份遗嘱信托中，遗嘱人明确一旦其女儿与某个被指定的人建立了社会关系或其他关系将剥夺其在信托中的所有利益。法院认定这个条件无效，因为“关系”无法被确定，因为在汽车站台上等候排队的两个人都可以被认定存在“关系”。[1] 前提条件，是指只有受益人在信托财产分配前，必须满足规定的前提条件才能获得信托财产上的权益，比如年满 21 周岁、考入大学等。

（二）自由裁量信托受益人的确定

自由裁量信托是这样一种安排：为了受益人的利益，在如何最佳运用信托财产方面受托人享有较大灵活性和控制权。在设立自由裁量信托时，委托人确定一群（a class）受益人，比如子女或孙子女，由受托人根据自由裁量权确定由谁获得信托收益或信托本金。任何受益人对信托收益或信托本金都不享有绝对的权利。自由裁量信托对某些情况提供了灵活性的应对，当信托设立时作为受益人的子女或孙子女还未出生，但他们会自动被纳入在受益人的范围。

对于自由裁量信托，确定的受益人是一项重要的事项。确定了受益人，受托人才能决定为了谁该如何分配信托财产。起初，自由裁量信托采用了与固定信托相同的“完整名单测试”，但这导致了不少问题，因为与固定信托相比，自由裁量信托存在着更多的潜在受益人。后来，自由裁量信托采用了“是或不是”（is or is not）测

---

[1] [英] 格雷厄姆・弗戈：《衡平法与信托的原理》，葛伟军等译，法律出版社 2017 年版，第 133 页。

试，这种测试意味着潜在的受益人必须表明他们符合受益人的条件。这种测试比完整名单测试容易得多，因为一个人如果不能证明他是一个潜在受益人，信托不会因为受益人的不确定而无效，它只是一个没能满足前提条件的人，无权被纳入获得信托财产分配的考量。

如果不能确定受益人，受托人将为了委托人的利益持有信托财产，这就产生了归复信托（resulting trust）。在此情形下，委托人有要求受托人归还信托财产的法定权利，或设立另外一个信托。如果是遗嘱信托，受托人则会为了有权继承死者遗产的继承人的利益持有财产。

信托财产的确定性有时与受益人的受益份额的确定性有一定的关联性。在英国早期的一个判例中，父亲在遗嘱中把四座房子为两个女儿设立了信托，指定女儿 Maria 先选一座她喜欢的房子，剩下的三座房屋就归另一个女儿 Charlotte。Maria 先于父亲死亡，不确定她会选哪一座房屋。法官认为，因为不确定 Maria 会选哪座房屋，也就不能确定哪些房屋归 Charlotte，因此信托无效。[1] 这个判例说明，如果在固定信托中信托财产确定了，但是哪些财产归哪些受益人不确定，也会导致信托无效。当然，这种情况可以通过赋予受托人自由裁量权，以其认为合理的方式在受益人之间进行分配予以解决，或由法院采用"等分即公平"的原则将信托财产在受益人之间进行分配。[2]

---

[1] Boyce v. Boyce (1849) 60 ER 959.

[2] [英] 格雷厄姆·弗戈：《衡平法与信托的原理》，葛伟军等译，法律出版社 2017 年版，第 131 页。

第三节　信托的生效

一、信托设立、成立与生效

（一）信托设立

信托的设立包括意思表示、财产转移、信托登记等在内的多个法律行为。如同合同订立是一个动态描述，[1] 信托的设立也是一个动态过程。

信托设立在不同的阶段会产生不同的法律后果，如在委托人设立信托的意思表示完成后就意味着信托的成立。[2] 在信托设立过程中，信托的成立与生效是信托设立通常产生的法律后果。

我国《信托法》第八条规定，设立信托应当采用书面形式。这是《信托法》对信托设立的形式要求。书面形式设立信托可以采用的书面文件包括信托合同、遗嘱或法律、法规规定的其他书面文件。

采用书面方式设立信托，对于明确委托人设立信托意图，确定信托财产、信托事务管理、受益人及其受益权等诸多事项提供了便利。对信托的设立方式以强制性规范确定书面设立方式，虽有优点，但也有不足，它表明《信托法》对个人意思自治干涉过多。如果有证据证明委托人以口头方式表达了设立信托的意愿，为什么要因其没有采用书面方式而否定信托的效力呢？

根据《九民纪要》第三十条关于强制性规定“管理性强制性规定”“效力性强制性规定”的分类，采用书面方式设立信托应当属于“管理性强制性规定”，应当理解为立法者为加强信托秩序而制定的强

[1] 韩世远：《合同法总论》，法律出版社 2008 年版，第 76 页。

[2] 周小明：《信托制度：法理与实务》，中国法制出版社 2012 年版，第 268-269 页。

制性规定，而不是效力性强制性规定。

在我国，信托的设立以当事人有明确的设立信托意图为限。但在司法实践中，也出现了法院通过相关事实认定当事人之间信托关系成立的案例。《九民纪要》第八十八条第二款规定："根据《关于规范金融机构资产管理业务的指导意见》的规定，其他金融机构开展的资产管理业务构成信托关系的，当事人之间的纠纷适用信托法及其他有关规定处理。"[1] 该款规定没有明确如何判断当事人之间形成了信托关系，根据常理，判断当事人之间是否形成信托关系，通常根据当事人之间的权利义务安排。另外，根据《信托公司管理办法》（银监会令〔2007〕2号）的规定，任何单位或个人未经监管部门批准不得经营信托业务。[2] 因此，营业信托业务属于信托公司的专营业务，信托公司之外的资产管理机构没有从事营业信托的资质，即使他们与投资者形成的权利义务关系具有信托的特征，他们也不会以信托的名义订立合同。如果按《九民纪要》的规定将非信托公司等金融机构的相关资产管理活动认定为信托的话，则会产生我国《信托法》上没有规定的新信托类型。

在湖南桂阳农村商业银行股份有限公司（以下简称桂阳农商行）、财信证券有限责任公司（以下简称财信证券）营业信托纠纷一案中，2016年10月，作为委托人的桂阳农商行与作为管理人的财富证券有限责任公司（后更名为财信证券）以及作为托管人的广州农商签订《珠江8号资管合同》，合同约定委托人认可财信证券的投资行为；委托人应当及时、足额地向管理人和托管人交付委托资产；委托人将其合法持有的资金投资于财信证券管理的定向资产管理计划，委托资产独立于管理人、托管人的固有财产。法院认为，双方之间的合同关系符合信托法律关系的特点：第一，委托人基于

[1] 参见《全国法院民商事审判工作会议纪要》第八十八条。

[2] 参见《信托公司管理办法》第七条。

信任将财产委托给受托人管理；第二，受托人为受益人利益或特定目的以自己名义对信托财产进行管理运用和处分；第三，信托财产具有独立性。据此认定桂阳农商行与财信证券之间形成信托法律关系，二者之间的纠纷应当适用《信托法》的相关规定。[1]

虽然桂阳农商行与财信证券之间订立的为《资管合同》，但通过对双方之间权利义务安排的分析，认为其符合信托法律关系的特征，裁定双方之间成立信托关系。这与委托人通过单方行为设立信托或通过合同设立信托不同，法院在没有发现双方之间存在明确设立信托合意的情况下认定双方之间的信托法律关系，会在司法上认定一种信托。综合桂阳农商行与财信证券营业信托纠纷案与《九民纪要》的规定来看，发现其存在明显的不合理之处。第一，按照我国《信托法》的规定，民事信托以委托人明确的设立信托意图作为信托设立的要件之一，如果认定桂阳农商行与财信证券之间成立了民事信托关系，则必须确定委托人设立信托的意思表示；如果认定双方之间形成商事信托（营业信托）关系，除了委托人明确的设立信托意图之外，受托人还应当具备从事信托业务活动的资质。在不满足信托设立条件的前提下，认定双方之间的信托关系，实质上扩大了《信托法》的适用范围。第二，司法应当尊重行业行政监管。我国实行金融分业经营、分业监管的原则，《信托公司管理办法》明确规定，任何单位或个人未经批准不得从事信托业务。如果有些商事主体不具备从事信托业务资质，与他人订立了具备信托实质的合同，但并未以信托合同示人，这种情形下，提供业务活动的主体之所以不用信托合同之名示人，主要目的在于规避监管。如果法院把双方之间的合同认定为信托合同，双方之间为营业信托关系，则是司法确定了无信托经营资质商事主体经营信托业务的合法性。这是对金融特许经营原则的突破，也是对金融行政监管的僭越。

---

[1] 湖南省高级人民法院民事判决书 (2020) 湘民终 1853 号。

（二）信托的成立

信托的设立与信托的成立、生效是密切关联的。信托的设立是信托成立与生效的前提条件，没有信托设立行为就不可能产生信托，也就谈不上信托的生效问题，可以说信托的生效是信托合法设立的后果。

信托法从本质上来说是一项不折不扣的民法制度，是民法的特别法。[1]信托行为属于法律行为，民法上法律行为的成立与生效相关规定同样适用于信托行为。

法律行为的成立应当符合静态与动态两个方面的条件：静态方面需要满足行为主体、行为标的和意思表示三个要素，动态方面应当满足完成意思表示的全部过程。[2]对于信托设立来说，英美信托法上信托设立的“三个确定性”与我国法律行为成立三要素有不少重合之处，委托人确定的设立信托意图其实包含了行为主体和意思表示两个要素，信托行为主体为委托人，设立信托的确定意图为意思表示。行为标的是指法律行为所追求的法律效果内容，[3]对于信托行为而言，行为标的是指委托人将财产交付受托人为受益人利益管理运用和处分信托财产。因此，“确定的信托财产”是与信托行为标的有密切关联但不相等同的一个要件，确定的信托财产是构成信托行为标的的物质基础，没有信托财产便无以实现委托人所追求的法律效果内容。但确定的信托财产并不是委托人所追求的所有法律效果，委托人所追求的法律效果是受托人对信托财产进行管理运用和处分，以实现特定目的或维护受益人利益。“确定的受益人”也是信托成立的一个必要条件，这一条件和一般法律行为的标的也

[1] 赵廉慧：《作为民法特别法的信托法》，载《环球法律评论》2021 年第 1 期，第 68 页。

[2] 龙卫球：《民法总论》（第二版），中国法制出版社 2002 年版，第 443 页。

[3] 龙卫球：《民法总论》（第二版），中国法制出版社 2002 年版，第 444-445 页。

存在重要的关联，因为私益信托是为了特定受益人的利益设立的，属于法律行为所追求的法律效果内容。基于上述分析，可以认为，信托设立的“三个确定性”是一般法律行为成立三要素在信托成立上的具体化表现。

信托的成立主要表明信托中存在这样一个事实，信托的存在应当满足信托的“三个确定性”的基本要求，信托的成立是一个事实问题。但是，事实存在的信托能否产生委托人意定的法律效果，则属于信托效力评价问题，只有符合法律生效要件的信托才能产生法律上的约束力，否则，即便事实存在的信托可能运行管理了一段时间，也不会产生信托效力。

（三）信托的生效

根据《民法典》第一百三十四条的规定，生效的民事法律行为应当满足三个条件：行为主体具备相应的民事行为能力；意思表示真实；不违法、不违背公序良俗。因此，信托的生效是个法律问题，是依据信托法律规范对事实设立信托的效力评价。从一般民事法律行为生效的标准看，信托生效应当满足委托人具有相应民事行为能力、设立信托的意思表示真实和信托的设立不违反法律、法律的强制性规定、公序良俗这三个一般要求。我国《信托法》第十一条[1]对信托的生效作了特别规定，但就条文的分析来看，我国立法并没有严格区分信托的成立与信托的生效。该条的第（二）项与第（五）项应当属于信托的成立要件，如果信托财产不确定、受益人不确定，

[1]《信托法》第十一条　有下列情形之一的，信托无效：
（一）信托目的违反法律、行政法规或者损害社会公共利益；
（二）信托财产不能确定；
（三）委托人以非法财产或者本法规定不得设立信托的财产设立信托；
（四）专以诉讼或者讨债为目的设立信托；
（五）受益人或者受益人范围不能确定；
（六）法律、行政法规规定的其他情形。

那么信托就无从成立，当然更谈不上生效问题。该条中作为生效要件的主要是第（一）项、第（三）项和第（四）项，其中第（一）项和第（四）项强调的是信托目的的合法性，第（三）项则强调信托财产的合法性，其实这三项规定都属于一般民事法律行为生效的合法性要件的具体内容。

结合《民法典》所确定的民事法律行为生效的一般要件和《信托法》的具体规定，信托生效的具体条件包括：第一，作为信托行为主体的委托人，自然人应当具备完全民事行为能力，法人和依法设立的其他组织应当具备相应的行为能力。在单方设立信托行为中，只需要委托人具备相应民事行为能力，如通过遗嘱、信托文件设立信托。如果通过信托合同方式设立信托，则需要委托人与受托人都具备规定的民事行为能力。第二，合法的信托目的，即信托目的不能具有违反法律、法规的违法性和损害社会公共利益的危害性，不能以诉讼和讨债为目的设立信托。第三，设立信托的意思表示真实，结合《信托法》第八条的规定，设立信托的意思表示应当采用书面形式。第四，信托财产的合法性，委托人不得以非法财产或《信托法》规定不得设立信托的财产设立信托，以应当办理登记的财产设立信托的，应当办理信托登记，不办理登记的，信托不生效力。

二、信托的生效条件：合法性

信托的效力主要体现在法律对已经存在信托的法律评价。有效信托可以对信托当事人产生法律约束力，如果信托无效则不能达成委托人设立信托的目的。在具备信托设立的三个确定性后，信托的合法性评价主要集中于委托人设立信托意图的合法性方面。

信托设立时，委托人可以附加先决条件（condition precedent）和解除条件（condition subsequent）。先决条件是指当某一事实发生时才做某事的条件。例如，甲表示，如乙将来能成为土木工程师，甲会将财产进行转移为乙的利益设立信托。解除条件是指当某一事实发生时，原来存在的事实将会进入终止状态。这里引用一个维多利亚时代的一个案例，甲为B的利益设立信托，但同时规定，B不得与家奴（domestic servant）结婚。如果B将来与家奴结婚，触发了解除条件，那么他在信托中的利益将会终止。再举一个现代的例子，年老的父母会在房屋上设立信托留给女儿，条件是女儿得照顾父母的生活。如果女儿把无助的父母赶出了家门，她在信托财产上的利益也将终止。[1]

一般而言，信托目的不能违反道德伦理规范、不得违反法律法规，也不能违反公序良俗。如果信托的目的是延迟、阻止或欺骗债权人，那么信托目的就是违法的。例如，甲购买股票以后以别人的名义为自己的利益进行信托持有，目的在于阻止甲的债权人行使债权，如此为自己设立的信托是不可强制执行的。[2]该信托不可强制实施的主要原因在于甲以信托作为躲避债权人追索的工具。美国统一州法委员会于1918年制定了《统一反欺诈转移法》（The Uniform Fraudulent Conveyance Act, UFC），到1992年在8个州获得实施。《统一反欺诈转让法》（The Uniform Fraudulent Transfer Act,UFT）于1984年制定以替代UFC，至1992年已经在29个州获得了实施。两部法律都规定，如果财产转移的起初意图在于阻止、延迟或欺骗债权人的，就是欺诈，财产转移行为无效。债务人在没有合理对价情况下所进行的财产转移，或转移使得债务人破产，财产转移也被视为欺诈。[3]UFT在2014年进行了修正并被重新命名为《统一可撤销交易法》（Uniform Voidable Transactions Act，UVTA），到目前为止，

[1] Graham Moffat, Gerry Bean, Rebecca Probert. Trusts Law: Text and Materials, 5th ed., Cambridge University Press, p.269.

[2 Levy v. braverman, 1965,260 N.Y.S.2d 681.

[3] George G. Bogert, George T. Bogert, The Law of Trusts and Trustees, Rev. 2nd edition, Vol.4, St. Paul Minn., West Publishing Co., 1992, p60.

UVTA 共在全美 42 个州获得了实施，[1] 成为防止委托人滥用信托躲避债务的主要立法。

我国在商事信托纠纷中也会涉及对信托合同效力的认定问题。福建伟杰投资有限公司（以下简称福建伟杰）与福州天策实业有限公司（以下简称福建天策）营业信托纠纷一案中，双方于 2011 年 11 月 3 日签订《信托持股协议》，约定委托人福建天策通过信托的方式委托受托人福建伟杰代为持有正德人寿 2 亿股股份（占股份总数的 20%）。《信托持股协议》对信托期限、管理方式、费用承担、双方当事人的权利义务、信托收益分配等问题作了约定。一审法院认为，双方签订的《信托持股协议》系当事人的真实意思表示，不违反法律法规的禁止性规定，为有效合同。二审期间，福建伟杰提交了保监会〔2018〕153 号撤销行政许可决定书复印件，决定书确认，福建伟杰在 2012 年的增资申请中，使用非自有资金出资。保监会决定撤销 2012 年 12 月 31 日所作《关于正德人寿保险股份有限公司变更注册资本的批复》（保监发改〔2012〕1529 号）中同意福建伟杰增资正德人寿 2 亿股的许可。福州天策通过委托他人代持股份的方式超比例持股，违反《保险公司股权管理办法》（以下简称《股权管理办法》）的有关规定，[2] 未达到成为保险公司股东的条件，应转出所持有的君康人寿公司[3]2 亿股股份。二审法院认为，福建伟杰与福建天策签订的《信托持股协议》，明显违反保监会制定的《股权管理办法》中禁止委托他人或者接受他人委托持有保险公司的股

[1] Fraudulent Transfer Act, https://www.uniformlaws.org/committees/community-home? CommunityKey=4226ae7c-91c0-4ce9-b488-8520dbc39ea3, 2022 年 1 月 13 日访问。

[2]《保险公司股权管理办法》第四条第一款：保险公司单个股东（包括关联方）出资或者持股比例不得超过保险公司注册资本的 20%。第八条：任何单位或者个人不得委托他人或者接受他人委托持有保险公司的股权，中国保监会另有规定的除外。

[3] 2011 年，正德人寿公司成立。2015 年，经保监会同意变更名称为君康人寿公司。

权的规定，应属无效。第一，虽然《股权管理办法》属于部门规章，但该办法是保监会依据《保险法》第一百三十四条[1]授权，为维护保险公司的稳定经营，加强对保险公司股权的监管而制定，与《保险法》的立法目的一致，旨在维护社会公共利益和社会经济秩序，促进保险业的健康发展。第二，《股权管理办法》禁止代持保险公司股权的规定为保监会在职责权限范围内，根据监督管理的实际需要制定，与高位阶的法律、行政法规不相抵触，与同层级效力的其他规范也不冲突，具有实质上的正当性与合法性。第三，代持保险公司股权会使某些投资于保险公司的投资人游离于监管之外，会加大保险公司的经营风险，妨害保险业的健康发展，损害社会公共利益。违反《股权管理办法》禁止代持保险公司股权的规定，会产生与直接违反《保险法》等法律、行政法规一样的法律后果。根据《合同法》第五十二条的规定，[2]福建天策与福建伟杰之间签订的《信托持股协议》应认定为无效，福建天策依据《信托持股协议》要求福建伟杰将讼争2亿股股份过户至其名下的请求依法不予支持。[3]

任何一个社会都会维护正常的社会生活秩序和良好的社会风俗。在英美国家，如果信托的设立是基于实施一项违反公共政策行为的考量，或其目的违反公共政策（public policy），或信托项下的赠与取决于一项不良（objectionable）的先决条件、解除条件或其他条款，法院不会允许委托人不法目标的实现，会在利益相关人提起的诉讼中宣布信托无效。英美法中“公共政策”与我国民法中的“公序良

[1]《保险法》第一百三十四条：国务院保险监督管理机构依照法律、行政法规制定并发布有关保险业监督管理的规章。

[2]《合同法》第五十二条：有下列情形之一的，合同无效：（一）一方以欺诈、胁迫的手段订立合同，损害国家利益；（二）恶意串通，损害国家、集体或者第三人利益；（三）以合法形式掩盖非法目的；（四）损害社会公共利益；（五）违反法律、行政法规的强制性规定。

[3]参见中华人民共和国最高人民法院民事裁定书（2017）最高法民终529号。

俗”大体相当。总体上来说，如果信托或信托中的条款有下列五种情形之一，则视为违反公共政策：第一，信托或某一信托条款的实施会诱发非法行为的发生。比如，在信托文件中有条款作如下类似的规定，如受益人能杀死一个人，或把邻居的房子烧了，或他能做伪证等，就把土地给他或把土地上的权益授予他，这个条件就是无效的。第二，信托或某一信托条款的实施会导致不道德行为的发生。在一个案例中，遗嘱人在立遗嘱时，与其女管家共育有六个非婚生子女，遗嘱人将这些孩子称为“亲生儿子或女儿”（natural sons or daughters），并给每个孩子留了房子。遗嘱人在遗嘱中还强调，他还将为女管家在其生前、死后生育的其他非婚生子女预留财产。法院认为，遗赠给确实存在的非婚生子女的财产在符合遗嘱规定情况时生效，但对将来的非婚生子女遗赠却是完全无效的。[1] 不过，对于这种效力认定，有学者提出质疑，认为对于之后出生的非婚生子女由于父母的过错而被剥夺了所有信托上的权益过于苛刻。[2] 在 Marvin v Marvin 一案中，原告与被告在一起生活了七年但却没有结婚。后来被告与另外一位女士结了婚。原、被告共同生活期间取得的财产都在被告的名下。原告主张她应当获得一半的财产或者获得供养。初审法院作出了支持被告的简易判决，但州的最高法院撤销了这个判决，并认为，如果原告能表明她与被告之间存在给予她一半财产的明示的或默示的合同，那就不存在否定她主张的公共政策基础。[3] 第三，信托或某一信托条款的实施引发行为本身并不非法或不道德，但会引发实施这些行为的不良动机。第四，信托或某一信托条款涉及财产的处分违反公共政策。第五，信托或某一信托条

[1] Medworth v. Pope，54 E.R. 28(1859).

[2] Austin W. Scott & William F. Fratcher, The Law of Trusts, Little,Brown and Company, vol. IA 1987, p286.

[3] Marvin v. Marvin，18 Cal.3d 660(1976).

款的实施会妨碍适当的信托管理。[1]

但是法院在判断一个信托的设立是否违反公序良俗时也面临着诸多难题。有研究报告于是提出了法院在行使自由裁量权时应当考量以下因素：第一，所涉非法性的严重程度；第二，当事人企图实施非法交易、企图获得信托项下普通法或衡平法权益承认、企图重新获得信托项下转移利益的知情（knowledge）与意图；第三，是否拒绝允许标准权利与救济（standard rights and remedies）以阻碍非法性；第四，是否拒绝允许标准权利与救济以深化使交易非法的规则目的；第五，是否拒绝允许标准权利与救济以使与所涉非法性相称。[2]

我国《信托法》第十一条第（一）项和第（四）项是对信托合法性的要求。前述有关信托目的违法的内容也基本适用我国。下面主要对不得专门以诉讼或讨债为目的设立信托的相关内容进行探讨。

假设债权人基于某种理由不愿进行债权的催收，为达到催收债权的目的，债权人把债权转让于受托人设立信托，由受托人以自己的名义进行催收。这种情形就属于诉讼信托。因为债权人与受托人债权转让的目的就是让受托人进行债权催收，以此为目的设立信托应属无效。

禁止诉讼信托的原因，日本早期的信托法学者认为主要基于四个方面：第一，防止回避律师代理原则；第二，防止恶意代言；第三，防止滥诉；第四，防止介入他人之间纠纷获得不当利益。在日本 2007 年修正《信托法》后，新的通说认为，只有诉讼信托违反公共秩序原则时才应当认定无效。这种观点实际上缩小了原信托法中

[1] Austin W. Scott & William F. Fratcher, The Law of Trusts, Little,Brown and Company, vol. IA 1987, p286.

[2] Illegal Transactions: The Effect of Illegality on Contracts and Trusts; Consultation Paper No 154.

无效的诉讼信托范围。新通说认为，无效的诉讼信托具备三个特征：第一，信托是作为介入他人之间纠纷的手段存在的；第二，以获得通常社会常理所不能容许的不当利益为目的而使用信托；第三，恶意利用国家法院实现前述的不法目的。[1]

三、信托的生效条件：信托登记

我国《信托法》第十条[2]对信托登记制度作了规定。该条的第一款确定了应当登记的信托财产强制登记制度。应当登记的信托财产范围取决于相关法律和行政法规对财产登记的要求。

目前我国不少法律法规都对财产登记作出了规定。《城市房地产管理法》第六十条规定，土地使用权及房屋所有权应当向相关部门进行登记；第六十二条规定，房地产抵押应当向规定的部门进行登记。《土地管理法》第十二条规定，土地所有权及使用权依照相关法律、法规的规定进行登记。《土地承包法》第二十四条规定，国家对耕地、林地和草地等实行统一登记制度，土地承包经营权证或林权证应当进行登记。《森林法》第十五条规定，林地和林地上森林、林木的所有权、使用权，由不动产登记机构负责登记造册，重点林区的森林、林木和林地由自然资源管理部门负责登记。《草原法》第十一条规定，国家所有草原和集体所有的草原都应当由县级以上人民政府进行登记。《矿产资源法》第十二条规定，国家对矿产资源勘查实行统一的区块登记管理制度。《民法典》第二百零九条规定了不动产物权的设立、变更、转让和消灭的登记生效原则。

[1] [日]新井诚：《信托法》（第四版），刘华译，中国政法大学出版社2017年版，第149–150页。

[2]《信托法》第十条：设立信托，对于信托财产，有关法律、行政法规规定应当办理登记手续的，应当依法办理信托登记。未依照前款规定办理信托登记的，应当补办登记手续；不补办的，该信托不产生效力。

（一）目前我国信托登记制度的实践

2006年6月，经过原中国银监会的批准，上海浦东新区政府设立了上海信托登记中心，其性质为第三方非金融服务机构。根据上海信托登记中心发布的《上海信托登记中心信托登记业务流程说明》第二条规定，中心主要提供信托基本信息登记、信托财产登记、信托基本信息公告、信托信息披露、信托登记回执和证明等业务。其提供的信托登记从内容上可以划分为信托基本信息登记与信托财产登记，从登记变化的角度可以划分为信托初始登记、信托变更登记、信托终止登记与信托更正登记。

上海信托登记中心可以提供综合性的信托登记，包括信托基本信息登记和信托财产登记，但是由于我国民事信托发展缓慢，它所提供的信托登记也就没有什么实际意义。信托公司提供的商事信托产品在没有强制登记要求的背景下，在上海信托登记中心的登记也十分有限。

2017年7月银监会发布《信托登记管理办法》（以下简称《登记管理办法》），该办法规定中国信托登记有限责任公司（以下简称“中信登”）作为登记机构，负责对信托产品、受益权信息及监管部门规定的其他信息及其变动进行记录。根据《登记管理办法》的规定，信托公司及监管部门认可的其他机构开展信托业务，应当就信托产品的名称、信托当事人、信托目的、信托财产、信托类别、信托期限、受益权等相关信息及其变动向信托登记机关办理信托登记。根据《登记管理办法》，信托登记可以分为以下几类：第一，信托预登记，是指信托机构在资金信托计划发行与财产权信托成立前办理的信托产品预登记，取得信托产品的唯一编码。如果信托机构在预登记后六个月内未发行信托产品或设立财产信托，或未按规定办理初始登记的，预登记会自动注销。第二，信托初始登记，是指信托机构在信托成立或生效后10个工作日内办理的产品及受益权登记。第三，信托变更登记，是指信托机构在信托存续期间登记事项发生重大变动所办理的登记。第四，信托终止登记，是指信托机构在解除受托人责任后 10 个工作日所办理的信托产品及其受益权的终止登记。第五，信托更正登记，是指信托机构对登记的错误信息自发现之日起 10 个工作日内所办理的更正登记。

《登记管理办法》是信托业规范化发展的一项重要的基础性制度。该办法所确定的集中登记制度，可以在一定程度上防止假冒信托产品的出现，减少泥沙混杂的信托乱象。《登记管理办法》对信托产品的设计、运行、变更及终止的整个流程都设计了相关的登记要求，为信托业的规范发展提供了有力的制度保障。

《登记管理办法》所建立的信托登记制度是整个信托登记制度的重要组成部分，但与《信托法》规定的信托财产登记制度和一般意义上的信托登记制度存在不少差异。从整体上看，《登记管理办法》并没有建立符合《信托法》要求的信托财产登记制度。

所有权的归属在信托财产登记时是一个必须要解决的问题，实践的选择很现实地回应了理论研究上的诸多分歧。信托财产所有权归属是我国移植信托制度过程中立法未曾解决的一桩悬案，英美信托法中信托财产双重所有权制度与我国物权法所坚持的“一物一权”原则与“绝对所有权”理念存在着难以调和的矛盾。信托财产权归属在理论研究界引起了颇多的争议。有研究认为信托财产所有权应当归委托人所有[1]，有的观点提出信托财产所有权归受托人为宜[2]，还有学者主张受益人应当享有信托财产所有权。[3] 另有研究提出了

[1] 张淳：《条款增补：我国信托法中的重要创造性规定的完善》，载《河北法学》2005 年第 12 期，第 45 页。

[2] 于海涌：《论信托财产的所有权归属》，载《中山大学学报（社会科学版）》2010 年第 2 期，第 200 页。

[3] 温世扬、冯兴俊：《论信托财产所有权——兼论我国相关立法的完善》，载《武汉大学学报（哲学社会科学版）》2005 年第 2 期，第 203 页。

均有所有权说，即委托人、受托人、受益人共同享有信托财产所有权；[1] 有学者观点与此截然相反，认为委托人、受托人或受益人均不能享有信托财产所有权。[2] 大陆法系学者一直在努力尝试把在普通法和衡平法机制下发育出来信托制度融入大陆法系的民法制度中，在信托财产所有权这个问题上，大陆法系学者不断地尝试把英美信托法制中的信托财产双重所有制度权转换成大陆法系的“一物一权”的单一所有权的语境中来解读。但这种解读显得有些牵强。

不管信托财产所有权归属在理论上有多大争议，在实践中根据受托人在信托运行中的核心地位，登记制度只能选择把受托人登记为信托财产权属人。早在 2007 年上海信托登记中心发布的《上海信托登记中心信托登记业务流程说明》中，对信托财产登记的特别说明中把信托财产登记分为两种类型：有权属登记财产的信托登记和无权属登记财产的信托登记。前者指按照法律、行政法规应当办理权属登记的财产，如房产所有权、土地使用权、股权等；后者指法律、法规没有规定办理权属登记的财产，如动产所有权、债权等。办理有权属登记时，信托登记人应当向登记中心提交以登记人为权利人的相关权利文件；办理无权属登记时，信托登记人应当向登记中心提交以登记人为交易当事人的交易文件。

但是，对于信托财产登记的定位应当有别于普通的物权登记。大陆法系普通的物权登记主要是进行物权变动与物权归属的公示。信托是一种信托当事人之间复杂的权利构造，委托人为了受益人或特定目的把信托财产交给受托人管理，信托财产的存在价值是完成委托人意愿，因此保障信托的独立性至关重要。所以，对于信托财产的登记，不管是把信托财产登记在委托人的名下，还是登记在受

[1] 郭玉萍：《信托财产的所有权归属》，载《湖南金融管理干部学院学报》2002 年第 5 期，第 43-44 页。

[2] 李勇：《信托财产所有权性质之再思考》，载《时代法学》2005 年第 5 期，第 57 页。

托人或受益人的名下，都无关紧要，最重要的是通过登记向社会公示登记的信托财产只为信托目的独立存在，确保信托财产的独立性是信托登记最主要的法律意义。[1] 信托财产登记向社会公众传递的信息应当是信托财产而不再是委托人、受托人和受益人的固有财产，享有不受委托人、受托人和受益人的债权人追索的超然法律地位。在公众对信托权益结构缺乏必要认知的情况下，以普通的物权登记模式来设计信托财产登记制度可能会适得其反。以彰显物权变动和权利归属的物权公示制度显然不能达到公示信托财产独立性的目的，反而有可能使相对人产生误解，认为登记在受托人名下的信托财产为受托人的固有财产。[2]

《登记管理办法》规定的信托登记与我国《信托法》第十条规定的信托财产登记存在很大的区别。根据我国《信托法》第十条的规定，对于法律、行政法规规定应当办理登记手续的信托财产，应依法办理登记，不依规定办理信托登记的，该信托不产生效力。《信托法》规定的是信托财产登记，相当于一种信托财产公示，并不是完整意义上的信托登记。虽然《登记管理办法》第九条规定的信托登记信息中包含信托财产，但是结合“中信登”制定的《中国登记有限责任公司信托登记管理细则》来看，其规定的登记信息中并没有包含信托财产。如《中国登记有限责任公司信托登记管理细则》第十四条规定的信托初始登记信息包括：信托产品基本信息、信托产品账户信息、信托受益权结构信息、信托合同信息及“中信登”规定的其他信息。尽管信托合同信息中包括“委托人交付信托财产信息”，但只是从委托人的角度登记了其交付信托财产的信息，并没有把信托财产的类型、数额等信息作为独立事项进行登记。因此，

[1] 季奎明：《中国式信托登记的困境与出路——以私法功能为中心》，载《政治与法律》2019 年第 5 期，第 110 页。

[2] 徐刚：《解释论视角下信托登记的法律效力》，载《东方法学》2017 年第 6 期，第 139 页。

在信托的商事化应用过程中，《登记管理办法》也没有建立起《信托法》所规定的信托财产登记制度。

从登记效力角度看，《登记管理办法》所确定的信托登记制度与《信托法》所要求的信托财产登记制度也存在较大差异。依据《登记管理办法》的规定，信托公司应当向信托登记有限公司就信托产品名称、信托财产等事项办理登记。若信托公司没有就相关信托产品办理相关登记，信托公司发行的信托产品是否有效呢？第一，《登记管理办法》是由银监会制定的部门规章，并不属于严格意义上的"法律、行政法规"的范畴，因此，《登记管理办法》规定信托公司办理登记的义务并不是判断信托生效与否的法律依据。第二，《登记管理办法》是监管部门规范信托行业发展、维护金融秩序的一种手段，主要目的不在于调整信托产品的双方当事人之间的权利义务关系以及合同的效力问题，因而不宜作为认定信托产品效力的依据。第三，根据《登记管理办法》第十五条规定，信托公司应当对登记信息的真实、准确、完整与及时负责，但该办法的第十九条同时规定，信托登记公司对信托登记信息及相关文件只进行形式审查，相应的信托登记与公示并不构成对信托产品的合规性、价值性与风险性的判断与保证。因此，信托登记机构登记与公示的信息也可能并不准确、完整和及时，进而以并不准确、完整和及时的信息来确定信托的效力并不符合逻辑。

《登记管理办法》所确定的信托登记制度并不是一般意义上的信托登记。完整意义上的信托登记应当包括信托委托人、受托人、受益人等当事人信息，以及信托名称、信托财产、信托设立时间等信息。而《登记管理办法》所确定的主要是信托产品登记制度。在集合资金信托计划产品中，会有多个委托人与信托公司签订信托合同，而这些信托合同中相关事项并不是《登记管理办法》的主要登记内容。

（二）域外信托登记制度

世界上有些国家通过立法确定了一般信托登记制度。

欧洲国家列支敦士登在其《民法典》中确定了较为完整的信托登记制度。其第九百条规定，如果受托人或一个以上的共同受托人在本国有住所或居住，存续期间超过 20 个月的信托应当自成立之日后的 12 个月内在公共登记簿上登记。在公共登记簿上登记的信息包括信托名称、信托成立日期、信托的期限以及受托人的姓名、名称与住所。已经登记的信托信息发生任何变更，应当进行重新登记。

国内有研究认为，在英美国家不存在信托登记的相关规定。[1]这可能是研究上的以偏概全。美国是一个联邦制国家，各州有权制定自己的信托法，像《统一信托法》《信托法重述》等法律文件只是学者与实务界尽其可能实现全美信托法制统一化的努力而已，具体的信托制度还是由各州自行确定。在美国，信托的注册登记大体可以分为两种情况：一种是因为遗嘱认证而导致的信托注册登记，另一种是部分州的信托法所规定的信托注册登记。

通常情况下，信托不像公司、有限合伙等实体那样需要注册登记。信托通常不需要通过向州递交治理文件（governing instrument）而取得合法地位。但是，如果遗嘱包含了遗嘱信托，作为遗嘱认证程序的一部分，应当向法院进行注册。有几个州已经采用了《统一遗嘱认证法典》（Uniform Probate Code）的规定，要求所有信托的受托人向信托主要管理活动所在地的法院注册。如果受托人未向法院注册会遭受处罚，但是不会影响信托的效力。像其他非营利组织一样，信托必须适当保存财务账册、档案、会议记录及受托人决定、决议。[2]

[1] 王庆翔：《二重性视角下信托公示制度之构建》，载《中国政法大学学报》2019 年第 1 期，第 135 页。

[2] Ward L. Thomas and Leonard J. Henzke, Jr. Trusts: Common Law and IRC 501(c)(3) and 4947 (irs.gov)， https://www.irs.gov/pub/irs-tege/eotopica03.pdf.

这种情形是根据遗嘱认证的要求所进行的信托的登记注册。

在美国有些州要求受托人就信托向地方法院注册，但是如果受托人不对信托进行注册也不会产生任何法律后果或处罚，即不会对信托的效力产生影响。要求对信托进行注册的州包括阿拉斯加、科罗拉多、佛罗里达、夏威夷、爱达荷、缅因、密歇根、密苏里、北达科他等。其中，在佛罗里达、缅因和那不勒斯克三个州，注册是非强制性的，在科罗拉多州，可撤销信托在委托人死亡之前并不需要注册，如果所有信托财产已经分配给受益人，信托也不必注册。注册可撤销信托时，受托人必须向法院提交受托人住所和保存信托档案的声明，声明应当包括受托人的姓名及住址、受托人身份的声明、委托人姓名、原来信托的名称、信托文件的日期。信托只能在一个州注册一次。对于信托注册给信托带来的影响可以概括为几个方面：第一，生前信托的注册并不会赋予法院对信托管理的任何权力，除非产生争议，换句话说，注册赋予了法院对信托产生的各种争议的管辖权。比如，委托人死后，一个受益人反对继任受托人的财产分配方式。第二，如果信托不予注册，也并不影响法院对信托争议的管辖权。[1]

在美国的信托实践中有一种文件叫信托证书（certification of trust），它是一种用来确认信托设立的文件，也被称为信托摘要（abstract）或信托备忘录（memorandum），通常会包括信托名称、受托人、设立日期等重要信息。信托证书是一种由受托人制作的自证证书（self-certification），是受托人作出的如果证书所载信息与事实不符其将承担伪证处罚的一种声明。虽然证书的要求因地而异，但通常会提供以下信息：对信托财产进行管理、出售或放弃的受托

[1] Signing, Storing and Registering Your Trust，https://www.nolo.com/technical-support-main/nolo-living-trust-signing-storing-and-registering-your-trust.html，2020 年 11 月 12 日访问。

人身份，信托的创立及其之后的任何变更，如果是可撤销信托，应当表明有权撤销的人。[1] 需要指出的是，信托证书并不属于信托登记的范畴。

与美国不同，采用了普通法传统的印度，在其信托法中确定了强制信托登记制度。信托登记是信托契约（trust deed，委托人与受托人之间）合法化的过程。信托是负有把委托人财产向相关的受益人进行分配责任的法律媒介。信托在登记官员批准信托契约时生效。信托的注册程序大体可分为以下几个步骤：第一，选择适当的信托名称，名称的选择要符合《1950 年徽章与名称法》《商标法》的规定。第二，起草信托契约，契约中应当包含信托目的、资金的接受、受托人权力、会计与审计、清算等条款。[2]

移植信托制度的日本、韩国与我国的《信托法》一样，规定了大体相同的信托登记制度。大陆法系信托财产登记制度具有明显的功能的复合性特点。大陆法系移植信托制度后，必然会面临物权制度与信托制度的融合问题。在信托法律关系中，委托人以特定财产设立信托，把信托财产权转移给受托人，受托人在信托存续过程中，为受益人的利益或特定信托目的对信托财产进行管理或处分，都会产生相应的物权处分行为。根据物权法原理，物权设立与变动应当进行相应的公示。对于信托财产登记来说，除了具备普通物权登记的一般的权利变动与归属公示功能以外，它还应当具备另一项重要的功能，即表明登记财产为信托目的存在的独立性财产，这种独立性的彰显是对信托目的和信托关系非常有力的保护。为保障受益人的利益和信托目的的实现，信托法规范确定了信托财产的独立性，

[1] Certification of Trustee: Everything You Need to Know，https://www.upcounsel.com/certification-of-trustee，2020 年 12 月 21 日访问。

[2] https://corpbiz.io/trust-registration#:~:text=Trust%20registration%20is%20a%20process%20of%20legalizing%20the,of%20the%20settlor%E2%80%99s%20assets%20among%20the%20concerned%20beneficiaries, 2020 年 6 月 13 日访问。

以及受托人对信托财产管理处分的权利与义务。信托财产公示除了要公示权利的变动和归属外，公示财产相关的信托关系才能起到保护交易安全的作用。因此应当在一般财产权的公示之外构造表明其为信托的特别公示。[1]

大陆法系信托登记制度的必要性取决于物权登记的法定性。日本《信托法》第十四条规定，如果信托财产属于不经登记，其权利的取得、丧失或变更不得对抗第三人的财产，也需要进行信托登记才能对抗第三人。韩国《信托法》第三条规定，如果把应登记的财产权进行信托，可以凭其登记和注册对抗第三人，如股票与公司债券等有价证券。我国台湾地区“信托法”第四条规定，如果以应当登记或注册的财产权予以信托，不经信托登记不得对抗第三人；如果以有价证券进行信托，应当按照主管部门的规定在证券或相关权利文件上标明信托财产，否则不得对抗第三人；以股票或公司债券进行信托，如果不通知发行公司则不具有对该公司的效力。我国《信托法》第十条规定，如果法律、行政法规规定用于设立信托的财产应当办理登记手续的，应当办理信托登记。可以明显看出，信托登记的必要性取决于物权登记的法定性，如果用于设立信托的财产法律、行政法规没有规定应当办理登记手续的，就不必办理信托登记。也可以说，信托登记衍生于物权登记的法定性。

（三）我国信托登记制度的完善

与其他国家和地区采用的信托登记对抗主义不同，我国采取了信托登记生效原则。但是，这种立法体例有诸多不合理之处。首先，信托财产登记制度作为整个信托制度的一个重要组成部分，从信托制度整体角度考虑，应当发挥保护信托关系、提升信托效用的功能，而我国《信托法》规定的信托财产登记制度，却因为财产未按规定

[1] 赖源河、王志诚：《现代信托法论》，中国政法大学出版社2002年版，第79页。

进行登记而否认了信托的效力，使信托当事人的目的落空，体现了公权力对私人意思自治的过多干涉，导致信托制度间的不协调。其次，在信托登记对抗主义中，不登记只影响信托外部关系，即第三人与信托的关系，但并不对信托当事人之间的内部关系产生影响。[1] 如果采取信托登记生效主义，因为未能登记而否认信托的效力，则体现了公权力对私人自治的过度干预。[2] 物权公示原则的必要性主要体现为维护交易安全，[3] 从保障交易安全的角度分析，信托财产登记了，在整个信托存续过程中，未必会有第三人就信托财产提出权利主张；如果信托财产未登记，第三人对信托财产提出权利主张，也不必以此来否认当事人之间的信托关系。可以说，信托财产登记生效制度既不能保障第三人的交易安全，也不利于保障受托人、受益人的权益。[4] 最后，信托登记生效主义没有区分信托财产登记与信托登记的功能。信托财产登记主要是彰显财产权的对世效力，主要目的是保护交易安全，但信托登记则是通过信托目的、受托人权益等记载以保障受益人的利益，受益人可以在受托人滥用权力时行使撤销权，保障信托目的实现。[5]

因此，将来修改《信托法》时，应当采用更为合理的信托登记对抗主义，舍弃登记生效主义，以避免公权力对公民私人事务的过度干预。

[1] 吕红：《论我国信托公示制度的完善》，载《社会科学》2004 年第 2 期，第 51 页。
[2] 季奎明：《中国式信托登记的困境与出路——以私法功能为中心》，载《政治与法律》2019 年第 5 期，第 110 页。
[3] 尹田：《物权法理论评析与思考》，中国人民大学出版社 2008 年版，第 242 页。
[4] 邹颐湘：《从中日信托法立法差异的比较看我国信托法的不足》，载《江西社会科学》2003 年第 3 期，第 193 页。
[5] 孟强：《信托登记制度研究》，中国人民大学出版社 2012 年版，第 102 页。

第三章　信托财产

第一节　信托财产的界定

在英文中，信托财产有“trust property”“trust res”“trust corpus”“trust principal”等几种表述。信托财产通常是指信托所持有的财产权益（property interest），信托标的物（subject matter of the trust）则是指财产本身，部分或全部由信托持有的权益。比如，土地所有人把土地终生地产权（life estate）或一段时间内的地产权转移给受托人设立信托，那么信托财产就是终生地产权或一段时间内的地产权，而土地则是信托标的物。[1]

信托财产是信托得以运行的物质基础，没有信托财产，受托人的职权无以行使，受益人的利益无以保障。“信托财产绝对必要，不仅对于信托的有效性，对信托的存在而言也一样。法院会指定一个受托人，在英国，根据近似原则，法院会选择受益人，但是还没有一个国家的法院会提供信托财产。”[2]

[1] Restatement (3rd) of Trusts §2,cmt.c.

[2] Gough v. Satterlee, 1898, 52 N.Y.S. 492.

一、信托财产的形态

我国《信托法》并没有对信托财产的形态进行明确界定与特别说明，因此可以从财产的一般含义来界定信托财产的形态。一般财产可以包括有形财产和无形财产。有形财产包括各种不动产和动产，如房屋、土地、林木、车辆、家电等；无形财产包括债权、股权、知识产权、虚拟财产权等。根据我国《信托法》第十条第三款的规定，除了法律、行政法规禁止流通的财产不得作为信托财产以外，其他财产都可以成为信托财产。

美国《信托法重述（第三版）》第四十条规定，任何财产都可以作为信托财产。[1] 大体上可以说，只要是属于法律意义上的财产，都可以成为信托财产。

二、信托财产的构成

（一）初始信托财产

根据我国《信托法》第十四条第一款的规定，受托人因承诺信托而取得的财产为信托财产。这部分信托财产属于初始信托财产，即在信托设立之初，委托人转移给受托人的财产。

但值得注意的是，以受托人承诺信托而取得的财产作为判断初始信托财产的范围标准可能存在以下两方面的问题。第一，信托的设立中，确定的信托意图、确定的信托财产与确定的受益人是信托设立的三个必备要素，受托人并不是设立信托的必备要素。在英美信托法中，受托人的缺失，如受托人不接受委托人的任命，或受托人因病、死亡等原因不再具备履行受托人职责等情况，并不会导致信托无效。如果像我国《信托法》第十四条第一款的规定信托财产

[1] Restatement (3rd) of Trusts § 40.

取决于受托人的承诺的话，那么受托人也成了信托设立的必备要素，因为如果没有受托人承诺信托取得财产，那么设立信托的确定财产这一条件便无法满足。第二，信托是委托人对其财产的一种处分，体现的是委托人的一种财产处分自由，是实现委托人处分自由的工具。[1] 在普通法国家，信托财产会界定为所有转移给信托的财产。[2] 信托初始财产是委托人转移给受托人实现信托目的的财产，也就是说，应当以委托人转移的财产为标准来界定信托初始财产的范围，而不应以受托人承诺信托取得的财产作为界定标准。像美国《信托法重述（第三版）》第四十条第二款规定，受托人根据第二十九条的规定，可以持有信托中在任何类型财产上的任何权益，[3] 受托人是持有信托财产及其权益的主体，是实现信托目的的重要依赖。如果以受托人承诺信托取得的财产为标准确定信托财产，那么信托的设立在很大程度上体现的不是委托人的意愿，而是要取决于受托人对信托的承诺了。

另外，该款的规定从另一个侧面印证了信托财产从委托人到受托人之间转移。我国《信托法》第二条信托定义中“财产权委托给受托人”的表述，引发我国学术界关于信托财产权归属的巨大争议。但《信托法》第十四条第一款的规定则说明受托人取得了信托财产权，因为在通常意义上，“因承诺信托而取得的财产”应当被理解为受托人取得了信托财产权。

[1] Jesse Dukeminier, Robert H. Sitkoff, Wills, Trusts, And Wills, 9th ed., Wolters Kluwer Law & Business, New York, 2013, p579.

[2] trust corpus ：This term refers to all the property transferred to a trust. https://law.en-academic.com/3595/trust_res#:~:text=trust%20corpus%20%E2%80%94%20Latin%20for%20the%20body%20of,%28funded%29%20with%20%24250%2C000%2C%20that%20money%20is%20the%20corpus.

[3] Restatement (3rd) of Trusts § 40.

（二）信托财产增值

受托人基于对初始信托财产的管理运用、处分或者其他情形而取得的财产，属于初始信托财产的增值，根据《信托法》第十四条第二款的规定也应当属于信托财产。

在这一点上，英美信托法与我国《信托法》的规定是有差异的。英美信托法中的信托财产（trust corpus）仅指委托人转移给受托人的全部财产，而不包括这些财产所产生的信托收益（trust income）。[1] 基于信托财产所获得的几乎所有东西都可以称为信托收益，包括股票红利，银行账户、债券产生的利息，不动产所产生的租金，以及信托所拥有的营业带来的收益等。在美国信托法上，信托财产与信托收益必须进行区分，这种区分会影响到受益人的权利。在很大程度上，信托财产与信托收益的区分取决于信托文件。到 2000 年 1 月，美国已经有 41 个州采用了《统一资产与收益法》（Uniform Principal and Income Act,UPIA）的一些版本。在 UPIA 中，资产（principal）是指由信托持有的在信托终止时向剩余收益人（remainder beneficiary）分配的财产；收益（income）是指受托人（fiduciary）收到的从资产上产生的作为当前回报的现金或其他财产，收益包括资产的销售、交换或清算的一部分收款。[2] 在 UPIA 的最新版本《统一信义收益与资产法》（Uniform Fiduciary Income and Principal,UFIPA）中，资产的界定发生了变化，资产是指信托持有的用于向当前或后继受益人分配、获取收益或使用的财产。[3] 在较为久远的信托中，在收益与资产之前有明确的划分，而现代信托会计需要灵活性。受托人现在倾向于投资获得更大的总体回报，而后在收益与资产之间进行调整以产生一个对所有受益人更公平的

[1] Trust Corpus，https://dictionary.thelaw.com/trust-corpus/，2021-11-23.

[2] Uniform Principal and Income ACT (Last Amended or Revised in 2000)，p102.

[3] Uniform Fiduciary Income and Principal，p102.

结果。UFIPA 承认了这种趋势，并允许较为久远的信托也可利用现代的投资趋势。

信托财产在信托设立后会发生变化，主要表现为：第一种情况，受托人对信托财产的销售处分会带来利得或损失；第二种情况，委托人向信托作了另外的给付；第三种情况，信托因为涉诉收到和解或判决；第四种情况，受托人把任何不需要向收益受益人分配的收益转入信托财产。需要明确的是，信托财产的形态发生变化并影响其作为信托财产。一个常见的错误观念是，受托人把信托财产出售之后，所获得的现金就可以向收益受益人分配了。事实上，信托财产出售后所获得的现金依然属于信托财产，尽管形态发生了变化。

基于信托目的的多样性和受益人多元性，区分信托财产与信托收益是十分必要的。如在信托文件中委托规定“A 享有终生受益权，剩余财产归 B 及其继承人”，对于受托人来说，成功的信托管理需要受托人在信托财产与信托收益之间进行公正的分配，既不能偏向获得收益的受益人，也不能偏向应获得信托财产的人。因此，对于受托人来说，区分信托财产与信托收益至关重要。[1]

我国《信托法》的信托财产从形态上划分为初始信托财产和增值信托财产，这种形态上的划分与英美信托实践中信托财产与信托收益的划分大为不同。我国信托财产范围的界定与我国《合伙企业法》中对合伙企业财产的界定如出一辙。这种界定只能适应单一类型受益人一元化受益权的安排需求。如果委托人对多个受益人有初始信托财产、增值信托财产不同的分配需求，信托财产与信托收益的划分将更具有针对性和科学性。

[1] What are a Trust’s Principal and Income? https://www.dummies.com/article/business-careers-money/personal-finance/estate-planning/what-are-a-trusts-principal-and-income-190860，2022-03-23.

第二节　信托财产的法律属性

一、信托财产的独立性（破产隔离）

根据我国《信托法》的规定，信托财产的独立性主要表现在以下五个方面：

第一，《信托法》第十五条规定，委托人设立信托的财产与其他未设立信托的财产相区别。信托财产从委托人的其他财产分离出来，对于防止委托人的债权人追索是有意义的。[1]

第二，《信托法》第十六条规定，信托财产与受托人的固有财产相区别。虽然我国《信托法》在信托的定义表述上使用了“将其财产委托给受托人”这种模糊意义上的表述，但是实践中基于信托事务处理的需要，信托财产通常是登记在受托人名下的。在此意义上，受托人属于信托财产“名义”所有人。信托财产不属于受托人的固有财产，意味着信托财产不是为了受托人的利益存在的财产，受托人不得以信托财产谋取个人利益、清偿个人债务，当然，受托人的一般债权人也不能追索到信托财产。[2]在作为受托人的自然人死亡时，信托财产不属于其遗产；作为受托人的法人或其他组织依法解散、被依法撤销或被宣告破产而终止时，信托财产不属于其破产财产。

山西信托股份有限公司（以下简称山西信托公司）于2012年2月4日开始推介《山西信托·信裕15号（第一期）集合资金信托合同》（以下简称《信托合同》），到2月21日向161位投资者募集5亿元信托资金，后因联盛集团实际控制人引发的突发事件而致未支付

[1] [日]能见善久：《现代信托法》，赵廉慧译，中国法制出版社2011年版，第35页。
[2] [日]能见善久：《现代信托法》，赵廉慧译，中国法制出版社2011年版，第35页。

后续回购价款。根据吕梁市中级人民法院（2015）吕破字第（1–23、25–31）之5号《民事裁定书》，确定山西信托公司对山西联盛能源投资有限公司（以下简称山西联盛）享有712330866.35元的担保债权。根据《信托法》第十六条[1]的规定，山西联盛重整程序中确认的债权为信裕15号信托计划的财产，归属于包括卢某江在内的161位信托计划的委托人。[2]虽然债权登记在山西信托公司的名下，但是山西信托公司只是依据《信托合同》对包括信托债权在内的信托财产进行管理、运用与处分，债权最终的实现归属于受益人。5号《民事裁定书》明确了山西信托公司名下的债权为信托财产，依法确定了其独立性，同时又从实质角度确定了债权权益的归属。

第三，信托财产独立于受益人。我国《信托法》第四十三条规定，受益人享有信托受益权。信托受益权并不等同于信托财产，受益人只能享有受托人基于信托文件的规定对信托财产进行管理处分而分配给他的受益权益，信托财产可能转化为受益人的受益财产，但在信托财产转化为受益财产之前，受益人对信托财产并不能行使占有、使用、处分和收益等所有权权能。因此，受益人已经获得的信托受益权属于受益人财产权，除非信托文件另有规定，受益人可以其收取的信托受益权清偿债务，亦可以将其受益权转让于他人，受益人死亡后的信托受益权可以作为遗产由其继承人依法继承，但受益人并不能直接对信托财产行使管理、运用、处分等权能，受益人的债权人也并不能以受益人享有信托的收益权为由对信托财产提出权利主张。

信托财产独立于委托人、受托人和受益人的制度安排使信托制度具有其他制度不具备的功能：破产隔离。[3]即使委托人、受托人

[1]《信托法》第十六条第一款：信托财产与属于受托人所有的财产（以下简称固有财产）相区别，不得归入受托人的固有财产或者成为固有财产的一部分。

[2]参见中华人民共和国最高人民法院民事裁定书（2019）最高法民申6857号。

[3][日]能见善久：《现代信托法》，赵廉慧译，中国法制出版社2011年版，第37页。

和受益人破产，其各自的债权人亦不得对信托财产行使追索权，信托财产的独立性使得信托财产只为信托目的存在，不得用于信托当事人的个人债务清偿。

第四，信托财产强制执行的限定性。信托财产的存在主要是为了实现信托目的，总体上说，不得为了非信托目的对信托财产采取强制执行。我国《信托法》第十七条规定了可以对信托财产强制执行的情况：第一，债权人依法行使在信托设立前已经对信托财产享有的优先受偿权的；第二，债权人要求受托人清偿处理信托事务过程中所产生的债务的；第三，信托财产本身应负担的税款；第四，法律规定的其他可以强制执行的情形。

下文的案例就是一起对信托财产专户进行强制执行的例子。乌鲁木齐银行股份有限公司（以下简称乌鲁木齐银行）于2016年7月12日与安信信托股份有限公司（以下简称安信公司）签订《安信·普惠民生集合资金信托合同》，当日，乌鲁木齐银行申购5亿元信托受益单位，申购信托单位的存续期限1年。2018年7月12日，乌鲁木齐银行作为转让方（原受益人）与安信公司作为受让方（现受益人）签订《信托受益权转让协议》，乌鲁木齐银行将其信托合同项下所享有的5亿份信托单位所对应之信托受益权及相关一切衍生权利转让给安信公司。[1] 乌鲁木齐银行2016年12月27日与安信公司签订《安信蓝天3号·新能源产业投资集合资金信托计划资金信托合同》，乌鲁木齐银行认购信托计划发行第一期A类信托受益权20000万元。2018年12月26日，乌鲁木齐银行作为转让方（原受益人）与安信公司作为受让方（现受益人）签订《信托受益权转让协议》，乌鲁木齐银行将其在信托合同项下所享有的人民币2亿份信托单位所对

[1] 参见新疆维吾尔自治区乌鲁木齐市中级人民法院民事判决书(2019)新01民初264号。

应之信托受益权及相关一切衍生权利转让给安信公司。[1] 安信公司在签订两份受益权转让协议后未能履行合同义务，乌鲁木齐银行起诉至乌鲁木齐市中级人民法院，后经二审判决生效后，向乌鲁木齐中院申请强制执行，乌鲁木齐市中级人民法院立案后，于 2021 年 4 月 8 日冻结了涉案 0536 账户和 1703 账户中 315517.37 元和 18921673.18 元。后乌鲁木齐市中级人民法院将案件移送上海金融法院。上海金融法院立案后，安信公司向上海金融法院提出异议。上海金融法院查明，确认 1703 账户为安信公司在 A 银行开立用于“安信·关爱系列‘阳光二号颐养’集合资金信托计划（二期）”募集、收益分配、红利发放及本金赎回的账户；0536 账户为安信公司在 B 银行开立的“安信创新 10 号·PCB 项目收益权投资集合资金信托计划”的信托财产专户。上海金融法院认为，涉案冻结账户虽以安信公司的名义开立，但安信公司作为涉案信托计划的受托人，证明了涉案信托计划的真实性以及涉案账户为涉案信托计划的信托财产专户。涉案信托计划项下的信托财产并非安信公司固有财产，因此对于涉案信托财产账户的冻结，应当解除保全措施。[2]

在该案例中，乌鲁木齐银行在两起纠纷中分别认购的是“安信·普惠民生集合资金信托计划”和“安信蓝天 3 号·新能源产业投资集合资金信托计划”的信托受益单位，而在二审判决生效后申请财产保全时冻结了“安信·关爱系列‘阳光二号颐养’集合资金信托计划（二期）”和“安信创新 10 号·PCB 项目收益权投资集合资金信托计划”的信托财产专户中的信托资金。也就是说，乌鲁木齐银行申请冻结的两个信托财产专户中的财产与自己认购信托受益单位的信托计划无关。同时，根据信托法的规定，信托财产不属于受托人

[1] 参见新疆维吾尔自治区乌鲁木齐市中级人民法院民事判决书 (2019) 新 01 民初 263 号。

[2] 参见乌鲁木齐银行股份有限公司与安信信托股份有限公司营业信托纠纷执行异议案件执行裁定书，上海金融法院执行裁定书（2021）沪 74 执异 153 号。

安信公司的固有财产，安信公司应当承担的债务不得以其名下的信托财产来承担。

信托财产不同于受益人的受益权。信托财产为了受益人的利益而存在，但是受托财产及其收益一旦分配给受益人，就成为受益人的受益财产，也就不再享有信托财产独立性所赋予的特别保护。

2012 年 6 月，张某志通过与信托公司签订资金信托合同购入 400 万元的信托理财产品。信托理财产品到期后，张某志指示信托公司将信托理财产品的本金及利息汇入其在工商银行开立的账户内。2013 年 6 月 6 日，北京市一中院向信托公司送达了协助执行通知书，指令信托公司在信托期间不得对张某志名下信托理财产品本金及利息进行转让、交易、质押等处分；信托理财产品到期后将张某志名下信托理财产品本金及收益转至张某志 8949 账户内。此后，张某志变更了信托理财产品的本金及利息收款账户。2013 年 6 月 17 日，信托公司将信托本金及利息 4055232.88 元汇至张某志指定的 4967 账户内，而非北京一中院要求的 8949 账户内。之后北京一中院向信托公司送达了责令协助单位追款通知书。因信托公司未将信托本金及利息转至指定账户内，没有履行协助执行义务，北京一中院要求信托公司追回款项，否则由信托公司向执行申请人承担责任。[1]

该案是对受益人受益财产的强制执行，而不是对信托财产的强制执行，信托财产只能在特定情形下才能强制执行的规定就不适用于受益人的受益财产。

第五，抵销禁止。我国《信托法》第十八条规定了两种抵销禁止的情形。第一种，假设受托人甲因管理、运用、处分信托财产对乙产生债权；同时甲因为自己事务对乙负有债务，应当以甲的固有财产承担责任。在这种情形下，甲不得以其代表信托向乙行使的债权抵销其对乙负有的个人债务。第二种，假设受托人甲同时管理 T1

[1] 参见北京市朝阳区人民法院民事判决书（2014）朝民初字第 17281 号。

和T2两项信托财产，在管理、运用、处分T1信托财产时对乙产生债权，在管理、运用、处分T2信托财产时对乙产生债务，在此情形下，甲不得以T1对乙的债权抵销T2对乙的债务。[1]之所以禁止这两种情形的抵销，主要原因在于受托人维护受益人最大利益的信义义务要求。如果受托人以信托财产对第三人的债权抵销自己对第三人所负债务，肯定会减损信托财产，损害受益人利益。如果以不同信托财产对相同第三人的债权与债务相抵销，也会损害其中一项信托财产利益，使得对应的受益人权益受到损害。

《信托法》赋予信托财产一种超然独特的法律地位。信托财产由受托人为了委托人指定的受益人利益或特定的信托目的而管理、运用和处分，而且信托财产也只为了受益人利益或特定的信托目的而存在。因此，日本信托法学者四宫提出信托财产是“nobody’s property”。[2]

在英美法中，信托财产并不当然享有这种超然的独立性地位，信托财产的独立性地位取决于信托的类型。根据各州的信托法，生前信托或可撤销信托要对委托人的个人债务承担责任。委托人的死亡使得生前信托变为永久和不可撤销信托，但是，只要信托在委托人死亡时是可撤销信托，那么委托人死亡之前的债务依然存在，债权人有权向信托行使权利以受偿。如果继任受托人[3]（successor trustee）没有偿还委托人的债务而是把信托财产分配给了受益人，债权人则可以起诉受益人偿还。即使信托财产已经分配给受益人，信托财产依然要承担委托人生前的债务。[4]由此可见，美国的生前信托或可撤销信托中的信托财产并没有阻却委托人债权人的法

[1] [日]能见善久：《现代信托法》，赵廉慧译，中国法制出版社2011年版，第37页。

[2] [日]能见善久：《现代信托法》，赵廉慧译，中国法制出版社2011年版，第37页。

[3] 在委托人死后管理生前信托的人为继任受托人。

[4] https://www.orangecountyestateplanninglawyer-blog.com/trust-creditor-rights-claims/，2020年3月26日访问。

律地位。

大陆法系国家移植信托制度后，赋予信托财产超然独立法律地位主要存在两个方面的原因：第一，基于大陆法系“一物一权”“绝对所有权”等传统理念与制度的限制，无法移植、嫁接英美法系中“双重所有权”这种独特的信托财产制度；第二，大陆法系国家移植信托制度后，主要用于商事领域和金融领域，民事信托的应用并不活跃，信托应用缺乏创新，并没有发育出英美法系国家可撤销信托与不可撤销信托分类下的差异信托财产制度。

二、信托财产的代位性

物上代位性是担保物权的一个重要属性，意指不管担保物的样态和性质发生什么变化，担保物权的效力依然可以追及形态变化后的担保物的交换价值。[1]

我国在颁行《民法典》之前，在《担保法》和《物权法》中确立了物上代位权制度，《民法典》第三百九十条的规定使得该制度得到延续。[2] 担保物权的物上代位性使权利的实现增加了更多的保障。

在信托法的研究中，有学者提出了信托财产的物上代位特征，其主要含义是，初始信托财产在信托存续过程中，可能因为受托人的管理、运用和处分而发生形态上的变化，如从金钱转化为股票，也可能因为各种原因发生灭失而获得保险金或赔偿金，形态变化的财产依然属于信托财产。[3] 在研究信托财产物上代位性时应当注意

[1] 刘得宽：《民法诸问题与新展望》，中国政法大学出版社 2002 年版，第 405 页。

[2] 《民法典》第三百九十条：担保期间，担保财产毁损、灭失或者被征收等，担保物权人可以就获得的保险金、赔偿金或者补偿金等优先受偿。被担保债权的履行期限未届满的，也可以提存该保险金、赔偿金或者补偿金等。

[3] [日] 能见善久：《现代信托法》，赵廉慧译，中国法制出版社 2011 年版，第 63 页；赖源河、王志诚：《现代信托法》，中国政法大学出版社 2002 年版，第 79 页。

到，信托财产物上代位性的范围要比民法规定的物上代位性广泛。民法中的代位物一般限定为对象财产的变形物，而信托财产的代位物则包括了信托管理、处分和运用过程中所获得的全部财产，不仅包括初始信托财产的变形物，还包括如信托财产所产生的天然或法定孳息，因添附所形成的新财产形态等，[1] 甚至受托人以信托财产为担保所借入的金钱、受托人因违反法律法规或信托文件的规定处分信托而取得的对方的给付，也属于信托财产范畴，[2] 此亦为信托财产物上代位性的体现。

我国《信托法》第十四条第二款对信托财产的代位性作出了规定，受托人因信托财产的管理、运用、处分或者其他情形而取得的财产，也归入信托财产。规定信托财产的代位性有以下几个方面的意义颇值得注意。

第一，保持代位信托财产的独立性。与担保物权物上代位性保障权利实现的目标不同，信托财产代位性的规定主要在于保障信托财产的独立性，可以使得信托财产形态变化后依然属于信托财产。如此一来，信托财产所独具的独立性特点则会使其破产隔离的作用得以延续，从而使受益人的受益权得到持续的、稳定的保障。

在李某伟诉新华信托股份有限公司（以下简称新华信托）一案中，新华信托发行“新华信托·鹏程 I 号房地产投资基金集合资金信托计划”，向包括李某伟在内的投资者募集信托资金。新华信托与金地集团公司签订《合作框架协议》，约定双方共同进行房地产投资，以最终投资于金地集团公司持有股权的下属子公司（即项目公司）开发的佛山珑悦项目并按照约定分配开发经营收益。双方共同以现金形式出资，在佛山市注册成立合资公司。合资公司注册资

[1] [日] 新井诚：《信托法》（第四版），刘华译，中国政法大学出版社 2017 年版，第 306 页。

[2][日] 田中和明、田村直史：《信托法理论与实务入门》，丁相顺等译，中国人民大学出版社 2018 年版，第 39 页。

本为70000万元，其中金地集团出资45150万元，占合资公司股权的64.5%；新华信托出资24850万元，占合资公司股权的35.5%。后合资公司向项目公司增资70000万元。增资完成后，项目公司注册资本71000万元，其中金地集团出资1000万元，持股1.41%；合资公司出资70000万元，持股98.59%。[1] 在该案中，李某伟等投资人与信托公司签订信托合同向信托公司认购信托受益单位所缴纳的资金为信托财产的初始形态。之后，新华信托作为受托人运用、管理、处分信托财产，将资金投资于与金地集团共同设立的合资公司，此时信托财产转化为在合资公司中35.5%的股权，而后合资公司又向项目公司进行注资，作为信托财产的合资公司股权又进一步转化为项目公司的股权。在信托资金转化为合资公司与项目公司中的股权，是信托财产的形态变化，但这些股权都属于“新华信托·鹏程I号房地产投资基金集合资金信托计划”的信托财产，与委托人、受托人和受益人的固有财产相区别，可以阻断其债权人对信托财产的追索。

第二，确定受益人受益权的财产基础。在信托设立后，由于受托人对信托财产的运用、管理与处分，信托财产形态会不断地发生变化，而信托财产的代位性则确立了信托财产动态确定的原则，明晰了确定信托财产的标准。信托财产是受益人受益权的物质基础，只有首先明确信托财产的范围，才能准确计算受益人的受益权益。

[1] 参见中华人民共和国最高人民法院民事判决书（2018）最高法民终173号。

第四章　委托人

第一节　委托人的资格

在信托当事人中，委托人是信托的设立人，掌握信托设立的主动权。[1] 委托人在信托的设立方面是一种重要的存在，[2] 是信托的缔造者。委托人设立信托是实现其财产处分自由的重要手段。委托人为信托提供信托资产，指定受托人，对受托人管理、运用、处分信托财产施加前置性的限制，指定受益人以及确定受益人的收益。委托人对于信托的重要性不言而喻。

一、民事信托委托人资格

依照我国《信托法》第十九条的规定，委托人包括三种类型，即自然人、法人和依法设立的其他组织，同时委托人应当具备完全

[1] [日]新井诚：《信托法》（第四版），刘华译，中国政法大学出版社2017年版，第167页。

[2] [日]能见善久：《现代信托法》，赵廉慧译，中国法制出版社2011年版，第223页。

民事行为能力。

在英美信托法上，设立信托的一个前提条件是委托人拥有执行财产转移或合同的法定能力（legal capacity）。如果委托人缺少法定能力，财产转移可能会是无效或可撤销的。委托人不具备设立信托资格的情形（以下简称设立不能，disability）可能由多种原因导致，包括被宣布破产、缺少行为能力（incompetent）或为挥霍者(spendthrift)[1]，从而使财产处于法院指定人排他性的控制之下；或成文法对于已婚妇女的权利施以限制；或行为人为未成年人；或精神错乱（insane）；或在企图设立信托时处于醉酒状态；或公司的权利中不包含设立信托事项；或当事人缺乏设立遗嘱能力。在上述情形中，委托人或其继承人或代表可以向法院获取信托设立无效或可撤销的裁定。[2]

从总体上来说，英美信托法上委托人的设立不能情况要比我国法律规定全面得多。我国《信托法》上规定委托人应当具备完全的民事行为能力，那么委托人的设立不能主要指委托人为无民事行为能力或限制民事行为能力这两种情况，英美法中委托人醉酒状态设立信托、挥霍者设立信托等情况则不能涵盖。

设立信托是委托人为特定目的或受益人的利益处分自己的财产，如果委托人是自然人的，依照《民法典》的规定，年满十八周岁的自然人可以独立实施民事法律行为，当然包括设立信托行为。有观点认为，在我国，个体工商户、农村承包经营户和个人合伙等属于特殊自然人，也可以作为委托人设立信托。[3] 当然，这种观点有值得商榷的空间。个体工商户是经过工商登记和税务登记从事经营活

[1] 英文中的“spendthrift”通常指挥霍金钱、花钱无度的人，和大陆法系中的“禁治产人”存在意义上的交叉，但含义并不完全重合。

[2] George G. Bogert & George T Bogert, The Law of Trusts and Trustees, revised 2nd ed., vol. 1, West Publishing Co.1984, p448-451.

[3] 何宝玉：《信托法原理研究》，中国政法大学出版社 2005 年版，第 126 页。

动的实体，但是其并不像完全民行为能力的自然人或法人那样具备独立的法律主体资格。个体工商户可以由个人经营，也可以由家族经营；个体工商户可以有自己的名称，也可以没有自己的名称；个体工商户可以在银行或其他金融机构开立账户，也可以不开立账户；个体工商户不具有自己名下的独立财产。[1] 农村承包经营户是指从事家庭承包经营的农村集体组织的成员。[2] 对于个体工商户、农村承包经营户的债务则由实际经营人的财产承担。[3] 而个人合伙则是更为松散的临时性的经营共同体。总而言之，上述主体并不像有独立意志、独立财产、能独立承担责任的法人那样，享有完全民事行为能力和具有独立的法律主体资格。上述主体如果作为委托人设立信托则会产生以下几个方面的问题：第一，设立信托需要有委托人设立信托的明确意图，家庭经营的个体工商户和农村承包经营户在设立信托时是否需要家庭全体成员统一地设立信托意图？如果家庭成员中有未成年人或其他无民事行为能力或限制民事行为能力成员时，如何确立统一的设立信托意图？即使通过监护制度能够解决无民事行为能力人及限制民事行为能力人的意思表示问题，但如果具有完全民事行为能力的成员之间存在不同意见，该如何确定统一的设立信托意图呢？这会成为实践中难以解决的问题。第二，设立信托需要委托人有可完整处分的财产从而形成确定的信托财产，前述分析已经指出，个体工商户、农村承包经营户和个人合伙并不具有独立的法律主体资格，不能以自身名义拥有独立的财产权，从而不

[1] 参见《个体工商户条例》，中华人民共和国国务院令第596号公布，根据2016年2月6日《国务院关于修改部分行政法规的决定》第二次修订。

[2] 参见《民法典》第五十五条。

[3] 参见《民法典》第五十六条：个体工商户的债务，个人经营的，以个人财产承担；家庭经营的，以家庭财产承担；无法区分的，以家庭财产承担。

农村承包经营户的债务，以从事农村土地承包经营的农户财产承担；事实上由农户部分成员经营的，以该部分成员的财产承担。

能形成确定的信托财产。基于上述分析，个体工商户、农村承包经营户和个人合伙不宜作为信托的委托人设立信托。

委托人除了要具备相应的资格以外，还应当满足一个实质性的前提条件，即委托人应当拥有完整处分权的财产，以转移给受托人进行管理、处分和应用，实现其信托目的。

二、商事信托委托人资格

在我国，信托制度的应用主要体现在商事领域和金融领域，民事领域的信托实践并不多见。我国商事信托的实践主要集中于集合资金信托计划和信贷资产证券化两个方面。

（一）集合资金信托计划

根据《信托公司集合资金信托计划管理办法》（以下简称《计划管理办法》）的规定，集合资金信托计划是指两个及以上的委托人将资金交付给作为受托人的信托公司，为受益人的利益按照委托人的意愿进行管理、运用和处分的业务活动。《计划管理办法》对信托计划的设立规定了相关的条件，在委托人的资格方面，自然人除要满足完全民事行为能力人这一要求之外，还应当满足合格投资者的条件。[1]

在这种商事信托结构中，投资人作为商事信托的委托人与作为受托人的信托公司因为投资信托计划而形成信托关系。民事信托的

[1]《信托公司集合资金信托计划管理办法》第六条：前条所称合格投资者，是指符合下列条件之一，能够识别、判断和承担信托计划相应风险的人：

（一）投资一个信托计划的最低金额不少于100万元人民币的自然人、法人或者依法成立的其他组织；

（二）个人或家庭金融资产总计在其认购时超过100万元人民币，且能提供相关财产证明的自然人；

（三）个人收入在最近3年内每年收入超过20万元人民币或者夫妻双方合计收入在最近3年内每年收入超过30万元人民币，且能提供相关收入证明的自然人。

委托人通常是将财产无偿转移给受托人为受益人的利益进行管理、运用与处分，受益人获取受益权并不需要付出相应代价。与此显著不同的是，在集合资金信托计划这种商事信托中，委托人并不是无偿把财产转移给受托人，而是以向受托人支付管理费这种有偿的方式购买受托人提供的理财服务。同时，委托人作为唯一的受益人获取收益权也是以向受托人提供资金、支付管理费为代价的。

（二）信贷资产证券化

根据《信贷资产证券化试点管理办法》第二条的规定，信贷资产证券化是指我国境内的银行业金融机构，将信贷资产销售给受托机构，由受托机构以信贷资产为基础向投资机构发行资产支持证券，以信贷资产所产生的现金支付投资机构所持资产支持证券收益的结构性融资活动。

在信贷资产证券化活动中，转让信贷资产的银行业金融机构是资产证券化的发起人，同时也是特定目的信托的委托人，特定目的信托机构作为受托人，对信托资产进行管理、运用和处分。在这种商事信托活动中，作为委托人的银行业金融机构是通过真实销售的方式把信贷资产转移给受托机构，是通过等价有偿的交易方式建立了信托关系，投资人也是通过投资这种有偿方式获取了受益权，取得了受益人的身份。

第二节　委托人的权利

我国《信托法》第二十条至第二十三条规定了委托人的四项权利，分别为知情权、要求调整权、申请撤销权、解任权；第五十条规定了委托人的信托解除权；第五十一条规定了委托人变更受益人、处分受益人信托受益权的权利；第五十四条规定了委托人剩余财产的归复权。

一、委托人的权利内容

（一）知情权

我国《信托法》第二十条规定了委托人的知情权，委托人知情权主要包含两个方面的内容：第一，委托人对信托财产的管理、运用、处分及收支情况有权进行了解，有权要求受托人作出说明；第二，委托人对信托账目以及其他处理信托事务文件有权进行查阅、抄录或者复制。

（二）信托财产管理调整权

《信托法》第二十一条规定了委托人的信托财产管理调整权。如果因委托人设立信托不能预见的特别事由出现，使得原定的信托财产管理方法于信托目的实现不利，或者不符合受益人利益，委托人有权要求受托人对信托财产管理方法作出调整。

（三）撤销权

《信托法》第二十二条规定了委托人的撤销权。如果受托人对信托财产的处分违反了信托目的，或者受托人违背管理职责、处理信托事务不当使信托财产受到损失，委托人可申请人民法院撤销受托人对信托财产的处分行为，要求受托人对信托财产恢复原状或者对损失予以赔偿。信托财产的受让人如果明知受托人违反信托目的处分信托财产而接受的，应当予以返还或者予以赔偿。委托人申请撤销受托人对信托财产的处分行为，应当自知道或者应当知道撤销原因之日起一年内行使。

委托人的撤销权是一种专属权利，撤销权的行使和委托人的身份密切相连，委托人不能把这种权利进行转让。撤销权也是一种形成权，属于一种应通过诉讼行使的形成权。[1]

对于委托人撤销权的性质，有研究认为撤销权属于物权性质的权利，原因在于《信托法》为委托人保留了信托财产上的所有权。委托人撤销权的相关规定，造成了委托人、受托人和受益人三方都在信托财产上拥有所有权，以致出现“一物三权”的情形，并危及损害信托财产的独立性。[2]《信托法》第二十二条规定的委托人撤销权，其行使的对象限于受托人对信托财产的不当处分行为。在《民法典》颁布后，有研究提出，应当结合《民法典》第一百九十九条的规定，赋予委托人和受益人对信托关系的撤销权，以保护在商事信托关系中处于弱势地位的委托人和受益人利益。[3] 这种观点实际上扩张了委托人的撤销权范围，从委托人撤销受托人不当的财产处分行为扩张到了对整个信托关系的撤销。

根据美国信托实践经验，信托的撤销会出现多个委托人撤销权行使的问题。信托文件约定共同委托人共同行使撤销权时，信托的撤销只有共同委托人共同行使撤销权。有一个案件涉及一对夫妻共同设立的可撤销信托。信托文件要求如果撤销或修改信托需要共同委托人的一致行动（joint action）。后来丈夫去世，下级法院根据信托文件起草者的一份宣誓证书，允许妻子修改信托。上诉法院推翻了下级法院的判决，指出信托要求委托人共同行动的规定明白无误，下级法院不适当地考虑了宣誓证书的作用。[4] 一个可撤销信托

[1] 王利明：《合同法新问题研究》，中国社会科学出版社 2011 年版，第 384 页。

[2] 张军建：《论中国信托法中的委托人的撤销权——兼评中国〈信托法〉第22条》，载《法学家》2007 年第 3 期，第 92 页。

[3] 马新彦、崔鸿鸣：《论委托人与受益人对信托关系的撤销权——以〈信托法〉与〈民法典〉的协调解释为视角》，载《社会科学战线》2021 年第 11 期，第 269–270 页。

[4] L’Argent v. Barnett Bank，730 So.2d,1999, p395.

存在多个委托人的情形下，除非信托条款另有规定，每个委托人一般来说可以就其提供的信托财产部分行使撤销权或修改权。[1]

在我国信托公司开展的集合资金信托计划这种商事活动中，信托包含多个符合合格投资者条件的委托人，作为受托人的信托公司把多个委托人的资金集合管理、运用和投资。在多个委托人与信托公司建立信托关系时，基本都会通过书面合同来约定双方的权利义务关系，其中应当包括撤销权的相关规定。根据集合资金信托计划的实践分析，每个委托人可以单独行使撤销权，当然也可以共同集体行使撤销权，以终止与受托公司建立的信托关系。然而，实践中很多信托公司会在格式文本中限制委托人撤销权的行使。

有一点需要明确指出，我国《信托法》上委托人的撤销权针对的是受托人处分信托财产的行为，撤销权的行使并不会影响信托关系的存续，而美国信托法上委托人的撤销权则是针对整个信托的撤销，撤销权行使的后果是终止信托在法律意义上的存在。

在美国一个案件中，法院不允许享有永久代理权（durable power）的代理人在委托人失能的时候以其名义撤销或修改信托。[2]美国的《信托法重述（第三版）》也规定，生前信托的委托人有权在信托条款规定的范围内撤销或修改信托。如果信托条款没有相反的规定，委托人撤销、修改信托的权力可以任何方式行使，但需要有明确可信的证据证明委托人有此意愿。[3]

（四）解任权

《信托法》第二十三条规定了委托人的解任权。委托人行使解任权的前提条件分两种情况，其一是受托人违反信托目的处分信托财产，其二是受托人在管理、运用、处分信托财产过程中存在重大

---

[1] Restatement (Third) of Trusts, § 63 cmt.k.

[2] Kline v. Utah Dep't of Health, 776 P.2d 57(Utah App.1989).

[3] Restatement (Third) of Trusts, § 63.

过失。委托人行使解任权也有两种方式，一种是委托人依照信托文件的规定对受托人直接进行解任，另一种是委托人申请人民法院对受托人进行解任。

（五）信托解除权

《信托法》第五十条规定了委托人的信托解除权。根据该条规定，委托人行使解除信托权利应当满足委托人是唯一受益人这一前提条件。因此，委托人的信托解除权限于自益信托这种类型，在这种信托中，行使解除权的主体可以是委托人，也可以是委托人的继承人。在他益信托中，不管委托人是否作为受益人，都不能当然行使信托解除权。

《信托法》第五十一条规定了委托人可以行使信托解除权的几种情形。第一种是受益人对委托人实施了重大侵权行为；第二种是受益人对其他共同受益人实施了重大侵权行为；第三种为信托文件规定的其他情形。

（六）变更受益人或处分受益人的信托受益权

《信托法》第五十一条规定了委托人变更受益人或处分受益人的信托受益权的权利，它包含了四种情形：第一，受益人对委托人实施了重大侵权行为；第二，受益人对其他共同受益人实施了重大侵权行为；第三，受益人同意；第四，信托文件规定的其他情形。

（七）剩余信托财产归复权

《信托法》第五十四条规定了委托人的剩余信托财产归复权。根据该条的规定，如果信托终止的，信托文件未规定信托财产归属的，没有受益人或其继承人的，信托财产则归属于委托人或其继承人。委托人这项权利的实现实际上取决于法律的规定。在财产归复于委托人之后，信托终止，当事人之间的信托关系不复存在。

在类似情形下，会产生英美信托法的一个新的信托类型：归复信托（resulting trust）。归复信托是由一个人为了另一个人的利益而持有财产的制度安排，在某些案件中，一个人把财产所有权转移给另一个人，但并不想使其享有财产上的受益权，法院通常会适用归复信托制度。当明示信托落空时，通常会适用归复信托。如委托人把财产转移给受托人为了受益人的利益持有，但是委托人不知道受益人已经在信托设立前死亡，该明示信托因为没有受益人而落空，受托人则归复为委托人持有财产。当一个明示信托并未用尽所有信托财产时，也会产生一个归复信托。例如，委托人向信托转入200000美元本金，要求受托人在受益人生存期间每月从本金及其收益中向其支付2000美元，委托人没有其他的信托财产处分指示。受益人在领受20000美元后去世。受托人则为了委托人的利益以归复信托持有。[1] 在英美信托法中，明示信托落空的情形下，法律规定以一个归复信托承接落空的明示信托，使变化后的信托继续存在。

二、委托人权利的性质

国内有学者把委托人的权利分为法定权利和保留权利。法定权利是指委托人依据《信托法》规定直接享有的权利，保留权利是指委托人通过信托文件的约定或规定为自己保留的权利。[2] 法定权利是《信托法》赋予委托人的权利，是规定在法律条文中的纸上权利，保留权利是委托人通过信托文件把法律条文中规定的纸上权利变为了在具体信托中现实存在的权利，保留权利是法定权利的现实转化。

按照民法权利的分类，委托人的权利属于非财产权，具体来说属于一种身份权，是委托人基于其委托人的身份行使的权利。委托

[1] Resulting Trust：https://legal-dictionary.thefreedictionary.com/Resulting+Trust，2021-09-13.

[2] 周小明：《信托制度：法理与实务》，中国法制出版社2012年版，第225页。

人行使权利不是为了获得财产上的利益，而是为了实现信托目的和维护受益人的利益，不具有财产性利益；委托人权利只能由委托人行使，不能转让给他人行使，具有身份专属性质。委托人的权利从性质上看应当属于身份权，即基于委托人的身份所享有的权利，而不属于财产性权利。这一判断是基于在信托关系成立后，信托财产所有权归属于受托人，信托财产的利益归属于受益人，委托人已经丧失了在信托财产上的权利和利益。[1] 从严格意义上来说，委托人对信托并无任何包含利益的“权利”。[2]

委托人权利体现的另外一个特点是利他性。委托人多项权利的行使，如调整权、撤销权、解任权、解除权的行使并非为了自身利益，而是为了受益人的利益。当然，如果委托人也是受益人之一，或是唯一受益人，那该委托人权利的行使则具有利己的特点。

委托人权利属于一种相对权，即请求特定人为一定行为或不为一定行为的权利。[3] 委托人权利行使对象基本上是受托人，请求其为一定行为或不为一定行为，是一种相对权，对人权，有别于绝对权和对世权。但是，对委托人权利性质的判断还应当具体分析权利的内容。委托人权利中的知情权、调整权，大体上属于请求权的内容。委托人请求受托人为一定行为，但受托人的行为是否构成“给付”不无疑问。委托人的撤销权、解除权、解任权以及变更受益人或处分受益人的信托受益权属于形成权范畴，这些权利都是委托人凭借单方意思就可以使既存法律关系发生变动的。

有学者认为，信托法是民法的特别法。[4] 因此，可以借助民法相关理论与概念对信托法相关内容进行检视，但是，如英国信托法

[1] 周小明：《信托制度：法理与实务》，中国法制出版社 2012 年版，第 225 页。

[2] 赵廉慧：《信托法解释论》，中国法制出版社 2015 年版，第 266 页。

[3] 民法学编写组：《民法学》，高等教育出版社 2019 年版，第 41 页。

[4] 赵廉慧：《作为民法特别法的信托法》，载《环球法律评论》2021 年第 1 期，第 43 页。

学者强调的，“通过相似概念，来彻底转化信托概念是不可行的。”[1]尝试把信托法嵌入民法的体系本无可厚非，因为我们毕竟是大陆法系国家，但是如果意图把信托法所有的概念、原理进行完全的民法化，则必定会失败，信托法制度具有很多与大陆法系不同的英美法系基因，很难实现完全的民法化改造。

三、委托人权利的特点

委托人的权利存在以下几个方面的特点：

第一，权利行使的指向为受托人对信托事务的管理，知情权针对的是受托人对信托财产的管理、运用、处分及收支情况；要求调整权针对的是因未预见事由要求受托人调整信托财产的管理方法；撤销权针对的是受托人违反信托文件、违背受托人职责所导致的信托财产损失；解任权针对的是受托人管理、运用、处分信托财产过程存在的重大过失行为。

第二，虽然《信托法》并未对委托人的这四项权利行使适用的语境进行界定，但其适用依然会受到制约。委托人的这四项权利只能由生前信托的受托人行使，对于遗嘱信托的委托人来讲，这四项权利是无从行使的，因为遗嘱信托只能在遗嘱人死亡之后才能生效，遗嘱人没有可能行使这些权利。另外，英美信托实践中存在可撤销信托与不可撤销信托的区分，在不可撤销信托中，委托人在设立信托后不能再对信托事务管理施加影响与控制，只有在可撤销信托中，委托人才能保留对信托事务的控制。因此，我国《信托法》规定的委托人四项权利的适用范围只限于英美信托法中生前可撤销信托一种类型，而不能适用于不可撤销信托这种类型。

第三，委托人权利的相关规定从另一个角度决定了我国信托立

[1] [英]D. J. 海顿：《信托法》（第四版），周翼、王昊译，法律出版社 2004 年版，第 14 页。

法所针对的信托类型只能限于英美信托实践中的生前可撤销信托，使得我国《信托法》调整的信托范围缩小。

第四，如果以英美可撤销信托为样本检视我国《信托法》规定的委托人权利，则呈现出权利范围过窄的不足。我国《信托法》规定委托人权利的行使基本都有前提性的限制，如撤销权的行使应当以信托管理过程中出现了未能预见的事由导致信托财产的管理方法不符合受益人利益保护或不利于实现信托目的为前提条件；撤销权的行使以受托人违反信托文件的规定导致信托财产遭受损失为前提条件；解任权的行使以受托人存在重大过失为前提条件；变更受益人或处分受益人权益以受益人对委托人或其他受益人实施了重大侵权行为为前提条件。可见，我国《信托法》并未规定委托人可以在无前提性条件发生的情形下行使相应撤销权、解任权等权利。换句话说，在我国《信托法》上，委托人并没有任意行使撤销权、解任权、变更受益人及处分受益人受益权的法定权利。

在英美可撤销信托中，委托人享有修改、终止信托的权利，即结束信托关系的权利；委托人可以通过指示受托人等方式对信托施加控制；这些权利的行使并没有在法律上设置任何前置性条件，完全可以根据信托文件的规定行使。若以我国《信托法》规定的委托人权利来分析，我国《信托法》所塑造的信托与美国可撤销信托也相去甚远。

第三节 委托人的义务

国内有研究指出，委托人的主要义务是提供相应的信托财产并依法转移给受托人，并按信托文件规定支付报酬、提供补偿等。[1]另有研究根据信托的产生方式提出，委托人的主要义务是根据信托合同而产生的给付义务。[2]

研究委托人的义务，出发点是信托的设立方式，委托人是否负有义务主要取决于信托是通过委托人的单方法律行为设立的还是通过合同这种双方法律行为设立的。信托是委托人处分其财产的一种方式。信托的设立通常是委托人单方法律行为，通过明确的信托文件或遗嘱设立信托是最为常见的形式。信托实质上是委托人为了受益人或特定目的而放弃了自己的财产，是对自己财产的一种处分行为。从这个意义上来说，法律不应当对这种情形中的委托人施加法定的义务。如果在生前信托中，委托人未能按信托文件转移信托财产，信托未能有效设立，但这并未给受托人、受益人造成利益损失，自然不用承担任何法律责任。

如果委托人采用了合同的方式设立信托，则会涉及与受托人相关权利义务的约定，可能会产生委托人依约转移信托财产、向受托人支付报酬等约定义务。在信托商事化应用过程中，由于信托通常是通过合同设立的，信托的设立也不像民商信托无偿设立那样，往往是通过等价有偿交换的方式确定信托关系，因此在这种信托结构中，委托人经常会负有合同约定的各种形式的义务。

在成都市鑫河国际酒店有限公司（以下简称鑫河公司）、四川信托有限公司（以下简称四川信托公司）、四川省鑫开源矿业集团

[1] 何宝玉：《信托法原理研究》，中国政法大学出版社2005年版，第135页。
[2] 赵廉慧：《信托法解释论》，中国法制出版社2015年版，第269页。

有限公司（以下简称鑫开源公司）等营业信托纠纷中，2013年6月，鑫河公司与四川信托公司分别作为委托人和受托人签订《信托合同》。合同约定：委托人将其合法拥有的收益权作为信托财产设立信托，由受托人按照约定进行管理、运用、处分。受托人基于委托人的委托与本信托收益权的投资人签订投资协议，将委托人享有的信托受益权转让给投资人。本信托项下收益权主要为委托人处置和经营成都市鑫河国际酒店物业产生的经营收入。为保障投资受益人的利益，委托人保证对信托的实际信托收入与约定最低信托收入支付金额之间的差额承担补足义务。之后，四川信托公司作为抵押权人，鑫河公司作为抵押人签订《抵押合同》，约定为保证信托收入，支付投资人信托收益，鑫河公司以其所有的成都市鑫河国际酒店商用房提供抵押担保。担保范围包括委托人在信托合同中承担的及时、足额支付信托收益义务，差额补足义务，以及委托人应支付的违约金、损害赔偿金以及其他实现债权的费用。同日，四川信托公司与鑫河公司签订《质押合同》，该合同列明的质物清单，约定以酒店物业收益权及其所产生的应收账款等全部收入，提供质押。质押担保的义务和范围与前述抵押合同一致。[1]

在该案中，鑫河公司作为委托人将其合法拥有的受益权信托给四川信托公司设立信托，这种信托关系是以收益权的交易方式设立的，即委托人将收益权转让给四川信托公司，而四川信托公司则把受让受益权的价款交付给鑫河公司，这实质上是鑫河公司以设立信托的方式进行的融资，是一种等价有偿的商事交易。在鑫河公司与四川信托公司以商事信托合同方式设立的收益权信托中，鑫河公司负有转移收益权、按期支付相关物业的营业收入，按抵押合同、质押合同提供相应担保等一系列合同义务。

通过该案，也可以发现信托商事化应用的另一个方面，即受益

[1] 参见四川省高级人民法院民事判决书（2020）川民终1574号。

人受益权获得的商事交易特征。投资人基于投资取得受益人身份，这与民事信托存在重大区别。民事信托中，受益人的身份取得是基于委托人的指定，根本不需要付出代价或支付对价。而在商事信托中，受益人往往是投资人，是通过投资这种交易活动取得了受益人身份，体现了商事信托交易性、有偿性的特点。民事信托中的受托人也通常是不要求报酬的，而在商事信托中，受托人通常是通过信托合同来确定受托人职责与报酬的。

第五章　受托人

第一节　受托人的资格

在美国的一个判例中，法官给出了受托人一个较有影响力的定义：受托人是为了他人利益从事或同意从事行使可能会影响到他人事实上或法律意义上利益的权力或裁量权的人。[1]

信托的有效设立唯赖于委托人，而后续的信托存续则主要依赖于受托人。受托人是整个信托机制的核心，信托的存续唯靠受托人对信托事务的处理和对信托财产的管理、运用与处分。单从我国《信托法》的篇幅来看，仅“受托人”一节的条文就是十八条之多，占整个《信托法》（共七十四个条文）的近四分之一，足见有关受托人的规范在整部《信托法》中的重要性。而以英国为代表的英联邦国家的信托成文法很大一部分为受托人法，如英国的《1906 年公共受托人法》《1925 年受托人法》《1961 年受托人投资法》《2000 年受托人法》等。

[1] Hospital Products Ltd v. United States Surgical Corp (1984) 156 CLR 42.

一、受托人的资格

受托人是接受委托人的委托管理信托事务，是管理、运用、处分信托财产的重要主体。根据《信托法》第二十四条的规定，受托人包括自然人与法人，自然人应当具有完全民事行为能力，法人应当具有相应的民事行为能力，其民事行为能力主要是取决于公司治理文件，如公司章程。

《信托法》第二十四条第二款规定，法律、行政法规可以对受托人的条件另作规定。根据《信托公司集合资金信托计划管理办法》（以下简称《计划管理办法》）的规定，集合资金信托计划由信托公司担任受托人。根据《信托公司管理办法》的相关规定，信托公司的设立采用核准制，其设立应当经过监管部门批准并领取金融许可证；信托业务属于信托公司的专营业务，未经监管部门许可，任何单位与个人不得经营信托业务。[1] 设立信托公司，应当有符合《公司法》及监管部门规定的公司章程，具备监管部门规定的入股资格的股东；达到规定的最低限额的注册资本；具备监管部门规定的任职资格的董事、高管及业务人员，具有健全的治理机制、业务规程和风控制度，与营业活动相适应的营业场所、安防措施，以及监管部门规定的其他条件。[2]

信托公司是专门从事信托业务的商事主体，因此信托公司从事的信托业务基本上属于商事信托业务，即委托人与受托人之间的信托关系设立是一个等价的商事交换过程，委托人同时也是商事信托的受益人，委托人获得受益权是通过投资或交付资金等形式，而不像民事信托中的无偿转让，并且受托人接受委托人委托对信托资金的投资管理、运用也是以获得报酬作为交换的。

在《信贷资产证券化试点管理办法》中，发起机构将信贷资产

[1] 参见《信托公司管理办法》第七条。

[2] 参见《信托公司管理办法》第八条。

信托给受托机构从而设立特定目的信托，由受托机构以资产支持证券的形式向投资机构发行受益证券，特定目的信托的受托机构按规定应当为依法设立的信托公司或监管部门规定的其他机构。

二、受托人的产生与更替

受托人并不是设立信托时的三个必备要素之一。根据我国《信托法》第九条的规定，由委托人在信托文件中载明受托人的姓名、名称与住所。因此，受托人的产生方式为委托人指定。在英美信托法实践中，如果受托人因破产或死亡等原因不能出任的，则由法院指定一名或多名受托人负责管理或处理信托事务。我国《信托法》并没有对司法指定受托人作出相关规定。

在信托存续过程中，如果出现了《信托法》第三十八条规定的受托人辞任与第三十九条规定的受托人职责终止的情形，则会产生继任受托人的选任问题。根据《信托法》第四十条的规定，如果受托人职责终止，信托文件对受托人选任有规定的按文件规定选任；如果信托文件未规定的，由委托人选任；如果委托人不指定或无能力指定的则由受益人选任；如果受益人为无民事行为能力人或者限制民事行为能力人的，则由受益人的监护人代为选任。继任受托人的选任顺序体现了委托人优先的原则，是对委托人设立信托意愿的尊重。

对于公益信托，其受托人的产生与更替则有些不同。公益信托的设立应当经过公益事业机构的批准。因此，委托人设立公益信托指定了受托人的，也应当经过公益事业机构的批准这一环节。如果受托人违反信托义务或不具备履行职责的能力，则由公益事业管理机构变更受托人。公益信托中的委托人对受托人变更并不享有法律规定的权利。

第二节 受托人的义务

受托人的义务是指受托人依照信托文件或信托法的规定在处理信托事务、管理信托财产过程中所负有的义务。规范受托人处分信托事务、管理信托财产是保障信托目的实现、保障受益人权益的重要制度保障。在我国《信托法》受托人一节的十八个条文里，有一半以上的条文涉及规范受托人的义务。

一、受托人的概括性义务：实现受益人最大利益

《信托法》第二十五条从总体上规定了受托人首要义务，受托人处理信托事务应遵守信托文件的规定，实现受益人的最大利益。受益人的最大利益是什么，这实际上是一个值得深入探讨的问题。受益人的最大利益是仅指经济利益和物质利益，还是应当包括社会地位、社会影响在内的综合利益？美国有学者指出，受益人的最佳利益（best interest）不仅仅指受益人狭隘的金融利益，还应当包括受益人作为负责任的社会成员的地位问题。因此，受托人为受益人谋取最佳利益，不仅应当遵守法律规定，而且应当避免不道德的行为或有违公序良俗的行为。[1] 受托人为受益人谋取最佳利益，不能单纯地从经济利益角度进行判断，还应当注意为受益人谋取的经济利益对受益人社会声誉的影响，顾及受益人作为社会公民的身份。

实现受益人利益最大化是受托人义务的首要目标和最终目标。结合《信托法》第二十五条第二款的规定，受托人实现受益人利益最大化主要通过两类义务来实现，一类是受托人恪尽职守、诚实信

[1] Edward J. Waitzer; Douglas Sarro, The Public Fiduciary: Emerging Themes in Canadian Fiduciary Law for Pension Trustees, 91 Can. B. Rev. 163 (2012)，184.

用的忠实义务，另一类是谨慎、有效管理的谨慎义务。“为受益人的最大利益处理信托事务”作为忠实义务的一般条款，由利益冲突禁止与利益取得禁止两条规则组成，前者为行为规范，后者为救济手段。[1] 忠实义务是对受托人品质的要求，要求受托人应当受人之托，忠人之事，在处理信托事务和管理信托财产过程中，以维护、追求受益人最大利益为唯一目标，而不追求受益人利益之外的其他任何利益。谨慎义务是对受托人能力的要求，即要求受托人勤勉、谨慎履行受托人义务，尽自己最大能力、毫无保留地履行自己的职责。

《信托法》第二十五条的表述容易引起误解，好像处理信托事务遵循的标准是实现受益人利益最大化，而管理信托财产要遵循的标准是诚实信用、谨慎和有效。对受托人来说，处理信托事务、管理信托财产遵循的是同一标准，并没有区别。实现受益人的利益最大化是受托人的行为目标，是检验受托人行为合法、合理性的重要标准；受托人恪尽职守、诚实信用、谨慎、有效管理信托财产的要求则更多侧重于受托人的行为方式。

与我国《信托法》的表述不同，美国《统一信托法典》第 802 条的表述为“受托人应当只为受益人的利益管理信托”（A trustee shall administer the trust solely in the interest of the beneficiaries）[2]。在《信托法重述（第三版）》第 78 条对忠实义务的规定中，指出除非信托文件另有规定，受托人有义务只为了受益人利益管理信托，或有义务只为促进信托的慈善目的。[3] 唯一利益规则（sole interest rule）被普遍认为是美国信托法上最重要的规则。[4]

两个世纪前，英美国家信托法确定唯一利益规则，当时衡平法

[1] 姜雪莲：《信托受托人的忠实义务》，载《中外法学》2016 年第 1 期，第 181 页。

[2] Uniform Trust Code (Last Revised or Amended in 2010)，§ 802.

[3] Restatement (Third) of Trusts § 78(2007).

[4] John H. Langbein, Questioning the Trust Law Duty of Loyalty: Sole Interest or Best Interest, 114 YALE L.J. 929 (2005), 931.

院事实认定程序的严重缺陷对该规则附加了额外的条件，即避免事实认定。原因是当时衡平法院人员严重不足，在1813年之前只有一个大法官，之后才增加了一名副大法官，并且大法官还肩负着其他职责[1]，裁决需要进行大量的文件阅读，如果再让大法官进行事实认定，怕是会力不从心了。[2] 对于唯一利益规则正当性的解释在于它的阻吓功能（deterrence），“衡平法院认为，只有施加像唯一利益规则这样的严格规则才能消除受托人为自己利益行事而不是为受益人利益行事的企图。”[3]“这条管理规则的主要目标是遏制性的，目的在于使不遵守唯一利益规则对受托人非常不利，以此引导受托人避免在将来进行不诚实交易。”[4]

唯一利益规则的严苛性之所以能被容忍了这么长时间，是因为规则并不像它看上去那么严苛（bark has been worse than its bite）。一些免责原则与一些更进一步的明确的交易例外，已经在很大程度上缩小了唯一利益规则的适用范围。普通法信托中长期以来确定的三个例外是委托人授权、受益人同意与法院事先批准。根据忠实义务遵守的种类例外原则，即使存在利益冲突，受托人也应当为了受益人的最佳利益行事，在这种交易中行使权利。比如，在资金池投

[1] 有学者把大法官法庭（衡平法院）（chancery）称为“一人法庭”（one-man court）。参见：Theodore F.T. Plucknett, A Concise History Of The Common Law 689 (5th ed. 1956)。大法官是一个高度政治化的职务，它是内阁成员；他是上议院的议长（2006年7月前，作者注），通常是审判委员会、英格兰和苏格兰上诉终审法院唯一的主席。参见：Robert Stevens, Law And Politics: The House Of Lords As A Judicial Body, 1800–1976, at 6–13 (1978)。转引自：John H. Langbein, Questioning the Trust Law Duty of Loyalty: Sole Interest or Best Interest, 114 YALE L.J. 929 (2005),note 75。

[2] John H. Langbein, Questioning the Trust Law Duty of Loyalty: Sole Interest or Best Interest, 114 YALE L.J. 929 (2005), 946.

[3] AUSTIN WAKEMAN SCOrr & WILLIAM FRANKLIN FRATCHER, THE LAW OF TRUSTS，vol. 2A § 170, 4th ed., at 311 (1987).

[4] GEORGE GLEASON BOGERT & GEORGE TAYLOR BOGERT, THE LAW OF TRUSTS AND TRUSTEES § 543, rev. 2d ed.，at 217 (1993).

资载体等金融服务或一些专业服务中也不再适用唯一利益规则。[1]受托人应当为了受益人的最佳利益行事，而不必为了受益人的唯一利益行事，应当允许与受益人最佳利益一致的利益重合。[2]

目前，英美法院对于受益人最佳利益的认定标准已经从单纯的金融利益向更为广泛的利益转向。很多法院认为，在评价受益人的最佳利益时，受托人不仅必须考虑受益人狭隘的金融利益，还应当考虑受益人作为负责任的社会成员的地位。这意味着它必须符合法律并且通常要避免不道德的行为或不符合公认的社会规范的行为。概括地说，忠实义务要求受托人对受益人尽最大的忠实，不仅是经济上的行动者还应当是负责任的公民。在很多情形下，为了一个受益人的最佳利益行事是相对直截了当的。

国内有学者提出，基于信托的民商事属性的不同，在无偿民事信托中，应本着受益人唯一利益或最大利益的单一利益原则，坚持利益冲突禁止与获利禁止的立场；而在商事信托应用领域基于利益衡量立场，可以引入合同约定、受益人同意等例外规则。[3]

适应商事化应用的需求对相应规则进行改造，也不得违背信托的基本原理。在李某君诉四川信托有限公司营业信托纠纷一案中，原告主张确认《信托合同》第十二条第二款第四项“本信托计划在清算期间产生的利息归受托人所有”的约定无效。法院认为原告未提交证据证明该约定违反法律法规的禁止性规定，亦不能证明该约定有其他无效的情形，法院对其该项请求不予支持。[4]该项判决属

[1] John H. Langbein, Questioning the Trust Law Duty of Loyalty: Sole Interest or Best Interest, 114 YALE L.J. 929 (2005), p963-979.

[2] John H. Langbein, Questioning the Trust Law Duty of Loyalty: Sole Interest or Best Interest, 114 YALE L.J. 929 (2005), p933.

[3] 曹兴权:《信托受托人忠实义务中受益人利益的定位：单一主义与衡量主义之间》，载《交大法学》2019年第2期，第23-24页。

[4] 李某君诉四川信托有限公司营业信托纠纷一审民事判决书，（2017）川0104民初6278号。

于对信托性质的错误理解。受托人有维护受益人最大利益的信义义务，受托人除了获得信托合同约定的管理费和佣金之外，不能从信托活动中获得其他收益，否则会与其作为受托人的职责相冲突。因此，对信托合同约定效力认定，不应当单纯地依据合同法的原理，还应当结合信托法原理。

二、受托人义务的内容

（一）忠实义务

信托产生于委托人对受托人的信任，受托人处于“受信任者”的地位，因此处理信托事务和管理信托财产必须忠实于信托。可以说，受托人的忠实义务是道德法律化的结果，具有较高的弹性特质。[1]忠实义务是受托人最基本的义务，[2]它并不产生于任何信托条款的规定，而只是产生于内含于每个信托所存在的信义关系。相较于其他信义关系[3]的标准，信托受托人的忠实义务尤其严格。[4]

受托人对谁负有忠实义务是个基本的理论问题，也是在理论上争议比较大的一个问题。有观点认为，受托人的忠实义务对象为委托人，原因在于受托人应当按照信托目的处理信托事务，而信托目

[1] 张军建：《受托人的忠实义务与善管义务》，载《河南财经政法大学学报》2012年第4期，第84页。

[2] Pegram v. Herdrich, 530 U.S. 211, 224(2000).

[3] 信义关系，是指一方当事人由于另一方当事人对其施以特别的信任、信赖从而负有为另一方当事人利益行事信义义务的法律关系。信义关系可以由当事人明示的协议设立，也可以因为当事人的行为而由法律认定为信义义务。典型的信义关系存在于下列当事人之间：代理人与本人、律师与客户、遗产管理人与继承人、信托受托人与受益人、公司董事、管理人员与股东、监护人与被监护人等。（作者注）

[4] Restatement (Third) of Trust, §78 cmt.a (2007).

的是委托人设立信托的真实意思表示。[1]而通说认为，受托人应当为受益人忠实地处理信托事务和管理信托财产。[2]

从信托设立的角度分析，信托的设立多是一个单方法律行为，即仅需要委托人一个人的意思表示信托即可成立。信托的设立也是委托人对自己财产的一种处分行为，是一种权利行使行为，同时，这一行为又使得受托人享有了对信托事务的处理权和对信托财产的管理权。一般而言，单方法律行为不得为他人设定义务。从这个意义上说，受托人对于委托人并不负有法律上的义务。当受托人同意履行受托人职责后，受托人依据信托文件与受益人产生信义关系，应为受益人的最佳利益行事，从而对受益人负有忠实义务。忠实于受益人实质上也是忠实于委托人，因为委托人就是为了受益人的利益而设立的信托。所以，忠实于受益人利益就是忠实于信托目的，忠实于信托目的也就是忠实于委托人的意愿。美国《信托法重述（第三版）》也明确指出，受托人的义务，如忠实义务、谨慎义务、公平义务等义务是受托人对受益人负有的义务而不是对其他人负有的义务。[3]

忠实义务是受托人维护实现受益人最大利益义务的具体化，只有受托人本着忠实的态度行事，才可能实现受益人利益的最大化。对于忠实义务，日本信托法学者四宫提出三个原则：第一，不允许置身于信托财产利益及受托人个人利益冲突的地位；第二，不允许在处理信托事务时自行获得利益；第三，在处理事务之际不得谋取第三方利益。新井诚则认为，忠实义务包含禁止利益相反行为（no conflict rule）、禁止取得信托报酬以外利益（no profit rule）和忠

[1] 张军建：《受托人的忠实义务与善管义务》，载《河南财经政法大学学报》2012年第4期，第85页。

[2] 张军建：《受托人的忠实义务与善管义务》，载《河南财经政法大学学报》2012年第4期，第85页。

[3] Restatement (Third) of Trusts Chapter 15 Introductory note. (2005).

实处理信托事务三方面的内容。[1] 在民事信托发达的英美国家，受托人的忠实义务可以细化为多项，根据学者的整理，大体可以分为十四项，具体包括下列禁止行为：将信托财产出售给受托人个人，由信托购买受托人个人的财产，将信托财产用于受托人个人利益，受托人借用信托资金，资金存入受托人在其享有个人利益的银行，受托人向信托贷款，向第三人购买不利利益（adverse interest），获得奖金、佣金与其他补偿，同业竞争，其他违反忠实义务的情形。对于公司受托人的忠实义务另有规定。[2]

1. 禁止利用信托财产谋取私利

《信托法》第二十六条规定，如果受托人利用信托财产谋取自己利益的，所得利益应当归入信托财产。信托财产是为了受益人的利益或特定的信托目的存在的财产，因此信托财产也只能用于实现委托人指定的用途，而不能由受托人借以谋取私利。如果受托人将其管理下的信托财产进行信托文件约定外的出租、出借，所获得的租金、利息等收入，应当归入信托财产。如果受托人利用信托财产获得了隐形的利益，如为获得贷款、借款而使用信托财产提供了担保，则应当按照一般的市场公允价格向信托财产提供补偿。需要指出的是，该条的规定只是禁止受托人利用信托财产谋取私利，对于受托人利用受托人的地位或利用管理信托事务所获得的信息谋取私利却并未予以明确禁止，尽显对受托人的“仁慈”与宽松。[3]

在英美信托法中，受托人不得谋取私利，并不以其行为给受益人造成实际损失为限，只要其利用了信托财产或其作为受托人的身

[1] [日] 新井诚：《信托法》（第四版），刘华译，中国政法大学出版社 2017 年版，第 210-211 页。

[2] Austin W. Scott, William F. Fratcher, Mark L. Ascher. Scott and Ascher On Trusts, 5th ed., Wolters Kluwer, vol. III, 2006, § 17.2, 1075-1076.

[3] 赵廉慧：《作为民法特别法的信托法》，载《环球法律评论》2021 年第 1 期，第 83 页。

份为自己谋取了利益，就违反了该项义务。受托人的该项义务源于英国的一个信托法判例 Keech v. Sandford。在该案例中，委托人将租赁市场的利益设立信托，后来租约到期，出租人拒绝向受托人延长租约，因为受益人是未成年人。受托人于是为了自己的利益而续订了租约。新租约并没有涉及原初信托财产的组成部分，并且未成年的受益人也不可能与不动产所有人订立租约。受托人行事没有过错，认为自己没有违反信托，租约不属于受益人的衡平权益。法官认为，租约的受托人不能为了自己的利益获得租约，而应当为了受益人的利益以推定信托由受托人持有租约。法院禁止受托人根据一项他为了一个未成年人的利益持有的租约而为自己利益来更新租约条款。[1] 在这个案例中，受托人自己与出租人订立租约并没有实质损害受益人的利益，因为出租人不同意与未成年的受益人续租。但是受托人在其依然具有受托人的身份时与出租人续订租约，违背了对受益人的忠实义务，可见，对于受托人忠实义务违反的判断并不关注受益人是否受到实质的损害，而是关注受托人是否利用其受托人的地位和身份谋取了自己的利益。

在 Hosey v. Brugess 一案中，委托人拥有近 400 英亩的农场，在 1980 年与一对夫妇订立了 25 年的租约，租约特别约定农场只能用于农作物的耕种。后来，委托人又设立遗嘱信托，由租种土地的这对夫妻作为受托人对包括 400 英亩土地在内的财产进行管理。1989 年受托人夫妻中丈夫健康状况恶化不能从事农业生产活动，于是夫妻二人就将土地出租给他人三年。1991 年丈夫去世，妻子在 1992 年又将土地出租给他人三年。受益人后来提起诉讼，要求获得信托收益并补偿两份租约的差价。法院认为，尽管受托人拥有广泛的权利，但受托人私自出租信托中的土地，违反了信托，尽管受托人没有过错，但是未能遵守信托文件的明示规定，即受托人应当把所有的信托财

[1] Keech v. Sandford [1726] EWHC Ch J31.

产收益用于指定的受益人。根据遗嘱条款，受托人不能从400英亩土地上获得任何个人金钱利益。受托人通过转租土地获得了收益，构成了自我交易。[1] 正如在一个案件中法官所指出的，受托人什么时候都不能从其管理的信托财产上获得任何个人利益、优势、收入或利润……即使受托人没有造成损害的意图并且也未造成事实上的损失，受托人获得的任何利益和利润也都应归于信托财产。[2]

从我国信托法制完善的角度分析，受托人的该项义务应当予以扩展，不应当仅限于禁止受托人利用信托财产谋取私利，还应当像有研究指出的那样，禁止受托人利用受托人的身份和地位谋取私利、利用信托的信息或机会谋取私利。[3]

现在我国的诸多商事信托活动中，受托人利用信托财产谋取私利的情况并不少见。根据监管部门公开的处罚规定，安信信托股份有限公司在其开展的信托业务活动中，违规挪用信托财产的情况多达17项。[4] 信托公司作为受托人，没有将募集的信托资金（即信托财产）用于约定的用途，而是挪用于其他用途，这是一种严重的背信行为，由此给受益人造成损失应当承担完全的赔偿责任。此种情形下，不再适用投资者风险自负的原则，原因在于受托人改变了投资者承担风险的基础。

2. 禁止侵占信托财产

《信托法》第二十七条规定，受托人不得将信托财产转化为自己的固有财产，受托人如果将信托财产转为其固有财产的，应当恢复信托财产原状，造成损失的应当承担赔偿责任。在行文上，第

[1] Hosey v. Brugess，890 S.W.2d 262 (Ark.1995).

[2] Hardy v. Hardy, 222 Ark. 932, 940.

[3] 何宝玉：《信托法原理研究》，中国政法大学出版社2005年版，第212–213页。

[4] 参见《行政处罚决定书》（沪银保监银罚决字〔2020〕4号），http://www.cbirc.gov.cn/branch/shanghai/view/pages/common/ItemDetail. html?docId=910027&itemId=998&generaltype=0，2021–12–26.

二十七条的规定与第十六条有些重复。实现受益人利益的最大化，首先应当确保信托财产的独立性与完整性，如果不能确定信托财产的范围，则不能确定实现受益人利益的最大化。保持信托财产的独立性是受托人忠实义务的基石，尊重信托财产的独立性是受托人履行忠实义务的起点。

3. 禁止信托财产的自我交易

《信托法》第二十八条规定，受托人不得将信托财产与其固有财产进行交易，或将不同委托人委托的信托财产进行互易，除非委托人、受益人同意或信托文件另有规定。该条所指的自我交易分两种情形，第一，受托人以固有财产与信托财产进行的交易；第二，受托人以其持有的不同信托财产进行的交易。在第一种情形中，受托人身兼两重身份，一是作为持有信托财产的受托人，二是受托人固有财产所有人的身份；在第二种情形中，同一受托人代表不同信托财产进行交易。在两种情形中受托人既代表交易的买方，又代表交易的卖方。受托人同时担任卖方与买方，使得合同缺乏对立形式，不符合合同法规定的交易结构。[1]

根据交易的一般原理，交易的双方作为经济理性人当然希望通过交易实现自己利益的最大化，因而在交易中经常出现的现象就是谈判、磋商、讨价还价。如果受托人以自己的固有财产与信托财产进行交易，或者代表不同信托财产进行交易，受托人在这种交易中不可能同时实现自己利益与受益人利益的最大化。如果让受益人实现利益最大化，那受托人固有财产在交易中就不能实现利益最大化，这显然会违背受托人作为经济人的一般理性；如果使自己的固有财产利益在交易中实现利益最大化，那就显然违背了受托人实现受益人利益最大化的忠实义务。正如有法官在判例中所指出的，不管什

[1] Thomas Lewin ,James Henry Flint, Practical Treatise On The Law of Trusts and Trustees, Blackstone publishing company, 1888, p659–660. 转引自姜雪莲：《信托受托人的忠实义务》，载《中外法学》2016 年第 1 期，第 185 页。

么情形，也不论受托人如何诚实，受托人都不能购买信托财产，在任何情况下正义的社会都不会允许这种交易。[1]

简要地说，忠实义务通常情况下要求受托人避免所有涉及自我交易的交易，以及那些在信托利益与受托人个人利益之间可能涉及或可能产生利益冲突的交易。[2]

在英美的信托实践中，自我交易的主要表现形式为：受托人买入信托财产；受托人把自己的财产卖给信托；受托人个人向信托借钱，或把钱供给信托；或与信托进行财产交换。[3]

受托人把信托财产出售给自己或许是自我交易最明显的形式了。规范受托人以个人名义购买信托财产的规则形成于19世纪早期的一些判例。例如，在一个案例中，一个信托有几个受托人，其中一个受托人在公开拍卖中购买了信托财产，而后出售获利。法院裁决该受托人在获利范围内承担责任。法院声明，如果受托人没有从购买的信托财产上受益，法院就不会否认这笔交易。但是后来的案例推翻了这个说法。而在另一个案例中，受托人也是在公司拍卖中买入信托财产，即使信托财产买卖的价格公平，法院依然允许受益人撤销这笔交易。在信托财产的公开拍卖中，即便价格由竞争的报价人确定，作为一般规则，受托人也不能购买信托财产。因为受托人的义务是在拍卖中获得尽可能高的价格，而买方的利益在于以尽可能低的价格买入财产。受托人参加拍卖，可能会通过阻退竞拍人、阻碍报价来抑制拍卖。[4]

一般来说，受托人把自己的财产卖给信托也是不合理的。即便信托与任何其他卖方进行的交易是合理的，受托人出卖财产给信托

---

[1] 何宝玉：《英国信托法原理与判例》，法律出版社2001年版，第202页。

[2] UNIFORM TRUST CODE (Last Revised or Amended in 2010)，§802 cmt.

[3] Restatement (Third) of Trusts §78(2007),cmt.d.

[4] Austin W. Scott, William F. Fratcher, Mark L. Ascher. Scott and Ascher On Trusts, 5th ed., Wolters Kluwer, vol. III, 2006，§17.2, p1086-1092.

的相同交易也不能认定为合理，不论受托人是否本着善意行事，是否要价合理。当受托人把自己的财产出售给信托时，受益人可以要求受托人退还价金及利息。如果受托人因为向信托出售财产而获利，他应在此范围内承担责任。如果受托人向信托出售财产时的价格高于当时的市场价格，受益人可以要求受托人支付差价。如果受托人向信托出售的任何财产存在足以影响受托人判断的利益，这个出售也是不合理的。在一个案例中，受托人为自己的账户买入与其作为股东和董事的公司的股票，而后出售给信托。[1]

除非获得许可，受托人不得将信托资金借给自己使用。即便受托人按照信托条款的规定享有投资权，也不能私自借贷。受托人如果进行了这种借贷，应当对本金、利息或任何获利承担责任。如果受托人把信托资金出借给了受托人的家庭成员、其他共同受托人、受托人的律师或受托人在贷款中存在重要的个人利益，结果与受托人把资金出借给自己是一样的。[2] 受托人把资金出借给信托的情形应当区分对待。如果受托人用自己的钱支付了正当管理信托事务过程中所产生的费用，或为了保护信托财产而支付自己的金钱，受托人当然有权获得信托财产的补偿，通常这种情况下受托人并不能寻求补偿利息。

在英美信托法中，自我交易规则开始时以受托人是否获得利益作为判断受托人是否违反信义义务的重要因素，后来发展为基于自我交易结构导致利益冲突而被禁止。[3] 禁止自我交易的规则发展至现在，其适用已经从受托人扩展至与受托人有利益关系的主体。美国的《统一信托法典》规定，如果涉及信托财产投资或管理的销售、

[1] Austin W. Scott, William F. Fratcher, Mark L. Ascher. Scott and Ascher On Trusts, 5th ed., Wolters Kluwer, vol. III, 2006，§17.2, p1104–1106.

[2] Austin W. Scott, William F. Fratcher, Mark L. Ascher. Scott and Ascher On Trusts, 5th ed., Wolters Kluwer, vol. III, 2006，§17.2, p1109–1111.

[3] 姜雪莲：《信托受托人的忠实义务》，载《中外法学》2016年第1期，第186页。

债务负担或其交易是为了受托人的个人利益达成的，或受到受托人个人利益与信义利益冲突的影响，利益受到影响的受益人可以行使撤销权；除非交易得到信托条款的授权，交易得到法院批准，受益人同意受托人的行为，批准了交易等情形。在涉及信托财产投资或管理的销售、债务负担或其交易中是由受托人与下列人员达成的，则推定其受到个人利益与信义利益冲突的影响：受托人配偶；受托人的后代，兄弟姐妹，父母及他们的配偶；受托人的代理人或律师；公司或其他企业，受托人或一个对受托人拥有重要利益的人对公司或其他企业拥有可能影响受托人最佳判断的利益。[1]

在 City Bank Farmers Trust Co. v. Cannon 一案中，委托人与农民贷款与信托公司订立信托合同，将其持有的 300 股面值 100 美元的纽约国民城市银行股票交付受托人，委托人保留了修改、撤销部分或全部信托的权利。之后，根据委托人的指示又认购了国民城市银行股票若干。1929 年受托人农民贷款与信托公司被纽约国民城市银行兼并，纽约国民城市银行通过增发股票转换农民贷款与信托公司股东持有的股票。信托公司的股票为了国民城市银行的利益被置入信托。农民贷款与信托公司后改名为城市银行农民信托公司。国民城市银行的股东上交他们的原有股票并换发了附担保权益的股票，即每个银行股东都享有与其他持有城市银行农民信托公司股票的银行股东一定比例的受益权，受益权由受托人持有。在兼并后，城市银行农民信托公司不再从事商业银行领域的事务，而是成为处理国民城市银行所有信托业务的载体。同时，城市银行农民信托公司作为受托人与国民城市银行有很多交叉的管理人员与董事，城市银行农民信托公司收入转化为红利分配给了国民城市银行的股东，银行的任何损益也是城市银行农民信托公司股东的损益，城市银行农民信托公司的任何损益也是国民城市银行的损益。法院在判决中指出，

[1] Uniform Trust Code (Last Revised or Amended in 2010), § 802.

信托关系中的忠实标准不允许受托人创立或占据一种地位，使其具有服务信托财产利益之外的利益，不可分割的忠实是最高形式的测试，而不可分割的忠实在受托人被兼并之后就不存在了，因为受托人享有银行股份的所有权。城市银行农民信托公司负责管理信托的人员对于信托公司的利益和信托财产的利益都负有持续的忠实义务。当信托财产投资于国民城市银行并需要决定在行情不好时是持有还是卖出的情形下，就产生了利益冲突。出售其持有的股票可能因为在快速恶化的市场降低这些股票价值而严重损害信托公司的利益。所以，信托公司在决定是否卖出股份时存在利益冲突。只有严格遵守这些原则，才能使受托人消除所有谋求与其信托义务相冲突的个人利益的企图。但是法院最后并没有裁决受托人承担之后损失的责任，因为信托是可撤销的并且委托人在兼并之后的同意使得所有受益人不能要求损害赔偿。[1]

有学者将上述三种义务称为“消极的忠实义务”，是受托人忠实义务所禁止的三种行为。[2] 受托人在上述三种义务中，主要表现为受托人应当尊重信托财产这种独立财产只为受益人利益存在的基本事实。三种消极义务主要禁止利益冲突，禁止获利，即受托人处理信托事务、管理运用信托财产的行为不得有违维护受益人最佳利益这一基本原则。

可见，英美信托法不仅禁止受托人与信托财产进行交易，还禁止与受托人存在利益关系的人与信托财产进行交易，这是自我交易规则的扩展适用。我国《信托法》可以对这些规定予以借鉴。[3]

受托人就其管理的不同信托财产交易也面临着类似的情形，代表不同的信托财产进行交易，不可能同时实现两个不同受益人的利

[1] City Bank Farmers Trust Co. v. Cannon, 291 N.Y. p125, 131-132.

[2] 周小明：《信托制度：法理与实务》，中国法制出版社 2012 年版，第 277 页。

[3] 唐建辉：《信托受托人忠实义务之禁止自我交易规则初探》，载《南京大学法律评论》2006 年春季号，第 71 页。

益最大化。但前述的两种交易并不是绝对禁止的，如果交易获得了委托人或受益人同意、符合信托文件的规定，并且以公平的市场价格成交，则不在禁止之列。该条主要是确定了受托人在信托财产交易中应保持独立性，不应该造成交易的利益冲突。

例如，在新华信托股份有限公司（以下简称新华信托）与重庆帝多农业发展有限公司（以下简称帝多农业）营业信托纠纷一案中，2009 年 10 月，新华信托与帝多农业签订《东启·幻境旅游度假酒店项目股权投资集合资金信托计划资金信托合同》（以下简称《资金信托合同》），帝多农业作为信托计划的委托人和劣后受益人，享有向优先受益人、一般受益人分配收益后的剩余信托权益，同时，劣后受益人有义务保障优先受益人、一般受益人实现合同约定的收益。合同还约定，新华信托向项目公司委派董事，对项目公司实行印信和资金监管等日常运营监控，享有项目公司经营管理的知情权和重大事项一票否决权。2012 年 3 月，新华信托向帝多农业提交了《提示清偿到期信托计划的函》，要求帝多农业按《信托计划合作协议》约定，向优先受益人、一般受益人支付本金和预期收益及应付信托报酬。帝多农业表示资金困难，无力支付。之后，新华信托与中邦集团订立项目公司股权转让协议。2016 年在新华信托向中国银监会重庆监管局提交的《东启幻境项目清算情况的报告》中载明，由于项目不能按期兑付，新华信托设立新华中邦信托计划募集资金向东启幻境信托计划进行了兑付。但是新华信托未能证明将不同委托人的信托财产互易获取了委托人或受益人的同意，并且新华信托作为受托人在其实际参与项目公司经营期间，项目公司账目混乱，原始根据缺失，以致无法评估信托计划到期时的股权价值，因此也不能证明互易是以公平的市场价格进行的。由于帝多农业作为劣后受益人的剩余信托利益因受托人管理混乱而没有直接参照的依据，法院以帝多农业最初支付的信托资金为基数参照资金市场的资金使用成本即年利率24%计算新华信托对帝多农业的赔偿责任。[1]

其实新华信托这种不同信托计划资产互易的做法也是监管部门明令禁止的一种资产管理活动，即以新发行的信托计划兑付先发行的信托计划，以资金池的方式应对融资人违约的信托计划。

值得一提的是，在英美信托法中，基于受托人的忠实义务衍生出了公平义务。公平义务主要产生于有多个受益人的情形。它要求对所有受益人公平对待，认为“管理信托的行为不能受到受托人个人的喜好影响，也不允许受托人因为疏忽大意而无视某些受益人的利益。”[2]

（二）分别管理、分别记账的义务

为实现受托人固有财产与信托财产以及不同信托财产相区别，根据《信托法》第二十九条规定，受托人应当对其固有财产与信托财产分别管理、记账，对不同的信托财产分别管理、记账。对每一份信托财产分别管理、记账是实现受益人利益最大化的前提。如果固有财产与信托财产混淆不清，不同的信托财产相互交错，如何确定财产收益都难以实现，更谈不上受益人的利益最大化了。

（三）亲自管理义务

《信托法》第三十条对受托人的该项义务作出了规定。信托是委托人基于对受托人的信任而设立的，这种信任包含着委托人对受托人品质、能力的认可，因此受托人根据《信托法》第三十条的规定，应当亲自处理信托事务。在信托文件另有规定或者有其他不得已的事由时，可以委托他人处理信托事务，但他人代为处理信托事务的结果由受托人承担责任。

---

[1] 参见重庆市高级人民法院民事判决书（2017）渝民终414号。

[2] Restatement (Third) of Trusts: Prudent Investor Rule, §78, Comment (b) (1992).

在传统的民事信托中，基于忠实义务的要求，一般强调受托人亲自处理信托事务，但是现代社会中某些信托事务处理越来越需要较强的专业技能，比如金融事务、投资事务等，受托人未必具备相应的专业技能，在这种背景下还一味坚持受托人亲自处理信托事务，反而不利于维护受益人的最大利益。因此，根据信托文件的规定，受托人可以委托他人代为处理信托事务。

在江苏省国际信托有限责任公司（以下简称江苏信托）与中国农业银行股份有限公司昆明分行（以下简称为昆明农行）纠纷一案中，2012年12月6日，江苏信托与广州证券公司（以下简称广州证券）签订《单一资金信托合同》，广州证券将12亿元交付给江苏信托作为信托资金；江苏信托用该笔资金受让绿园置业公司的特定资产收益权，双方签订特定收益权《转让协议》和《回购合同》；江苏信托又将受让的特定收益权转让给昆明农行，双方签订《转让协议》，约定，江苏信托把特定资产受益权转让给昆明农行，昆明农行在回购到期日前两日受让资产受益权，若回购日提前到期，则当日为回购到期日，由昆明农行向江苏信托支付绿园置业应付未付的转让价款及未付的溢价款、违约金实现资产收益权的费用。后来，因为绿园置业违约未能支付约定各款项，江苏信托提起诉讼要求昆明农行承担转让协议中的付款责任。法院在审理后指出，江苏信托依约向绿园置业支付12亿元特定资产收益转让款后，绿园置业对款项的实际安排、使用系自身经营行为，资金的具体流向与本案无关联性。[1]

这体现了法院对于受托人义务的理解存在较大偏差。江苏信托与广州证券签订《单一资金信托合同》后，作为受托人当然可以依约处分信托财产，把信托资金与给绿园置业的特定资产受益权进行转换，转换后，信托财产由信托资金转换为特定资产受益权，但是特定资产受益权的实现也要依靠受托人对绿园置业对受让资金使用

[1] 中华人民共和国最高人民法院民事判决书（2017）最高法民终478号。

的监管，这种监管义务不能因为把特定资产收益权转让给昆明农行而解除，他依然应当尽到受托人维护受益人权益的信义义务。另一个问题是，法院在审理案件时，把《单一资金信托合同》与江苏信托、昆明农行《转让协议》分割开来，就合同论合同，单凭《转让协议》来确定双方的权利义务，自然会得出“绿园置业公司使用资金的具体流向与本案无关联性”这样荒唐的结论。

（四）保存记录、报告与保密义务

《信托法》第三十三条对受托人的该项义务作出了规定。对于受托人来说，他在处理信托事务和管理信托财产过程中，是不是尽到了忠实义务，是不是维护了受益人的最大利益，可以从受托人处理信托事务的记录中得出判断，首先，受托人为证明其履行了忠实义务，应当保留完整的信托事务处理记录。其次，受托人应当按规定的期限定期向委托人、受益人报告信托财产的管理、运用、处分及收支情况。最后，受托人对其知晓的委托人、受益人的相关情况和信息负有保密义务，对信托事务的相关信息和资料也负有保密义务。

（五）支付义务

《信托法》第三十四条规定，受托人对受益人负有支付信托利益的义务，同时规定，受托人的支付以信托财产为限。

（六）谨慎义务

《信托法》第二十五条第二款规定，受托人应当恪尽职守、谨慎、有效地管理信托财产，这是受托人谨慎义务的主要法律依据。

在英美信托法中，谨慎义务强调谨慎义务的标准。《信托法重述（第三版）》第77条规定，受托人有义务根据信托目的、条款及其他形式，像一个谨慎人一样管理信托；谨慎义务需要尽到或实施合理的注意（care）、技能(skill)和慎重（caution）；如果受托人拥有，或因为企图拥有其他普通谨慎人所不具备的特殊设施或技能而对其进行了任命，受托人就有义务使用这种设施和技能。[1]

在确定受托人履行谨慎义务的标准时，法院的标准是一个抽象的谨慎人（prudent man）。有的法院在判断受托人是否合理行事时，会将受托人的行为与一般谨慎和熟练人的外部标准进行比较。[2] 例如，在一个案件中，法院也强调受托人在管理信托过程中对受益人负有的义务，应当像一个普通谨慎的人在处分自己的财产一样实施合理的注意和技能。[3] 但这个抽象的谨慎人标准不等于特定受托人以处理自己事务尽到的注意义务来处理信托事务。比如，受托人并没有保护自己和家人的本金与收益，而是对自己的资金进行了投机性的投资，受托人的行为并不能证明他对信托资金进行投机性投资时达到了对他谨慎义务要求的标准。受托人在自己事务中的谨慎程度并不是法院调查（judicial inquiry）的合适对象，法院推定受托人应当在自己事务中运用所有谨慎人会通常采用的谨慎。因此，一个谨慎人的勤勉才是受托人义务的标准（The diligence of a provident man therefore is the measure of a trustee's duty）。[4] 换言之，不能说受托人像管理自己事务一样管理信托事务就达到了合理注意和适当勤勉的义务，受托人的谨慎义务标准是法院抽象出的一个现实中并不存在的谨慎人会在类似情事下尽到的合理注意和勤勉。

谨慎的评判是对行为的检视，而不是对结果的检视。因此受托人行为的谨慎是结合行为当时的情形进行判断的，而不是进行事后诸葛的评价，或考虑行为、决定之后的发展进行评判。受托人是否

[1] Restatement (Third) of Trusts §77(2007).

[2] George G. Bogert, George T. Bogert, The Law of Trusts and Trustees, Rev. 2nd edition, Vol.11, St. Paul Minn., West Publishing Co., 1993, p167.

[3] Re Trust Estate, 1934, 171 A. p730, 731.

[4] Litchfield v. White, 1852, 7 N.Y. p438, 443-444.

违反信托，取决于其行为的谨慎与否，而不取决于管理的最终结果或其他决定。[1]有时受托人的判断错误，并不是其承担责任的主要依据。有法院在判决中提出，受托人在管理所有信托事务过程中，应当像拥有自由裁量权和才智的普通谨慎人处理类似事务一样，本着诚信的态度，尽到勤勉、谨慎。但是法律并不认为按此规则行事的受托人要对判断失误承担责任。[2]

谨慎义务包括注意、技能和慎重三个要素，谨慎义务具体包含两方面的义务，一是在信托管理中实施合理的注意和技能；二是与特定信托及其目标、情形和管理的总体计划相适应的慎重。注意义务需要受托人在规划信托管理、制定完善管理决定、监管信托动态时尽到合理的努力与勤勉，并对信托目标和受益人的利益给予适当关注。除此之外，受托人还应当实施一个普通谨慎的人所应当具有的技能，否则，即便特定的受托人运用了所有技能，如果达不到前述标准，也要对信托承担责任。除了注意义务和技能义务之外，受托人还应当尽到一个谨慎人管理相似目的下相似财产的慎重，它并不是要求受托人避免所有的风险，而是仅指与特定信托的目的、情形、受益人利益相符合的合理程度上的慎重。[3]

合理注意和合适技能的判断取决于受托人采取行动的时间、地点等情形。对谨慎与注意的判断并不能根据受托采取行动之后的情形作为评判依据。对法院来说，并不存在一个在所有情形下判断什么是合理注意的固定格式。商业与经济的发展变化，会导致确定受托人行为是否满足注意标准的判断也发生变化。[4]

谨慎义务的内容及标准都是随着历史发展和时代进步在不断地

[1] Restatement (Third) of Trusts §77,cmt a, (2007).

[2] Costello v. Costello, 1913, 103 N.E. p148, 152.

[3] Restatement (Third) of Trusts §77(2007),cmt b.

[4] George G. Bogert, George T. Bogert, The Law of Trusts and Trustees, Rev. 2nd edition, Vol.11, St. Paul Minn., West Publishing Co., 1993, p171–172.

发生变化。谨慎义务中的谨慎人规则（prudent man rule）就是一个非常明显的例子。

总的来说，谨慎人规则是用于对账户经理在为寻求合理收益并保值的投资人的资产组合进行投资时进行选择限制的法律原则。该规则旨在保护使用投资顾问服务的投资者，以使其免于一些非法的、高风险的或其他不诚信的投资。谨慎人规则是运用常识和合理风险原则进行金融决策的一个指南，经常被受托人、监护人为他人利益管理财产时所引用。该规则不需要负有信义责任的人具有超常的专业知识。但是，谨慎人规则确定了一个合理期待，即一个人做出投资决策时应当做出合理、明智的决定。谨慎人规则并不要求所有投资必须回报丰厚或不断产生高额利润。谨慎人规则并不是一成不变的规则。一般来说，资金不能全部进行高风险的投资，资产不能转化为使基金经理或第三方获利的投资。[1]

在谨慎人规则发展的早期，Harvard College v. Amory 确定了现代谨慎人标准，只要受托人能进行明智的判断，则允许受托人进行风险投资。约翰麦克林以 5 万美元设立信托，由其亲属二人担任受托人。信托的收益支付给委托人的妻子安，在安死后，剩余信托财产用于支付哈佛学院和马萨诸塞州综合医院。受托人选择了当时很多投资顾问认为不恰当的投资方式，他们把资金全部投向了股票，而没有投向一些固定收益的证券，如政府债券。当委托人的妻子去世时，信托财产的估值只剩下 29000 美元。于是哈佛学院起诉受托人，认为受托人把全部信托资金投资于股票，而没有为信托资金提供来自政府的保障或不动产保障，损害了最终受益人的利益。但最终法院支持了受托人，并认为受托人像处于他们地位的任何谨慎人一样

[1] Prudent-Person Rule Definition， https://www.investopedia.com/terms/p/prudentmanrule.asp， 2021 年 6 月 21 日访问。

行事，运用了当时经济背景下的技能水平。[1]

在 King v. Talbot（1869）一案中，两人被指定为遗嘱执行人，在遗嘱中，遗属人写道："为了我的继承人利益，我的所有事项均由他们定夺，我所有财产均由他们投资。"后来投资出现损失，受益人起诉受托人承担责任。法官认为，受托人应当像一个拥有自由裁量权和才智的一般谨慎人处理自己事务一样运用勤勉与谨慎，这就必须排除所有投机、所有不确定的可疑市场上的投资，以及所有没考虑信托性质与目标的任何事情。该案把受托人投资限定于政府债券及抵押债券。[2]

在进入 20 世纪下半叶后，根据 1952 年学者提出的现代财产组合理论认为，多元化的财产组合在多数情形下被认为是谨慎的。

我国民事信托几无发展，通过民事信托讨论受托人的谨慎义务也往往缺乏实证的案例，因此，通常通过商事信托活动研究受托人的谨慎义务。

在卢某江与山西信托股份有限公司（以下简称山西信托）营业信托纠纷再审案中，山西信托于 2012 年 2 月 4 日开始推介《山西信托信裕·15 号第一期集合资金信托合同》（以下简称《信托合同》），到 2 月 21 日完成全部 5 亿元信托资金的募集，山西信托确认该计划于 2013 年 2 月 22 日正式成立。2013 年 2 月 8 日起，山西信托向联盛投资公司（以下简称联盛投资）先后分两笔划转 5 亿元。联盛投资按期支付 5 个月回购价款后，因联盛集团实际控制人导致的突发事件而致未及时支付后续回购价款。卢某江认为山西信托作为受托人没有尽到审慎设立信托计划的义务。主要理由为：山西信托并没有在一、二审的庭审中提交任何设立信托计划的可行性分析报告、尽职调查报告等书面文件。山西信托根据《信托合同》将募集的资

[1] Harvard College v. Amory 26 Mass 446 (1830).

[2] King v. Talbot 40 N.Y. 76 (N.Y. 1869).

金主要用于受让山西联盛能源投资有限公司（以下简称联盛投资）对山西联盛能源有限公司（以下简称联盛能源）的应收款，山西信托并未核实联盛投资对联盛能源债权的真实性，合同所述联盛能源的 10 个煤矿只有 7 个属于联盛能源，而 7 个煤矿也只有 1 个经过审批，《信托合同》所定的募集资金用途并不存在。[1]

再审法院认定案件的争议焦点之一为山西信托在履行《信托合同》过程中是否存在未尽管理职责的行为。就本案来说，山西信托设立集合资金信托计划应当对融资方的基本情况进行尽职调查，确定融资人的基本情况，债权的真实性、还款的可行性等基本问题是设立信托计划的基础工作，如果设立信托计划前的尽职调查没有进行，或没有尽责进行，就不能算山西信托谨慎、有效地对信托财产进行了管理。令人不解的是，再审法院还是没有对卢某江提出的山西信托未尽职调查的质疑进行回应，而是岔开话题，再审法院认为，山西信托履行了《信托合同》《债权转让协议》等合同文件中规定的相应义务，在联盛投资违约后履行了相应的催收义务，因此卢某江所持山西信托未尽到管理义务的观点不能成立。[2]

根据信托法一般原理，受托人对受益人负有信义义务，即维护实现受益人的最大利益。我国《信托法》虽然没有使用信义义务的表述，但其对受托人义务的规定与信义义务大体相同。《信托法》第二十五条规定："受托人应当遵守信托文件的规定，为受益人的最大利益处理信托事务。受托人管理信托财产，必须恪尽职守，履行诚实、信用、谨慎、有效管理的义务。"

在卢某江与山西信托营业信托纠纷一案中，山西信托是否尽到了谨慎、有效管理的义务，有一个重要的内容就是对投资项目的尽

[1] 参见中华人民共和国最高人民法院民事裁定书（2019）最高法民申 6857 号。

[2] 参见中华人民共和国最高人民法院民事裁定书（2019）最高法民申 6857 号。

职调查。该再审案的裁决着实有些“葫芦僧乱判葫芦案”的意味，再审申请人主张山西信托没有尽到尽职调查的义务，从而违反受托人职责；而法院回应山西信托在《信托合同》订立后积极履行了合同义务，履行了受托人职责。这是明显的答非所问。难道信托公司在设立信任计划前进行尽职调查不是受托人职责的一部分？卢某江提出，山西信托没有证据证明对应收账款债权及联盛投资的10个煤矿的审批备案情况以及运营情况进行了核查，而法院也没有将山西信托履行核查应收账款真实性、10个煤矿的审批备案情况以及运营情况作为核定山西信托履行职责的重要标准，因此得出卢某江关于山西信托未尽到管理义务的主张不成立的结论。不知是再审法院无意的疏忽，还是有意的回避，事关确定山西信托是否谨慎有效地履行职责的问题却未在裁决书中予以回应。另外一个与该案相关的重要事实也说明，受托人对投资项目的尽职调查的重要性，即联盛投资是否进入破产重整程序。如果山西信托履行了谨慎的尽职调查义务，如对应收账款的真实性、10个煤矿的审批备案情况以及运营情况进行详细的调查，把风险防范的重心前移，这可能比通过签订抵押合同、质押合同和保证合同等事后风险范围措施更有效。

在前述的新华信托与帝多农业营业信托纠纷一案中，一审中，法院根据帝多农业申请，委托中介机构对东启·幻境旅游度假酒店项目股权投资集合资金信托计划到期日的东启房地产公司股权价值进行鉴定，鉴定机构结论为，东启房地产公司账目不清，大量原始票据缺失，无法作出评估。[1]

新华信托作为信托计划的受托人，亲自参与项目公司的经营管理，就应当尽到善良管理人的义务，才能实现对包括劣后受益人在内的所有受益人利益保护的目标，而反观新华信托，在其实际参与

[1] 参见重庆市高级人民法院民事判决书（2017）渝民终414号。

项目公司经营期间，项目公司账目混乱，原始根据缺失，以致无法评估信托计划到期时的股权价值，因此可以判断新华信托没有尽到善良管理人的义务，也没有尽到谨慎、勤勉的管理义务。

我国《信托法》明确规定，受托人应当尽到为受益人的最大利益处理信托事务、管理信托财产、不得利用信托财产谋取个人利益、不得侵占信托财产、不得自我交易、信托财产分别管理、分别记账的义务。上述义务是法律明确规定的义务，属于法定义务。其中，受托人不得自我交易的义务有例外情形，即根据信托文件的规定，或者获得了委托人或受益人同意，并以公平市场价格进行交易的情形。除此之外，受托人的法定义务应当严格履行，并不得通过合同等其他方式进行删改或免除。

新华信托股份有限公司（以下简称新华信托）与钱某莹信托纠纷一案中，2011 年 11 月 1 日，钱某莹作为委托人和收益人与作为受托人的新华信托签订《新华信托·安吉新农村建设项目贷款集合资金信托计划资金信托合同》（以下简称《信托合同》），合同约定，钱某莹以 102 万元现金认购合同项下 3 年期信托单位数量 102 万个。信托计划于受托人将募集的信托计划资金划入安吉县新农村绿洲新农村建设有限公司账户时生效。信托生效一年后的 2 个工作日内向所有受益人分配第一年信托收益，信托生效满 2 年后的 2 个工作日内向 B 类受益人分配当期信托收益和信托本金，向 C 类受益人分配当期信托收益，信托期限届满 10 个工作日，受托人向受益人归还全部信托财产，将信托财产划拨至受益人指定账户，同时受托人应将信托事务报告在受托人网站、营业场所进行公告，并编制信托财产分配的清算报告。2014 年 11 月 28 日，信托计划到期，新华信托未按约定向钱某莹分配信托本金及收益，钱某莹诉至法院。法院认为，《信托合同》是双方当事人的真实意思表示，未违反法律法规的规定，合法有效。按照《信托合同》的约定，新华信托应当向钱某莹分配信托本金及收益，但合同期满后，新华信托既未依约向钱某莹分配信托本金及收益，亦未举证信托计划发生了不可归咎于新华信托原因的损失，故新华信托应承担相应的违约责任。[1]

根据《信托合同》的约定，新华信托应当向受益人按期分配收益和到期本金，并出具信托事务公告、清算报告等法律文件。信托计划期满后，新华信托没有履行合同约定的分配收益与本金的义务，也未公告事务报告与清算报告，违反了《信托合同》的约定，没有尽到勤勉、谨慎履行受托人的职责。

三、受托人的责任

责任是主体违反约定义务或法定义务应当承担的后果。我国《信托法》在受托人一节中，多处规定了受托人违反法定义务的法律责任，主要有以下几个方面：第一，利用信托财产谋取的私利应当归入信托财产；第二，侵占信托财产应当恢复原状，对造成的信托财产损失承担赔偿责任；第三，未经信托文件授权或未取得委托人或受益人同意进行自我交易，对造成的信托财产损失承担赔偿责任；第四，共同受托人应当就处理信托事务过程中对第三人所负债务承担连带清偿责任；第五，某一共同受托人违反信托文件处分信托财产或违背职责或不当处理信托事务给信托财产造成损失，其他受托人承担连带赔偿责任。

梳理我国《信托法》上受托人的责任，可以发现有以下几个方面的特点：

第一，以信托财产为中心的财产责任制度。这种以信托财产为中心的责任制度实际上是建立在信托财产只为信托目的存在这一基本理论认知基础上的。信托财产只为信托目的存在，它不能成为受

[1] 参见 重庆市第一中级人民法院民事判决书（2015）渝一中法民终字第 05004 号。

托人谋取私利的工具；信托财产是实现信托目的的物质基础，受托人给信托财产造成的任何损害都会影响信托财产的作用与功能，因此受托人应当根据具体情况承担相应的返还财产、恢复信托财产原状、赔偿损失、支付违约金、修理、更换、重作等责任，以保障信托财产应有的效用。

第二，以过错为归责原则的侵权责任。受托人享有对信托事务的管理权和对信托财产的管理、运用、处分权。如果受托人违反信托文件的规定，或违反信托法规定的义务造成信托财产损失的，应当承担赔偿责任。受托人对信托财产承担赔偿责任应当以过错为归责原则，否则有失公平。比如，受托人对信托资金进行正常投资，但因为市场风险造成的信托财产损失则不应当由受托人承担赔偿责任，原因是受托人履行职责没有违反信托文件规定和相关法律规定，信托财产的损失并非由受托人的过错造成，所以不应当由受托人承担责任。受托人所承担的责任也以把信托财产恢复到受损前的状态为限。另外，受托人应当以其全部个人财产承担对信托的侵权责任，即承担无限责任。

第三，受托人的责任相对偏窄。在受托人责任中，信托享有的归入权只是针对受托人利用信托财产谋取私利这一种情形，如果受托人利用其受托人身份或利用受托人身份获知的信息获得的私利则不负有回吐的义务，在自我交易中，也以给信托财产造成损失为前提承担赔偿责任。如果受托人利用信托财产谋取私利或第三方利益，但并没有给信托财产造成实质损害，按我国《信托法》，受托人不用承担责任，但按信义义务原理，这种违反忠实义务而获取的利益应当归入信托财产。如受托人利用信托财产提供抵押而向银行进行贷款，即使受托人未对信托财产造成实质损害，但其依然通过信托财产获得了收益，按一般意义上的信义责任，受托人应当将其获得的收益归入信托财产。

受托人如何承担违反忠实义务的责任，以受托人违反忠实义务获得收益为例，是把全部收益归入信托，还是在受益人与受托人之间进行利益平移，可以通过案例进行说明和研究。

在 Boardman v. Phipps 一案中，受托人利用一个存在技术性缺陷的批准为自己和信托赚取巨大的利润，法院先是命令把所有的利润返还给受益人，而后指示对受托人的努力在慷慨大方的基础上（generous basis）进行补偿。某些类型的回报对于受托人发现和利用机会是必要的激励，替代办法就是某种形式的补偿，例如固定费率或管理财产的一定比例以改善受托人无所事事的懒散。所以，法律没有要求受托人上交所有的收益，然而把受托人取得收益的每一种表象都视为存在真正的问题，则会产生很多的假象（false positives）。[1] 在这个判例中，法院实际上并没有没收受托人的所有收益，而是通过补偿的方式使受托人获得了一些实质上的利益。通过给予受托人一定的补偿，可以激发受托人更高的积极性去处理信托事务和管理信托财产，可以取得与受益人双赢的结果，如果把收益全部归入信托财产，可能会挫败受托人的积极性，反而实质减少了信托的收益。

在 SEC v. MacDonald 一案中，RIT（Realty Income Trust，不动产收益信托）是一个不动产投资信托，它的股票在美国证券交易所上市交易。RIT 收购位于俄亥俄州的一座二十五层的办公楼，并有可能对楼内的空置部分签长期的有利合同。被告是受托人委员会的主席，他获知消息后于 1975 年 12 月 15 日以其妻子作为中间人，向其经纪人发出指令：以 4.25 美元的价格买入 20000 股 RIT 股票。在 1975 年 12 月 23 日，被告再以 4.63 美元的价格买进 9500 股股票。

[1] Frank H. Easterbrook & Daniel R. Fischel, Contract and Fiduciary Duty, 36 J.L. & ECON. 425 (1993),442.

次日，公司发布公告，利好市场的消息使公司股票每股价格上涨到5.5美元，涨幅达到19%，股票年底报价5.75美元。被告持有这些股票一直到1977年年初，以大约每股10美元的价格卖出。法院认为被告必须回吐盈利。被告对RIT及投资者负有信义义务，不能利用公司未来交易的相关信息进行公司的股票交易，但是他依然买进了公司的股票。但是如何计算盈利？是以4.25美元到5.5美元的差价还是以4.25美元到10美元的差价？法院认为，因为被告可以在发布的消息被股票价格吸收后合法地买卖股票，违反信义义务的盈利应当是4.25美元与他可以合法买入股票的差价。法院认定，是《华尔街日报》12月31日的文章引起了公众的关注并对股票利好消息增加了可信性。文章发表后，证据显示股票价格快速上涨，并在1976年1月9日到达相对稳定值，每股的价格为6.5美元，之后价格在6.5美元上下浮动。法院认为，从1975年12月23日到次年1月9日为被告的背信欺诈行为获得全部利益的时间段，股票价格以后因其他因素的上涨不构成被告应当回吐的盈利。[1]

SEC v. MacDonald一案的信托是一种商事信托，对该案中被告所取得的收益法院并没有让其全部回吐，而是仅就利用内幕信息所获收益。这在利益分配方面是更合理的一个结果，当然利用内幕信息进行证券交易违反证券法的规定就是另外一个问题了。

与我国《信托法》规定的受托人责任相比，英美信托法上受托人的责任要严格得多。如果受托人未能遵守忠实义务则要承担违反信托的责任，并适用不再调查原则（no further inquiry rule）。根据这条规则，违反忠实义务的受托人承担相应的责任时，不再调查受托人违反忠实义务是不是给受托人带来事实上的利益，受托人是不是本着善意行事，交易是否公平，甚至在某些情形下，不再调查违

[1] S.E.C. v. MacDONALD, 568 F.Supp. 111 (1983).

反忠实义务的行为是否给信托或受益人造成了实际的损失。而且法院也经常高傲地宣称，受托人不得从事涉及自我交易或涉及产生利益冲突的交易的义务是“严格的”“绝对的”。[1]

四、受托人义务之信义义务属性

我国《信托法》的制定主要是借鉴了日本1921年的《信托法》。日本制定1921年《信托法》时一方面基于保护受益人利益，防止受托人的权限滥用，规定了受托人严格的义务与责任；另一方面与信托业法配套制定，为取缔当时信托业中的泡沫，对受托人也采取了严格的规制。因此，日本1921年《信托法》中受托人的法律地位不是建立在权利或权限的基础上，而是建立在义务和责任的基础上。[2]因此，我国《信托法》在制定过程中深受日本《信托法》的影响，也体现了以义务为中心的受托人制度。另外，中国固有的法律传统坚持义务本位，[3]对受托人规制采取义务本位符合中国的法律传统。

在英美信托法中，受托人的义务属于信义义务（fiduciary duty）。信义义务是一种独具特点的法律制度。在英美法发展过程中，普通法权益与衡平法权益的新奇分离导致了信义概念以及附属的义务与责任的产生。从信义概念的产生根源来看，其背后的政策原理以及它所保护的利益与大多数普通法权益相去甚远，其运行机制与其他私法完全不同，并且具有更加广泛的功能。信义概念的确立旨在维护具有社会、经济重要性或必要性的高度信任人际关系的正直，

---

[1] Austin W. Scott, William F. Fratcher, Mark L. Ascher. Scott and Ascher On Trusts, 5th ed., Wolters Kluwer, vol. III, 2006，§17.2, p1080.

[2] [日] 新井诚：《信托法（第四版）》，刘华译，中国政法大学出版社2017年版，第204–205页。

[3] 梅仲协：《民法要义》，中国政法大学出版社1998年版，第32页。

这一目的比任何其他的私法机制都高远。[1]

（一）信义关系

1. 信义关系的产生

信义义务产生于信义关系 (fiduciary relationship)。在英美法中，信义关系产生于两种情形中：第一，当事人基于合同创设，例如合伙人、本人与代理人、律师与客户，多数是由当事人自由选择创设的。在这种信义关系中，因为合同产生的约束对于受托人来说，其责任可以在任何时候自由地被终止。第二，其他的信义关系，如监护人与被监护人、父母与子女、受托人与受益人，则是由法律适用或他人行为产生的。在这些关系中对他人负有受托人责任的当事人不是自愿进入这些关系的，不能自由地终止。[2] 当然，通过判例也确定了在有些关系中不会产生信义关系，如受托人（bailee）与寄托人 (bailor) 之间（Hospital Products）；抵押人 (Pawnor) 与抵押权人 (pawww) 之间（Mathew v. TM Sutton Ltd）；终生地产保有人与剩余地产所有人之间 (Hospital Products)；医生与患者之间 (Norber v. Wynrib)；金融顾问与客户之间 (Commonwealth Bank of Australia v. Smith)；影响个体权益的法定权力 (Wik People v. Queensland per Brennan CJ)。[3]

信义关系一般有两个要素：信任与自由裁量权。[4] 首先，信义关系产生于信任。如果一种关系涉及一个人对另一个人判断与建议的信托、信任和信赖，那么信义关系就存在了。[5] 在判例 Hospital

[1] Leonard I. Rotman, Understanding Fiduciary Duties and Relationship Fiduciarity, 62 McGill L. J. 975,1003, (2017).

[2] Brunninghausen v. Glavanics [1999] NSWCA 199.

[3] 参见 jaani.net/resource/law_notes/equity_and_trusts/02_Fiduciaries.pdf。

[4] Hospital Products Ltd v. United States Surgical Corp(1984), 156 CLR 41. at 97.

[5] Kleer v. Tactical Allocation Grp., LLC, No. 298915, 2011 WL 4375237.

Products 中法官强调，如果一个人（受托人）有义务为了另一个人的最佳利益行事，并且另一个人对如此行事的人寄予了信任，信义关系通常也就产生了。[1] 其次，根据信义关系的特点，仅有信任未必在双方之间产生信义关系。信义关系产生的标志是受托人享有的高度自由裁量权。自由裁量权是受托人为了受益人的利益作出决定的能力，包括在一系列可能的选择中作出决定的能力。[2] 信义关系产生于高度信任的社会关系，而这种高度信任是以受托人所享有的自由裁量权为主要标志的。具体到信托来说，受托人一旦接受了任命，就与信托的受益人形成信义关系。[3] 自由裁量是信义关系中广为人们承认的一个重要方面。[4] 反之，如果两人建立的关系，没有把自由裁量权授予受托人，那么他的行为就不受信义限制。[5]

2. 信义关系的特点

第一，信义关系是个难以界定的概念。从司法实践到学术研究都没有给出信义关系合适的定义。即使在英美法系法官们的眼里，信义关系也是一个难以界定的概念。法官们不止一次地强调，信义关系是一种难以捉摸的状态，[6] 信义关系的精确轮廓难以表述，[7] 因为信义关系的存在取决于个案的事实与情形，所以不存在一个确

[1] Products Ltd v. United States Surgical Corp (1984) 156 CLR 41.

[2] Remus Valsan, Fiduciary Duties, Conflict of Interest, and Proper Exercise of Judgment, 62 McGill L. J. 1 , 8 (2016).

[3] A. Scott & W. Fratcher, The Law of Trusts § 170.

[4] D. Gordon Smith; Jordan C. Lee, Fiduciary Discretion, 75 Ohio St. L.J. p609, 610 (2014).

[5] Deborah A. DeMott, Beyond Metaphor: An Analysis of Fiduciary Obligation, 1988 DUKEL.J. p879, 901.

[6] Franklin Supply Co. v. Tolman, 454 F.2d p1059, 1065 (9th Cir. 1972).

[7] Keenan v. D.H. Blair & Co., 838 F. Supp. p82, 89 (S.D.N.Y. 1993).

切的可以广泛适用的信义关系定义。[1] 学术界也有着类似的认知，认为没有一个概念可以包含所有信义关系，信义关系的存在是一个事实问题，[2] 持同样观点的学者也认为，信义关系缺乏一般定义的原因是信义关系出现在很多情形之中，使得法律的一般界定非常困难或不可能。[3] 但是，在一个英美法学者经常引用的案例 Tate v. Williamson [4] 中，切尔姆斯福德（Chelmsford）勋爵却从另一个角度阐明了法院避免给出确切“信义关系”定义的原因：适用于常见信义关系的原则早就确立了，但是法院一直很谨慎，不愿确定信义关系实施的确切界限，从而限制它们的有效司法适用。[5] 不给出确切的定义，似乎是英美法系的一种智慧。基于此，美国的成文信托立法如《信托法重述》《统一信托法典》，都没有给出信义关系的一般定义。

第二，信义关系以受托人享有的自由裁量权为主要标志。自由裁量权是一柄“双刃剑”，一方面它赋予了受托人根据实际情况灵活处理受托事务的权利；另一方面也使受益人的利益置于易被受托人损害的风险之中。在信义关系中，控制并享有财产剩余利益的所有人（owner）把对财产无限制的管理权授予了管理人（manager）。信义关系是经济代理关系的一部分，其中，受托人的自由裁量权只要不损害所有人授予控制权的目标，就不为信义义务之外的任何机

[1] Manassas Travel, Inc. v. Worldspan, L.P., No. 2:07-CV-701-TC, 2008 U.S. Dist. LEXIS 35217 (D. Utah Apr. 30, 2008).

[2] Farragut Mortg. Co. v. Arthur Andersen, LLP, No. 95-6231-B,Massachusetts Superior Court,Nov. 15, 1996.

[3] Tamar Frankel. Fiduciary Law, Oxford University Press, 2011，2.

[4] (1866) L.R. 2 Ch. App. 35.

[5] Robert C. Muir, Duties Arising Outside of the Fiduciary Relationship, 3 Alta. L. Rev. p359 , 360(1964).

制（device）所限制。[1] 信义关系区别于其他关系的关键在于无限制的管理权授予。在具有所有权与控制权分离特征的特定关系中施加信义义务具有正当性。[2] 有判例指出，信义关系具有三个特点：一是受托人行使自由裁量权或权利存在确定的范围；二是受托人可以单方面行使裁量权或权利以影响受益人事实上或法律意义上的利益；三是受益人特别容易受到持有裁量权或权利的受托人的伤害，或受到受托人的控制。[3] 可见该判例以自由裁量权作为分析信义关系的重要标准。在信义关系中受托人享有广泛的自由裁量权，这是受托人负有较为严苛信义义务的主要原因，也是信义关系成立的必要条件，没有受托人的自由裁量权，信义关系很难产生。

第三，信义关系只会产生于基于高度信任的特定社会关系。单从受托人享有自由裁量权决定受益人利益这一点来看，信义关系只会产生于特定具有高度信任特点的社会关系中。基于权利与义务均衡配置的原则，广泛的自由裁量权必然会有严苛的信义义务进行制约。基于高度信任产生的自由裁量权以及与之对应的较为严苛的信义决定了信义关系只能产生于限定范围内的社会关系，也就是说，信义关系并不是一种在我们生活中普遍存在的社会关系。

（二）信义义务的特点

信义关系中的当事人主要是受托人（fiduciary）与受益人(beneficiary)。受托人对受益人负有信义义务。对于信托的受托人来说，信义义务有三个来源：判例法、成文信托法与信托文件。[4] 确

[1] Larry E. Ribstein, Are Partners Fiduciaries?, 2005 U. ILL. L. REV. p209,215.

[2] Larry E. Ribstein, Are Partners Fiduciaries?, 2005 U. ILL. L. REV. p209,217.

[3] Lac Minerals v. International Corona Resources 1989 CanLII 34 (SCC).

[4] Frank N. Ikard, Jr. Trust Litigation Suing and Defending A Trustee For Breach of Fiduciary Duty, page i. https://fliphtml5.com/xidf/ikzn/basic/101−108.

定一个人是受托人是信义关系分析的开始，它指明了深入分析的方向。受托人是谁的受托人？作为受托人有什么义务？在哪些方面能履行这些义务？他偏离这些义务的后果是什么？[1] 即使在英美法系国家，对信义义务的研究也并不系统与全面，依然给学者们带来诸多的困惑。有学者曾形容信义义务是“凌乱的”（messy），[2] 还有学者认为信义义务像原子一样的“细微”（atomistic），[3] 信义义务让人“难以琢磨”（elusive），[4] 有研究强调“信义法是人们所知最少的法律制度之一”。[5] 在判例中，法官也发出感慨，没有几个法律概念能像信义关系那样如此经常引人注目但却概念如此不确定。[6]

从已有的研究来看，信义义务有以下特点：

第一，信义义务是具有高度道德性的义务。卡多佐法官曾把信义义务界定为“最忠实的义务”，受托人“应当坚守比市场道德还要严格的东西，不只是诚实，还有荣誉的细节或最敏感的约束，才是行为标准。”[7] 信义忠实义务要求受托人为了受益人的利益牺牲其自身的利益，任何损害受益人利益的行为都构成对信义忠实义务

[1] Securities and Exchange Commission v Chenery Corporation, 318 US 80 at 85 86, (1942).

[2 D. Gordon Smith, The Critical Resource Theory of Fiduciary Duty, 55 Vand. L. REV. 1399, 1400 (2002).

[3] Deborah A. DeMott, Beyond Metaphor: An Analysis of Fiduciary Obligation, 1988 DUKE L.J. 879, 915.

[4] Margaret M. Blair & Lynn A. Stout, Trust, Trustworthiness, and the Behavioral Foundations of Corporate Law, 149 U. PA. L. REV. 1735, 1743 (2001).

[5] Leonard I. Rotman, Fiduciary Law ' s "Holy Grail" : Reconciling Theory and Practice in Fiduciary Jurisprudence, 91 B.U. L. REV. 921, 923 (2011).

[6] Lac Minerals Ltd v. International Corona Resources Ltd, [1989] 2 SCR 574 at 596–597 (1989).

[7] Meinhard v. Salmon, 164 N.E. 545, 546 (N.Y. 1928).

的违反。[1] 可见受托人负有的信义义务要求受托人在信义关系中是一个不能顾及自我利益的无私高尚的道德人。信义义务制度颇具衡平法特色，体现了强烈的道德色彩和较高的行为标准。信义义务之所以成为法律中最高标准的注意与忠实义务，在于受托人负有保障受益人利益并使其利益最大化的义务。[2] 另外，由于受托人享有广泛的自由裁量权并决定受益人的利益，其行为规范就不可避免地遵守更高的标准。

第二，信义义务制度设定更为高远的法制目标。信义义务制度产生于衡平法对早期严苛与僵化的普通法补救过程中。[3] 当时尤斯（use）中的受益人在受到受托人侵害时却不能在普通法院获得救济，因为受托人是财产上的所有人，受益人不能按照普通法要求受托人将财产利益交付自己，诸多受害人转向衡平法院寻求救济。衡平法院因此在普通法规则之外创制了弥补普通法严苛、僵化之不足的衡平规则，逐步确定了受托人维护受益人利益的信义义务。普通法权益与衡平法权益的分离导致了信义概念以及附属责任的产生。信义义务体现了“最后求助原则”。信义义务“只有在所有其他源自宪法、成文法、条例（regulations）、命令（ordinances）、普通判例与合同等可潜在适用的规范穷尽的时候，才能启动适用”。考虑信义义务后的决策空间就是自由裁量。[4]

从信义概念的产生根源来看，其背后的政策原理以及它所保护的利益与大多数普通法相去甚远，其运行机制与其他私法完全不同，

[1] D. Gordon Smith, The Critical Resource Theory of Fiduciary Duty, 55 VAND. L. REV. 1399, 1400 (2002),1410–1141.

[2] Breach of Fiduciary Duty, https://axelrodpc.com/practice–areas/fraud/breach–of–fiduciary–duty/，2021–11–13.

[3] George T. Bogert, Trusts, 6th edi., West Publishing Co.,1987, p9.

[4] D. Gordon Smith, Doctrines of Last Resort, in Revisiting The Contracts Scholarship Of Stewart Macaulay: On The Empirical And The Lyrical p426, 427.

并且具有更加广泛的功能。

（三）信义义务的内容

受托人的信义义务内容广泛，但可以分为核心信义义务和辅助信义义务。核心信义义务主要包括谨慎义务、忠实义务和公平义务。辅助信义义务主要是指对核心义务起辅助或支持作用的义务，包括受托人信赖他人、与他人（如代理人、共同受托人）共事时履行受托人职责的行为标准，受托人在信托管理中公开透明的信义标准，如向受益人进行信息披露、保管信托管理文件、标示信托文件等内容。辅助信义义务主要是为受托人义务的履行、受益人权利保护和信托目的实现提供便利。[1]

在普通法国家，特别是美国、英国，信义义务中的注意、技能和勤勉一直是信义义务的核心。根据 Langbein 教授的观点，信义管理规范下的信义义务可以归结为忠实义务与谨慎义务两个方面，[2] 另有学者认为注意义务与忠实义务才是信义法中最基本的两项义务。[3] 其实，就注意义务与谨慎义务而言，两者并没有实质的区别，但是，信义义务中的注意义务与其他法律部门的注意义务有着较大区别。以信义义务中的注意义务与侵权法、合同法中的注意义务进行比较则会发现，后者是一种避免引起可以合理预见的伤害行为的消极义务，而信义注意义务则不同，它是一种积极义务，要求在决定是否以及如何实施信义权利时尽到谨慎。另外，信义注意义务需要实施“技

[1] Restatement (Third) of Trusts Chapter 15 Introductory note. (2005).

[2] John H. Langbein, The Contractarian Basis for the Law of Trusts, 105 YALE L.J. p625, 655 (1995).

[3] Melanie B. Leslie, Trusting Trustees: Fiduciary Duties and the Limits of Default Rules, 94 GEO. L.J. p67, 95 (2005).

能”，因为受托人需经过一些特别的训练或拥有专业知识。[1]法院总结的谨慎义务标准是受托人实施“一个合理谨慎的人在管理自己事务”时相同程度的注意义务。当然，有一些法院或学者认为注意义务不是一种信义义务，而是在分散的法律领域中调整特定关系的产物，如信托法和公司法。

忠实义务是源自信义关系的中心义务。忠实义务要求受托人为了受益人的最佳利益行事，要求受托人对受益人尽最大的忠实。忠实义务可以细分为两项基本义务：第一，禁止利益冲突，受托人不得将自己置于一个其利益会引发利益冲突的地位；第二，禁止谋利，受托人不得通过信托谋取利益。忠实义务禁止受托人为了自身利益使用权利、使用权利为第三方谋利、把权利授予第三方、没有获得所有受益人的同意为相互间存在利益冲突的多方当事人充当受托人、不公平地对待受益人。[2]

公平义务产生于存在多个受益人的情形之中。如果存在多个受益人，确定多数受益人的最佳利益并为此行事就是相对困难的事了，特别是不同层级的受益人利益存在冲突的情形。在这种情形下，忠实义务就衍生出公平义务，要求受托人以公正的方式行使权利。考虑到养老基金受益人利益的范围，要达到这一标准是具有挑战性的。公平义务不强制要求平等的结果，甚至是平等地对待。[3]

（四）信义义务的威慑与遏制功能

如同一个案件中法官所强调的，“人性就是人性，当一个人处

[1] Edward J. Waitzer; Douglas Sarro, The Public Fiduciary: Emerging Themes in Canadian Fiduciary Law for Pension Trustees, 91 Can. B. Rev. p163 (2012)，179.

[2] Edward J. Waitzer; Douglas Sarro, The Public Fiduciary: Emerging Themes in Canadian Fiduciary Law for Pension Trustees, 91 Can. B. Rev. p163 (2012)，183–184.

[3] Edward J. Waitzer; Douglas Sarro, The Public Fiduciary: Emerging Themes in Canadian Fiduciary Law for Pension Trustees, 91 Can. B. Rev. p163 (2012)，183–185.

于受托人的位置受到的支配是利益而不是义务的时候，就存在危险。”[1] 当一个人为了他人的利益行事时，没有强有力的威慑规则是难以保障目的的实现的。严格的义务规则，可以帮助受托人拒绝利益诱惑，远离个人利益的支配，从而服务于受益人的利益。在受托人违反信义义务时，委托人或受益人不必向法院证明其因为受托人违反信义义务而遭受损失。

传统学术界一直认为，最好把广泛存在的信义关系理解成引导受托人本着最大善意和忠实行事、对抗自私行为的命令。[2] 英美法系的信义义务不仅体现在严格的行为标准上，更实质地体现在违反信义义务的法律责任上。信义法的核心功能是威慑，它以违反信义标准的事后责任作为威慑，引导受托人为了受益人的最佳利益行事。[3] 信义义务禁止受托人从事与其地位职责不相符的事，从而具有遏制功能。并且，这种遏制相应地导致了对社会认为有益的关系进行监管但又避免了可能会妨碍其社会功用的正式监管的必要性。[4]

信义义务另外还具有监督功能。在信义关系的基本形式中，它提供了一种保护：它保护这种关系中需要这种保护的当事人而不必寻求改变这种关系的基本目标。因此，从某种意义上说，信义关系是一种监管机制：它具有监督特定关系的功能，以防止潜在的衡平义务违反为基本目标，并对已经发生的衡平义务违反情形下的各方提供救济。[5]

---

[1] Bray v Ford [1896] A.C. 44.

[2] Kelli A. Alces, Larry Ribstein's Fiduciary Duties, 2014 U. Ill. L. Rev. p1765 (2014), 1766.

[3] Jesse Dukeminier, Robert H. Sitkoff, Wills, Trusts, and Estates 9th ed. Wolters Kluwer Law & Business, 2013, p586.

[4] Hodgkinson v. Simms, [1994] 3 SCR 377.

[5] Samantha J Hepburn,Principles of Equity and Trusts,2nd edition,2001 , Cavendish Publishing (Australia) Pty Limited, New South Wales, p81.

五、信义义务制度在我国的应用

（一）信义义务制度在行政、司法活动中的应用

虽然我国的规范性法律文件中没有使用“信义义务”这一术语，但这并不表明我国立法中没有信义义务的制度安排。我国《公司法》规定董事对公司负有忠实义务，《信托法》第二十五条规定受托人应当为了受益人的最大利益处理信托事务，恪尽职守，履行诚实、信用、谨慎、有效的管理义务，这些规定与英美法系的信义义务大致相同。从实践角度看，信义义务在我国已不再局限于一个学理概念，“信义义务”这一表述也开始逐步出现在我国监管部门的官方文件中。[1] 国内有不少学者认为资产管理人对投资人负有信义义务。有研究以《证券投资基金法》为依据，提出我国目前的法律已对证券投资基金、养老基金等机构投资者的信义义务进行了规范。[2] 在《关于规范金融机构资产管理业务的指导意见》（以下简称《指导意见》）出台后，有文章强调，《指导意见》作为对中国资管行业进行统一监管的规范性文件，其核心之一就是确定了金融机构作为受托人的信义义务，[3] 有观点强调信义义务是资管行业监管的重要支柱。[4]

在司法活动中，有些法院也开始在判决书中引入信义义务的表述，并以此为标准来确定当事人是否在履行自己应负的义务。

2016 年 10 月，春阳公司与包括郭某霞在内的 10 名自然人签订

[1] 《中国证监会市场禁入决定书》〔2019〕6 号。证监会在该处罚文件中认为当事人违反合同约定或未经投资人同意挪用基金财产，违背了信义义务。

[2] 王心怡：《我国机构投资者信义义务体系的反思与重构：以尽责管理义务的引入为视角》，载《法商研究》2017 年第 6 期。

[3] 胡继晔：《金融机构资产管理中受托人信义义务简析》，载《清华金融评论》2018 年第 3 期。

[4] 姜宇：《论资产管理业务法律规制的第三支柱：信义义务规则——兼评〈关于规范金融机构资产管理业务的指导意见〉》，载《上海金融》2018 年第 12 期。

《深圳春阳鑫材新能源产业投资基金（有限合伙）合伙协议》（以下简称《合伙协议》），内容包括，春阳鑫材基金采取有限合伙企业形式，以春阳公司作为普通合伙人执行合伙事务，郭某霞等人作为有限合伙人。郭某霞认缴了100万元出资额。合伙企业内部设立由基金管理人委派的三名委员组成的统一的投资决策委员会，负责审议和表决投资项目的立项、投资及退出等工作。2016年10月31日，春阳鑫材基金以每股3.9元认购嘉元公司非公开定向发行的600万股普通股，持股比例4%。2017年4月25日，鑫阳合伙企业通过全国股转系统受让他人所持有的嘉元公司股份，持股比例升至10.79%。2018年1月8日，春阳鑫材基金召开项目投资决策会议，投资决策委员会一致决定，从2018年1月开始以不低于每股8元的价格减持所持有嘉元科技全部股份。2018年9月29日，春阳鑫材基金召开全体合伙人会议，全体合伙人均投票同意从2018年1月开始以不低于每股8元的价格减持所持有的嘉元科技全部股份。截至2019年2月28日，春阳鑫材基金所持嘉元科技600万股股份已全部减持完毕。郭某霞净收益总额为825303.66元。2019年7月23日，嘉元科技在上交所科创板上市。本次发行价格为每股28.26元。郭某霞认为，在春阳公司的刻意引导下，原告于2019年5月13日退出春阳鑫材基金。但是在春阳公司担任合伙事务执行合伙人的另一家合伙企业在春阳鑫材基金退出嘉元公司的过程中却增持嘉元公司股份，因此被告违反了忠实勤勉义务，应承担赔偿责任。

法院认为，根据《私募投资基金监督管理暂行办法》，春阳公司作为春阳鑫材基金的管理人，对基金投资者负有法定与约定的信义义务。信义义务主要包括忠实义务和注意义务。根据忠实义务，春阳公司应当忠于受托目的和受益人的利益，抵御利益冲突，不应当以牺牲受益人利益而谋求自身或他人利益；根据注意义务，春阳公司行使自由裁量权管理和处分财产时须恪尽审慎投资义务。在该案中，春阳鑫材基金的投资决定与退出，由投资决策委员会审议表决决定，春阳公司并无最终决定权。在春阳公司担任管理人的另一家基金中，投资决策委员会的3位委员中2名由春阳公司委派，1名有限合伙人委员，具有1票否决权。由此表明，鑫材基金与鑫阳基金存在作出不同方案之可能性。因此，不能以两只基金的投资决策有差异，即认定春阳公司不公平地对待其管理的不同基金财产，所以驳回郭某霞的诉讼请求。[1]

（二）信义义务与诚实信用

诚实信用原则最初以契约履行的任意规范形式出现在一些国家的民法典中，后来才作为债的一般履行规则扩至一切民事活动的强行规范确定下来，成为民事规范的“帝王条款”。[2]英美法系没有建构像大陆法系一样完整的民法体系，诚实信用原则并不是作为基本民法原则存在的，而是在多数场合下作为合同履行和争议解决的一个原则存在。[3]

与信义义务道德化的色彩一样，诚实信用体现了法律对道德观念的吸收，[4]诚实信用原则是道德准则的法律化。[5]道德作为一种社会规范融入法律应当解决的问题是，什么标准的道德规范应当成为法律规范。法律是社会共同体所有人的道德最大公分母，是绝大

[1] 参见广东省深圳前海合作区人民法院民事判决书（2020）粤0391民初2174号。

[2] 江平、程合红、申卫星：《论新合同法中的合同自由原则与诚实信用原则》，载《政法论坛》1999年第1期，第8页。

[3] 徐国栋：《英语世界中的诚信原则》，载《环球法律评论》2004年秋季号，第375页。

[4] 江平、程合红、申卫星：《论新合同法中的合同自由原则与诚实信用原则》，载《政法论坛》1999年第1期，第8页。

[5] 梁慧星：《诚实信用原则与漏洞补充》，载《法学研究》1994年第2期，第24页。

多数社会成员可接受的最低限度的道德。[1] 法律是以互助论道德或交换型道德的“中人”标准制定的，而不是以利他主义道德的“上人”标准制定的，否则，法律将成为纸上的法。[2] 从这个意义上说，信义义务的标准高于诚信义务。诚实信用在一定程度上表现为不为“恶”行损害他人的底线约束，而“信义”则要求受托人通过自由裁量权的行使，维护、实现受益人的最佳利益，是一种尽全力为“善”行造福他人的行为模式。以适用诚信原则的合同领域为例，交易的双方通过合同的履行来实现各自的利益，因此双方只要守诺重信，不损害对方当事人利益就达到标准，并不要求一方当事人实现对方当事人的最大利益。同时，诚信和公平作为合同关系的行为标准或合同解释规则，也不会导致当事人之间产生独立信义义务。[3] 即使信义义务产生于合同关系，但只要信义关系成立，法律就会放弃合同法通常的假定与标准，而采用更严格的信义标准。[4] 显然，诚信义务与信义义务属于两种不同的义务体系。

诚实信用作为道德规范转化为法律规范后，它对主体间社会关系的主要作用在于实现主体间的利益平衡。国内不少研究都把诚实信用原则作为实现多方主体利益平衡的重要机制。诚实信用原则体现了社会本位，主体实现自己的利益时应当以尊重他人利益和社会利益为前提。[5] 诚实信用原则作为市场经济活动的准则，要求市场主体不能在损害其他竞争者、社会公益和市场道德秩序的情形下，

[1] 徐国栋：《论市民法中的市民》，载《天津社会科学》1994 年第 6 期，第 97 页。
[2] 徐国栋：《论市民法中的市民》，载《天津社会科学》1994 年第 6 期，第 97 页。
[3] Scott W. Dolson，Fiduciary Duty Standards of Counduct for Kentucky LLCs, p3, https//cdn.ymaws.com/www.kybar.org/resource/resmgr/Hot_topics/2011_hottopic_01.pdf.
[4] Christopher M. Cutler, Thomas Arnold. Accountants' Liability, PLI Press, 2017.
[5] 江平、程合红、申卫星:《论新合同法中的合同自由原则与诚实信用原则》，载《政法论坛》1999 年第 1 期，第 2 页。

去实现自己的利益。[1] 诚实信用原则被解释为在民事活动中民事主体维持双方利益平衡以及平衡当事人利益与社会利益的准则。[2] 而在信义义务的语境中，利益平衡不再是一个需要重点考量的问题。在信义关系中，受托人享有充分自由裁量权处理信托事务、管理信托财产，以维护、实现受益人的最佳利益。在传统的民事信托关系中，受益人的最大利益是受托人唯一需要考虑的利益，受托人在信托文件规定利益之外不得再谋取其他任何利益。而在诚实信用语境中，义务人绝大多数情形下并不需要谋求对方最大利益，只要在未损害对方当事人、第三方或社会公益的前提下去追求自己的利益最大化，诚实信用很大一部分功用在于实现不同主体间的利益平衡。

基于上述的分析，我国诸多法律及规范性文件中使用的“诚实信用”并不能完全覆盖信义义务中维护实现受益人最佳利益的内涵。如果认为诚实信用等同于信义义务，则不可避免地会拉低信义义务的标准，不能发挥信义义务制度的独特功能。[3] 正如有学者所强调的那样，如果一味套用传统的民法理论解读信托的“忠实义务”，最终结果可能会背离信托基本原理，从而扼杀信托制度特有的生命力。[4] 对信托制度切入现有民法制度的努力值得肯定，但是，削足适履般地改造势必会在很大程度上放弃信托独具特色的制度魅力。

[1] 梁慧星：《诚实信用原则与漏洞补充》，载《法学研究》1994 年第 2 期，第 24 页。

[2] 徐国栋：《诚实信用原则二题》，载《法学研究》2002 年第 4 期，第 75 页。

[3] 于朝印：《我国资产管理人信义义务制度的建构与完善》，载《齐鲁金融法律评论（2021 年卷）》，第 239 页。

[4] 张军建：《受托人的忠实义务与善管义务》，载《河南财经政法大学学报》2012 年第 4 期，第 85 页。

第三节 受托人的权力与权利

在大陆法系国家的信托立法中，英美信托法中受托人的权力少有出现。日本2006年之前的《信托法》、韩国的《信托法》、中国大陆与台湾地区的《信托法》等法律文本，根本没有像英美信托法一样规定受托人管理信托事务、处分信托财产及投资等各项权力，大都是从义务角度来规范受托人的行为方式。在大陆法系各国及地区的信托法中，受托人对信托财产的管理和处分，通常以受托人的职责进行定位。英美信托法中受托人“权力”与“权利”的含义存在很大的差异，因此，在许多注重英美信托法法律文本的相关研究中，都会对受托人权力与权利进行区分。[1]

因此，可以说大陆法系国家在移植信托制度过程中，对于受托人权利、义务的设计采取了不同于英美法系的做法，采用了义务本位的原则。在英美法系中，基于受托人公正无私的应然道德假设，信托法赋予了受托人在信托财产上的普通法所有权，授予其为受益人利益而管理信托财产、处理信托事务的权力。但是大陆法系国家在移植信托制度的过程中，由于以衡平理念为核心的信托文化与传统在大陆法系国家的缺失，英美法系中公正受托人的假设成了最根本的障碍，英美法系中对受托人进行制衡基础上的赋权在移植信托制度的大陆法系变异成了以义务为本位的规制。

通过两大法系信托立法与相关学术研究的梳理，可以发现，受托人的权力日益成为学术研究中关注的重点问题。对于移植信托法的大陆法系国家和地区来说，到目前为止依然没有从立法的角度确

[1] 施天涛、余文然：《信托法》，人民法院出版社1999年版，第111-120页；周小明：《信托制度比较研究》，法律出版社1996年版，第150-172页；高凌云：《被误读的信托——信托法原论》，复旦大学出版社2010年版，第92-100页。

认受托人的权力，但是大陆法系的信托法制也出现了一些变化。日本 2006 年新修正的《信托法》第二十六条对受托的权限范围作了一般规定。[1] 这在义务本位的大陆法系可以看作巨大的进步了，尽管与美国《统一信托法》或英国《受托人法》中关于受托人权力详细、全面的规定对比，这种变化似乎不值一提。

一、英美信托法中的权力与权利

在英美法系中，权利（right）和权力（power）的含义存在明显区别。对于民事主体来说，权利意味着主体可以做某事或拥有某物，为法律承认并保护的某些利益，权力指主体从事某事或完成某事的能力（ability），包括要求他人做某事、执行文件、订立合同、取得权利、行使权利及其他行为。美国《信托法重述（第三版）》第十章对受益人权利和权益（right and interest）性质进行规定时，使用的是“right”一词。英美国家信托立法，赋予受托人处理信托事务、管理信托财产的为权力（power），而不是使用“right”这一术语。从术语适用的主体来看，英美法使用“right”一词时，较为强调主体享有某种受保护的利益，而使用“power”一词时，通常强调主体享有管理、处置的权限或能力。

美国《信托法重述（第三版）》第八十五条对受托人权力的范围作了一般性规定。受托人在管理信托过程中，除非受到成文法或信托条款的限制，受托人对信托财产享有的全部权力如同一个具有完全行为能力（legally competent）的未婚人士就其个人财产享有的权力一样，受托人享有成文法或信托条款所授予的权力，以及为《信托法重述（第三版）》其他条款所承认的特别适用于信托管理的权力。

---

[1]《日本信托法》第二十六条：为了实现信托目的，受托人有权就信托财产项下之财产行使必要的管理或自处分行为，但是不妨碍以信托行为对其进行权限加以限制。

除非信托条款另有规定，受托人的权力可以转移给后继受托人并由其行使。[1]

在英国发展起来的早期信托法，曾经非常严格地限制受托人的权力。这反映了当时对于受托人权力滥用或不当管理风险的担忧，以及当时多数信托限定的信托目的。随着时代变迁，衡平救济和信义标准的发展，以及信托作用的多元化，赋予受托人的权力逐步地并且非常稳定地通过司法判例和立法得以扩张。[2]

美国《统一信托法典》（UTC）对受托人权力作了与《信托法重述（第三版）》大体相同的规定，需要强调的是，UTC 还对受托人在信托管理过程中可能行使的权力作了具体的列举规定，包括收集信托财产、获得或出售财产、交换、分割或改变信托财产特征、存款等二十六项权力。[3] 在英美信托法中，受托人的权力是受托人可以选择行使的权利，[4] 一般认为受托人的权力行使并不是义务性（mandatory）的，受托人没有义务去行使权力，权力只是为受托人提供便利。[5] 美国《统一信托法》的评论中也指出，受托人拥有权力并不意味着受托人有义务必须行使这些权力。[6] 此外，受托人对权力的行使享有自由裁量权。在实践中，法院不会强制受托人行使其权力，也不会强迫受托人对其权力行使或不行使作出说明。一般而言，受托人的权力行使不必和受益人商讨，也没有义务按照受益

[1] Restatement (Third) of Trusts §85(2007).

[2] Restatement (Third) of Trusts §85,cmt a,(2007).

[3] Uniform Trust Code(Last revised or Amended in 2010), §816.

[4] Samantha J Hepburn. Principles Of Equity And Trusts, 2nd Edition, London, Cavendish Publishing (Australia) Pty Limited, p355.

[5] Richard Edwards & Nigel Stockwell，Trust and Equity, 5th Edition, Pearson Education Limited, 2002, p343.

[6] National Conference Of Commissioners On Uniform State Laws. Uniform Trust Code (Last Revised or Amended in 2010), p161 [EB/OL], [2020-05-13] . http://www.uniformlaws.org/shared/docs/trust_code/utc_final_rev2010.pdf.

人的指示行事；同样，受托人的权力行使也不应唯委托人的指令是从。[1]

从制定法的角度分析，受托人权力内容在历史维度呈现出不断扩张的趋势。英国《1925年受托人法》确定了受托人销售、出具收据、了结债务、筹集款项、投保等多项权力；《1961年受托人投资法》赋予了受托人投资的权力；《2000年受托人法》赋予了受托人一般投资权力、雇用代理人、任命指定人或保管人等权力。美国《统一信托法典》第815条规定了受托人的一般权力，第816条列举了在信托文件中或立法中可能包含的受托人的具体权力，包括收取信托财产、取得信托财产权、处分信托财产权等二十六项权力。可见，受托人权力的范围随着信托的广泛应用在不断地扩展。《信托法重述（第三版）》与《统一信托法》（UTC）基本承认受托人在管理方面事实上拥有无限制的权力，除非被信托条款或应适用的成文法所排除。[2]

受托人权力具有他益性和约定性特点。受托人权力的他益性是指受托人权力的行使是为了受益人利益，而不是为了自身利益；受托人权力的约定性是指当事人可以通过信托文件或合同方式对权力的内容、行使方式等作出约定。[3]

二、我国《信托法》上的受托人权力

在大陆法系移植信托法的过程中，很难构建出类似英美信托法的受托人权力制度。具体到我国，“权利”一词系清末变法自日本输入，与英美法系“权利”和“权力”使用习惯不同。

[1] John Duddington, Essentials Of Equity And Trusts Law, Pearson Education Limited, 2006, p261−262.

[2] Edward C. Halbach, Jr. Trusts, Harcourt Legal & Professional Pubns, 2007, p178.

[3] 于朝印：《信托合同视闭下的信托受托人权力》，载《东岳论丛》2017年第4期，第171页。

首先，在大陆法的传统中，权利一般由私法的民事关系主体如公民、法人或其他组织等所享有；权力一词则是由公法主体享有。英美法系中信托受托人所享有的权力，在大陆法系的信托法中通常以权利来表述或概括。一般来说，在我国的法律语境中，私法主体不管享有某种利益，或具有为某事的资格与能力，一律使用“权利”这一术语表达，“受托人权力”的表述不符合中国法律表达习惯。基于这一传统，即使受托人享有像英美信托法中受托人一样的权力，也只能使用“权利”予以表述。因此，在大陆法系信托法制的语境中不能体现英美法系信托法中受托人“权利”与“权力”的区别。在立法层面，虽然我国《信托法》确定的受托人获取报酬权、求偿权等权利制度大致对应了英美信托法中受托人的权利（right），但是我国的《信托法》与其他移植信托制度的大陆法系国家一样，没有构建出像英美信托法一样的受托人权力制度。

其次，两大法系的立法者对受托人存在不同的理论假设。在英美法系，早期的民事信托发展过程中，受托人履行职责是一项高尚的荣誉，受托人不收取报酬成为信托法的一项原则。[1] 受托人的身份彰显着一种荣誉，基于对受托人的信任，信托法赋予了受托人在信托财产上的普通法所有权，授予其为受益人利益管理信托财产、处理信托事务的权力，这实质上体现的是立法者对受托人公正无私的“道德人”假设。但是，大陆法系国家对信托制度的移植，主要在于信托的商事应用，因此信托法规范主要是以商事应用为导向进行设计的，所以，大陆法系信托法中对受托人规范的设计是以“经济人”的假设为基础的。“经济人”的假设必然暗含信任的缺失，这无疑成为大陆法系信托法制对受托人赋权的理论障碍。大陆法系移植信托制度的主要意旨在于商事目的，在快速发展的各种商事信托机制中，受托人通过与委托人之间的合同机制突破了立法上的束

[1] 何宝玉：《信托法原理研究》，中国政法大学出版社 2005 年版，第 237 页。

缚，获得了类似于英美信托法中受托人的权力。

大陆法系信托法制实践中的受托人在管理信托财产和处理信托事务的过程中，虽然管理、处分等权利作为履行职责的工具实际存在着，但这也只是当事人约定的权利，而不是法律上明文规定的权利。[1] 权利与义务正好是相对的范畴，术语的选择适用为义务本位的确定提供了表达上的便利。

可见，在衡平法基础上发展起来的信托制度移植到大陆法系国家后，受托人权力成了立法中的奢侈品。考察大陆法系国家的信托立法，英美信托法中受托人管理信托事务、处分信托财产的各项权力（power）少有出现。可以说，大陆法系国家在移植信托制度过程中，对于受托人的规制概括地说就是采用了义务本位的规制原则。这种规制的区别主要源于两大法系的立法者对受托人不同的假设上。但是，大陆法系国家在移植信托制度过程中，由于以衡平理念为核心的信托文化与传统缺失，观念上缺乏对受托人的信任，英美法系中公正受托人的假设没有实践与理论支撑，其对受托人进行制衡基础上的赋权在移植信托制度的大陆法系也就变异成了以义务为本位的规制。具体到我国，中国固有的法律传统坚持义务本位，[2] 对受托人的规制采取义务本位更符合中国的法律传统。这种义务本位的规制，在立法上表现在三个方面：其一，在立法上对信托的界定并未明确委托人向受托人转移信托财产的所有权，因此通过信托法的规范并不能确定受托人作为信托财产所有人的地位；其二，立法赋予委托人知情权、指示权、撤销权甚至是解任权等权力，使受托人在履行职责过程中受到委托人的制约；其三，立法上并没有赋予受托人相应管理信托财产、管理信托事务的权利，只是规定了受托人应当履

[1] 于朝印：《信托合同视闭下的信托受托人权力》，载《东岳论丛》2017 年第 4 期，第 172 页。

[2] 梅仲协：《民法要义》，中国政法大学出版社 1998 年版，第 32 页。

行的各种义务，在完整的权义结构中权利的缺失，实际上是一种权义结构的缺陷。

为保持话语体系的清晰，本书采用英美法系受托人“权利”与“权力”区分使用的原则。“权力”指受托人处理信托事务，管理、运用与处分信托财产的权限；“权利”指受托人可以获得的各种利益。本书引用的文献对受托人“权利”与“权力”未作区分的，尊重原作者的表述。

具体到我国的《信托法》，受托人是否享有与英美信托法中受托人一样的权力？从实然的角度分析，我国《信托法》并没有一个条文对受托人管理信托的权力作出规定。但是，受托人处理信托事务、管理和处分信托财产是受托人的基本权力，它伴随信托关系而产生，没有受托人的权力，信托目的就无法实现。大陆法系国家在移植信托过程中，借助信托的定义以及对受托人义务的规定，抽象肯定了受托人权利。[1] 从权利与义务对应的角度来说，受托人负有严苛的信义义务，相应地应享有与义务对应的权利，即使《信托法》没有明文规定受托人的权利，但基于信托管理的需要，受托人管理信托的权利也是必需的配置。还有研究指出，根据受托人权利所包含的利益内容可以分为“他益权”与“受益权”，“他益权”是指受托人履行信托管理职责的权利，而“受益权”是指与履行受托人职责无关的权利。这种“他益权”的界定与英美信托法中受托人的权力基本对应。[2]

三、受托人权力的引入与隐形扩张

在英美信托法中，受托人的权力是通过判例和立法明确的，但我国在移植信托制度时却没有吸收英美信托法中受托人的权力制度。

[1] 何宝玉：《信托法原理研究》，中国政法大学出版社 2005 年版，第 230 页。
[2] 周小明：《信托制度：法理与实务》，中国法制出版社 2012 年版，第 268-269 页。

虽然信托立法没有明确规定受托人管理信托事务的各项权力，但是在实践中，受托人职责的履行却离不开权力。因为信托框架内商事活动的快速发展实际上赋予了受托人与英美信托法中受托人类似的权力，信托立法中缺失的受托人权力也通常是通过合同机制得以确定并扩张的。

（一）信托合同作为特殊法上的有名合同

我国《民法典》合同编规定了19种有名合同，信托合同虽然不是合同法上的有名合同，但是，信托合同属于特别法上的有名合同，是《合同法》之外的法律、行政法规和司法解释规定的有名合同，[1]具体而言，信托合同是由《信托法》所调整的一种特殊法上的有名合同。特殊法上的有名合同具有规范典型交易关系、引导当事人高效缔约、节约交易成本和鼓励交易以及提供裁判规范的作用。[2]就信托合同而言，除了具备上述特征之外，它还发挥了弥补信托立法缺陷的独特功能。由于我国《信托法》中信托定义使用了“委托给”的表述，使得信托财产所有权的确定成了学界一桩悬案。[3]但是，与理论界中存在巨大争议不同，信托财产所有权在实践中解决起来并不困难、复杂，在信托合同中委托人与受托人根据实践的需要解决了信托财产所有权的问题。

（二）信托合同中受托人权力的确定

首先，调整信托合同的法律规范为受托人权力的确定提供了制度便利。信托合同的调整当然首先适用《信托法》，作为特殊法上的有名合同，信托合同虽然体现了浓厚的国家干预色彩，[4]但是特

[1] 王利明：《合同法分则研究》（下卷），中国人民大学出版社2013年版，第1页。
[2] 王利明：《合同法分则研究》（下卷），中国人民大学出版社2013年版，第8-11页。
[3] 于朝印：《特定目的信托法律规制研究》，厦门大学出版社2013年版，第204-206页。
[4] 王利明：《合同法分则研究》（下卷），中国人民大学出版社2013年版，第7页。

别法上的有名合同规范和一般的合同规则一样，主要属于任意性规范。[1] 因此，信托合同的当事人只要不违反《信托法》的强制性规定，就可以自由确定信托合同的内容。《信托法》中有关委托人、受托人权利义务的规定在信托合同中可以根据实际需要进行或增或减的调整，即使创设出信托法没有规定的受托人权力也不存在任何法律障碍。另外，《民法典》合同编总则及其基本原理也是调整信托合同的重要法律依据，《民法典》合同编总则及其原理的适用也为受托人权力的确定提供了制度便利与支撑。从法经济学的角度分析，"合同法的基本目标是使人们能实现其私人目的" "合同法为单个公民提供了一个达成彼此间关系条款的制度。" [2] 可以说，信托合同为确定受托人的权力提供了便利的制度环境。

其次，合同机制的灵活性为受托人的权力确定提供了实践便利。合同自由是合同法确定的基本原则之一，它为当事人的交易提供了机制便利，为制度创新留下了巨大的空间。对于自愿形成合同关系的当事人来说，合同法就像一部宪法，而具体的合同则像在宪法之下所颁布的法律。[3] 法国《民法典》第 1134 条规定，依法成立的合同对于缔约当事人双方具有相当于法律的效力，从合同条款的效力角度看，合同当事人可以通过合同条款解决实践中需要解决的问题，甚至进行交易规则的创新，填补法律漏洞和完善调整机制，可以说，合同就是某种宽泛意义上的立法活动。在我国很多的信托合同中有如下表述：受托人"有权自信托计划成立之日起，根据信托计划文件管理、运用和处分信托计划财产"；受托人自"信托计划成立后，享有包括根据信托计划文件处置账户内证券资产、资金划拨、销户

[1] 王利明：《合同法分则研究》（下卷），中国人民大学出版社 2013 年版，第 9 页。

[2] [美] 罗伯特·考特、托马斯·尤伦：《法和经济学》，张军译，上海三联书店、上海人民出版社 1994 年版，第 313 页。

[3] [美] 罗伯特·考特、托马斯·尤伦：《法和经济学》，张军译，上海三联书店、上海人民出版社 1994 年版，第 314 页。

等一切账户名义所有人的权利”；受托人“有权根据合同约定的方式，自主管理、运用和处分信托财产，并按照合同的约定分配信托财产收益”。因此，信托合同以其特有的方式确定了受托人的权力，平衡着当事人之间的权力义务关系，弥补了《信托法》中的立法缺陷，以自己的方式解决了立法上似乎无解的难题。

（三）我国受托人权力扩张的成因分析

我国的信托制度没有经历过英美信托所经过的漫长发展过程，借助制度移植，我国直接进入了现代信托制度的发展阶段。在信托制度本土化的过程中，信托制度的发展与完善就与英美信托法制呈现出不同的路径与特点。在受托人权力扩张原因方面，因为我国目前的信托处于现代商事信托的发展阶段，在英美国家引起受托人权力扩张的原因同样也存在于我国，但与英美国家不同的是，我国的《信托法》并没有确定受托人权力制度，所以，受托人通过合同机制扩张权力存在下列原因。

首先，受托人权力的隐形扩张源于合同的不完备。法经济学的研究提出了完备合同的概念，以指称那些强制履行就能理想地实现立约人和受约人目标的一种承诺，但是完备合同只能出现在完全竞争的模式中。[1] 因此，完备合同只能是理想状态中的合同，在现实生活中难以实现，具体到信托合同来说，信托当事人很难订立一份完备的合同，不完备是信托合同的常态。前述引用的合同条款大都对受托人的权力作了概括性的描述，大体可以概括为“信托业务活动所需要的权力”，但是信托合同条款没有明确地列举受托人权力的类型，也没有清晰地划定受托人权力的边界，在《信托法》对受托人权力没有明确规定的背景下，合同条款中类似“信托业务活动

[1] [美]罗伯特·考特、托马斯·尤伦：《法和经济学》，张军译，上海三联书店、上海人民出版社1994年版，第316页。

所需要的权力”在某些情形下导致了受托人权力的隐形扩张。尽管通过信托合同创设了受托人的权力，弥补了立法的不足，但是受托人通过信托合同创设权力的同时也会以一种隐形的方式扩张受托人的权力，甚至会引发受托人权力的滥用。

其次，信托的商事化应用激励受托人积极进行权力扩张。在我国，自《信托法》颁布以来的十几年里，信托在民事领域的发展非常缓慢，信托的应用主要集中于商事领域。在商事信托中的受托人是以信托为业的商事主体，商事主体的逐利性会本能地驱使其通过合同的格式条款扩张其权力。如果信托受托人通过信托合同等信托文件自行创设受托人权力，那么在实践中处于强势地位的受托人就非常有可能滥用权力。

英美立法有一个重要的特点是务实性，其立法在顺应受托人权力扩张需要的同时，通过确认受托人权力从而确定受托人权力的类型与边界，进而进行相应的法律规制。英美信托法中的受托人权力规范属于任意性规范，也属于“缺省规则”（default rule），当事人对受托人权力不作明确约定的情形下，自动适用信托法的规定，当然信托当事人可以选择其中部分权力或全部权力，也可以另行约定权力清单中没有的新型权力。英美信托法中受托人的权力对应非常广泛的信义义务。信托合同作为一种设立信托的重要方式，一方面，它利用合同意思自治的灵活机制确定了受托人在信托中的权力配置问题，满足了信托活动的实践需要，成为信托主体解决受托人权力问题的手段，也成为信托主体创制任意性信托规范的工具，并在一定程度上弥补了大陆法系信托法中受托人权力缺失的不足；另一方面，信托合同的格式化与受托人的商事化也使得信托合同沦为某些受托人滥用权力的工具。因此，只有通过合同法、信托法等私法手段和行政规制的公法手段，对信托合同的设立、受托人的权力等事项进行系统规制，才能有效治理合同机制下受托人权力滥用的问题。

四、商事信托语境下受托人权力的解构

无论是英美法系，还是移植信托制度的大陆法系，信托越来越多地应用于商事领域与金融领域。受托人权力的扩张实质上是信托商事化应用的必然结果。在共同基金、证券投资基金等形式的商事信托中，受益人人数众多，受托人管理、处分的信托财产数额巨大，并且多数商事信托都涉及金融、投资领域，受托人管理行为具有更高的专业性和更强的技术性特征。有学者强调，信托法是从无偿信托发展而来的，它并不必然调整商事信托的安排。[1] 虽然普通法与衡平法的相互作用是商事信托最明显的特征，但是在年金或其他经营型的投资工具中，一系列成文法规范相对于私法的概念是优先适用的，Browne-Wilkinson 指出，不是所有的传统信托原则都能适用于设立目的是实施合同的信托机制。[2] 因此，传统信托法已经无法全面满足商事信托受托人法律调整的需求了，各国纷纷在传统信托法制之外制定专门的商事信托人法律规制体系，相比于传统的受托人权力，明显体现出权力解构的特征。

（一）受托人权力行使机制的解构

在传统信托中，受托人权力由受托人独立行使，即使有多个受托人，也是作为共同受托人行使受托人权力，但是这种权力在商事信托立法中被不同的机制解构。在契约型的基金中，如英国的单位信托和我国的证券投资基金，往往把基金资产的管理权和保管监督权分别赋予管理人与托管人，管理人与托管人相互间是独立的，由此建立了受托人之间的分权与制衡制度。[3] 在公司型的基金中，英

[1] Steven L. Schwarcz. Fiduciaries with Conflicting Obligations. Minnesota Law Review, 94:1867, (2010), 1869–1870.

[2] Commercial Law & Commmercial Practice, Sarah Worthington, Hart Publishing, 2003, p514.

[3] 张路、罗旭、郭晓婧：《中美英基金法比较与实务》，法律出版社 2007 年版，第 13 页。

国的开放式投资公司必须设立董事会，董事分为授权董事与附加董事，前者管理公司的投资、买卖公司股份等事项，后者主要是对前者进行监督。在美国，根据《1940年投资公司法》的规定，共同基金应当注册为投资公司，公司的董事会监督公司事务、确定公司政策，董事会中与公司不存在利益关系的独立董事最少不低于40%，同时董事会负责选定投资顾问，投资顾问事实上决定着基金持有的证券和证券的买卖。在资产证券化这一商事信托形式中，作为受托人的特定目的公司或特定目的信托受托人，其从事信托事务的权力受到资产证券化目的的严格限制。

传统信托法制中受托人权力行使机制之所以被解构，主要在于商事信托中的受托人是商事主体，它通过专业化与职业化的投资管理活动来获得自己的经济利益，为防止权力成为谋取受托人自身利益的工具，传统信托法中受托人权力行使的机制就被解构成分权与制衡的机制。

（二）受托人权力监督机制的解构

在商事信托领域中，对受托人的权力行使不再仅仅通过信托机制自身进行制约与监督，而是通过信托机制以外的监督管理机制进行规范。

在美国，银行是从事信托业务的主要金融机构。银行从事信托业务主要有联邦存款保险公司（FDIC）和货币监理署两个监管部门。按FDIC制定的信托检查指南，银行应当提交申请以行使信托业务执行权（trust powers），银行履行受托义务的方式等事项也要获得FDIC的同意。[1] 根据美国联邦法典规定，货币监理署署长有权通过特别许可的方式赋予国民银行行使下列权利：受托人、执行人、管

[1] Trust Examination Manual , section 10, http://www.fdic.gov/regulations/examinations/trustmanual/section_10/section_x.htm, 2020年4月13日访问。

理人、股票与债券注册人、财产管理人或其他任何信托职能，从事相应的信托业务。[1] 证券交易委员会（SEC）在证券发行、交易等领域行使对商事信托监管的权力。对于银行提供的财产管理服务或共同基金顾问等受托人服务，就必须进行仔细审视以确定哪些应当向 SEC 进行经纪自营商或投资顾问的登记。[2] 在美国，共同基金广泛采用信托机制，如果共同基金发行的基金份额构成《1933 年证券法》规定的证券，那么证券交易委员会（SEC）则会根据《1933 年证券法》《1934 年证券交易法》《1940 投资公司法》与《1940 年投资顾问法》对其进行监管。[3]

在英国，单位信托（unit trust）是商事信托的一种主要形式。英国通过《2000 年金融服务与市场法》实现了金融服务局（Financial Services Authority, FSA）对整个金融业的统一监管，对于单位信托是由 FSA 根据集体投资机制（Collective Investment Scheme，CIS）规则来进行监管的。对于“单位信托由《2000 年金融服务市场法》这一成文法来调整，而不是单由一般的信托法来调整，这表明了一种路径：商事行为游离于调整受托人行为并在这一机制下保护受益人的一般规则，并滑向现在的金融规制。”[4]

在移植信托法制的大陆法系国家和地区，对于商事信托活动中的受托人权力行使也是通过《信托业法》以及其他法律法规来进行监督管理的。在日本，除了《信托法》以外，还有《信托业法》《金

[1] 12 USC § 92a – Trust powers http://www.gpo.gov/fdsys/pkg/USCODE-2011-title12/html/USCODE-2011-title12-chap2-subchapIV-sec92a.htm,2019 年 6 月 15 日访问。

[2] The Trust Regulatory Handbook, 2001-2002 edition, Pricewaterhouse Coopers, 2001, New York, p4-5.

[3] Frank J. Fabozzi, Franco Modigliani, Frank J. Jones. Foundations of Financila Markets and Institutions, 4th edition, Pearson Education, Inc., p137-138.

[4] Alastair Hudson. Equity & Trust, , Cavendish Publishing Limited, 3rd edition, 2003, p733.

融机构兼营信托业务等之相关法律》《附担保公司债信托法》《贷款信托法》《投资信托法》等法律直接调整商事信托活动，规范商事受托人的权力行使。在我国，除了《信托法》对受托人的一般规制之外，还有《信托公司管理办法》《信托公司集合资金信托计划管理办法》《信托公司治理指引》和《证券投资基金法》等规范性文件对信托公司、基金管理公司、基金托管人等商事受托人的活动进行规制。

（三）受托人权力解构视角下的问题与完善

在各国纷纷对传统受托人权力进行解构、建构现代商事信托受托人权力机制的过程中，受托人商事化所伴生的盈利追求成为新权力运行机制难以平衡的问题。在美国的共同基金发展过程中出现过两种权力滥用（mutual fund abuses）现象：择机交易（market timing）和延后交易（late trading）。择机交易是指共同基金的管理人对共同基金固有结构与内部信息的复杂利用，以牺牲次优参与人（lesser-favored participant）利益为代价而向优先参与人（favored participant）提供利益。延后交易是指允许下午四点后收到的本应按次日价格进行交易的指令按当日下午四点价格进行交易的行为，如时任纽约检察总长 Spitzer 在国会举行的听证会上所指出的那样，延后交易“像赛马中马已经过终点后再进行下注一样”。由于金融创新的深化，相关主体间的关系也变得日趋复杂。如果不同投资者属于同一金融产品的不同层级（tranches），那么在这些投资者之间就存在冲突的利益。受托人面对利益冲突的受益人，不仅要对将来的事实进行预测，而且还要对存在利益冲突的投资者所负有的义务进行平衡，但是现有的法律并没有完全解决受托人在利益冲突下的困境问题。[1] 在我国目前的商事信托活动中也出现利益冲突，主要表

---

[1] Steven L. Schwarcz. Fiduciaries with Conflicting Obligations. Minnesota Law Review, 94: 1867, 1869–1870 (2010).

现为受托人与受益人之间的利益冲突：其一，作为受托人的基金管理公司不尽力维护受益人利益，而是与他人合谋损害受益人利益；其二，基金管理公司内部频发“老鼠仓”事件，基金经理利用内幕信息获取个人利益时有发生。

在商事信托法制日益精细、规制日趋全面的背景下，商事信托受托人权力滥用、利益冲突依然存在，表明在确认商事信托受托人盈利正当性的前提下，仅从法律层面建立受托人权力规制体系并不能解决受托人权力滥用、利益冲突问题。受托人商事化过程中，淡化受托人的道德操守和职业操守是引发受托人权力滥用、利益冲突问题的一个主要原因。要完善受托人权力监管制度，应当强化受托人的信义义务。

五、信托商事化背景下受托人的权力规制

（一）强化受托人的信义义务

从起源上说，“现代信托的起源是用益制度（use），而用益制度就是针对普通法缺陷而发展起来的衡平回应。”[1]英国的衡平法是基于良心和正义发展起来的法律原则，而信托法律制度的发展与衡平法密不可分，可以说信托制度是衡平法的中心。从信托制度具体内容来看，体现着浓厚的衡平气息，如受益人对信托财产所享有的衡平所有权、受托人的信义义务、受益人拥有的各种衡平救济手段等。可以说，英国的信托法是基于良心、良知和正义等具有强烈道德色彩的衡平法规则发展起来的。如同有学者所指出的，英国法中的“信托”在一定意义上就是日常用语中的“信任”在法律术语中的转化。它的概念起点就是“对于他人施加的信任”。这样施加

[1] Richard Edwards & Nigel Stockwell，Trust and Equity, 5th Edition, Pearson Education Limited, 2002, p5.

的信任导致了道德义务的产生，借助立法，法院意图发展出与这种道德义务对应的法律制度。[1]

但是，商事信托与传统信托还是存在明显的不同，在法律适用方面，英国的上议院在最近案件中提出了现存的衡平与信托原则是否可以合适地处理现代世界中广泛的多样性问题的疑问。[2] 传统的信托法规范调整不了应用广泛、灵活的商事信托的所有问题，现在很多国家都制定了专门调整商事信托的法律规范。然而，结合各国商事信托应用出现的各种权力滥用与背信案例，通过对共同基金等商事信托受托人的法律规制的分析可以看出，“没有诚信文化，执法与政策不可能堵塞所有共同基金监管的漏洞……不管制定了什么样的法律与条例，也不管发展出内部机构控制如何具体的规则，以牺牲其他投资人利益而使优先投资人获利的漏洞风险还会存在。”[3] 从另一个角度分析，运用强制性规范来增加信任或许正好起到增加不信任以及损害信任创造机制的反向效果。[4]

信托可以理解为信赖的法律缩影，其最大的问题就是如何解决委托人与受益人的信托滥用风险问题和拥有强大的名义与管理、处分权限的受托人职权滥用问题。[5] 如何防止受托人权力滥用是信托法制的核心问题。规制商事信托不可能全部照搬传统信托法规范，必须制定符合商事信托自身发展规律的调整规范；移植信托法律制度，也不可能把英国的衡平法律进行移植。如前所述，就商事信

---

[1] Graham Moffat. Trust Law: Text and Materials. Fifth Edition. Cambridge University Press, p1.

[2] Alastair Hudson. Understanding Equity & Trusts, London,Cavendish Publishing Limited, 2001, p22.

[3] Tamar Frankel, Lawrence A. Cunningham. The Mysterious Ways of Mutual Funds:Market Timing.Annual Review of Banking & Financial Law, Vol.25:1, p235, 238 (2006).

[4] Larry E. Ribstein. Law V. Trust. (Oct. 2000).

[5] [日] 神作裕之：《日本信托法及信托相关法律的最新发展与课题》，杨林凯译，载《中国政法大学学报》2012 年第 5 期，第 81 页。

托受托人的规制而言，总体上体现出扩张受托人权力的趋势，而这一趋势在商事受托人营利化背景下极易出现权力滥用与利益冲突的问题。

坚守英国衡平法语境中发展起来的受托人信义义务是防范受托人权力滥用与利益冲突的有效途径。信义义务是一种禁止性义务，它要求负有信义义务的人，除非得到相反的授权，否则不得利用其所处地位谋利，也不能把自己置于可能存在自我利益和信托利益相冲突的地位，典型的信义义务人，是一个被期望能够按照诚实的最高标准行事的受托人。[1]商事信托是传统民事信托在商事领域中的应用与延伸，而受托人的营利化改造主要是遵守了平等交换的市场法则，这无疑弱化了受托人对受益人道义上的负载，因此，商事信托在很大程度上就是民事信托去“道德化”的蜕变。在商事信托多元化监管的背景下，强化受托人的信义义务是保护受益人权益、实现信托本质功能的重要手段，也是异化的商业信托向本源意义信托的一种回归。

而在回归信托“本源”的过程中，近年对信托业发展造成极大“威胁”的莫过于“刚性兑付”。所谓“刚性兑付”，就是信托产品到期后，信托公司必须分配给投资者本金以及收益，当信托计划出现不能如期兑付或兑付困难时，信托公司需要兜底处理。一方面，我国并没有任何一项法律条文规定信托公司必须进行“刚性兑付”，这只是信托业发展过程中逐渐形成的一条不成文的规定。另一方面，信托业“刚性兑付”在初期其实有着明确的兑付指向——只在房地产信托、政府融资类信托等集合资金信托计划以及银信合作理财产品中被执行，证券投资类信托并不受此约束。[2]

[1] [英]D. J. 海顿：《信托法》，周翼、王昊译，法律出版社2004年版，第38页。
[2] 许均华：《解读信托业保障基金》，载《当代金融家》2015年第1期，第93页。

（二）实行信托名义下的监管

美国是商事信托多元化监管的典型国家，联邦存款保险公司（FDIC）、货币监理署、证券交易委员会（SEC）分别根据法律规定对银行业、证券基金业所从事的商事信托活动进行监管。虽然我国也是商事信托多元化监管的国家，但是与美国相比，最大的区别是监管部门对商事信托活动的监管并没有以信托的名义进行。

在我国，银行业所从事的个人理财业务、证券公司从事的资产管理业务、保险资产管理公司从事的资产管理业务实质上都具有信托性质，[1]但是在目前金融分业经营、分业监管的体制下，银行、证券公司等金融行业从事信托性质业务活动是法律禁止的[2]，因此监管部门有意回避上述活动的信托属性，银监会发布的《商业银行个人理财业务管理暂行办法》《商业银行个人理财业务风险管理指引》，证监会发布的《证券公司客户资产管理业务管理办法》《证券公司定向资产管理业务实施细则》《证券公司集合资产管理业务实施细则》和保监会发布的《保险资金委托投资管理暂行办法》等规范文件并没有以《信托法》为制定依据，“这事实上给信托法律性质的经营活动贴上了其他标签，为保护投资者利益和防范金融风险增加了障碍，也增加了市场投资者对于信托业的模糊认识。”[3]此外，尽管都是信托性质的业务活动，但是由于监管部门和监管规则不同，导致了产品的募集、管理、销售等多方面的差异，“因此，‘游戏规则’并不统一，造成了市场的复杂性与混乱”。[4]

[1] 潘耀明、康锐：《信托之困境抑或信托业之困境——论我国〈信托法〉下的资产管理市场》，载《上海财经大学学报》2007 年第 2 期，第 39 页。

[2]《商业银行法》第四十三条规定，商业银行在中华人民共和国境内不得从事信托投资和证券经营业务；《证券法》第一百二十五条规定，证券公司只可从事业务中有一项是证券资产管理，但目前证券公司从事的资产管理业务已不限于证券资产了。

[3] 李勇：《信托业监管法律问题研究》，中国财政经济出版社 2008 年版，第 67 页。

[4] 吴晓灵：《在2005中国财富论坛上的讲话》，http://www.cs.com.cn/xwzx/01/t20050826_748798.htm, 2019 年 8 月 3 日访问。

目前，在我国分业经营、分业监管的法律框架内实现对信托性质的理财产品与资产管理活动进行信托正名尚存在制度障碍，相应地也就很难实现对各商事信托人的统一监管，商事信托监管政出多门、各说各话的现象依然存在。减少监管套利的关键在于消除行业监管存在的竞争与差异，但是分业监管的格局实质上很难完全消除监管套利。

六、受托人的权利

在信托法律关系中，受托人除了拥有为了受益人的利益处理信托事务、管理运用信托财产的权力之外，还享有维护自己权益的权利。

根据我国《信托法》的规定，受托人享有以下权利：

（一）获得报酬权

根据《信托法》第三十五条的规定，受托可以依照信托文件的规定取得报酬。但是受托人获得报酬以信托文件有明确规定为限，如果信托文件未作约定的，当事人可以补充约定。约定的受托人报酬可以经当事人协商后进行调整。

受托人报酬（compensation）与信托的商事化有着密切的关系。受托人的专业化是信托商事化的主要推动力量。专门经营信托业务的商事主体作为受托人是区分民事信托与商事信托的标准，以专业化的商事信托机构作为受托人的为商事信托，而以非专业商事信托机构作为受托人的为民事信托。[1] 专业化商事信托机构的出现，使受托人提供的信托服务成为可以交易的商品，受托人的报酬因而成为司空见惯的信托现象。以美国的银行为例，早在 1913 年就允许国家银行从事信托业务，信托业务从此发展成为美国商业银行的一个主要业务组成部分。即使在经济大萧条之后建立的金融分业经营制

[1] 陈向聪：《信托法律制度研究》，中国检察出版社 2007 年版，第 20 页。

度，1933 年《银行法》也没有把商业银行的受托人权限分离出去，而主要是在很大程度上把投资银行业务从商业银行中分离出来。[1] 根据相关的法律规定，银行对个人提供广泛而又多种多样的信托服务：遗产清算；根据遗嘱设立的信托；由合同或宣言设立的信托；慈善信托；根据法院命令承担受托人职责；监护人职责(guardinship)；共同受托人 (co-fiduciary relaitonship) 及代理 (agency)。[2] 受托人职责的专业化和职业化使得受托人获取报酬成为一种必然的需求。

在民事信托中，受托人是否获得报酬取决于受托人与委托人、受益人的关系。在英美的众多民事信托中，受托人可能是委托人的子女，作为受益人之一的受托人与其他受益人存在兄弟姐妹关系或其他家族关系，在这种家族信托中，绝大多数受托人是不收取报酬的。还有一种信托，即受托人是委托人的亲戚或好友，为了委托人的家人或好友的利益管理信托，通常也是不收取报酬的。信托法从历史的角度看，是从无偿信托发展起来的。[3] 在英国早期的一个判例中，法官强调信托是建立在受托人名誉和良知基础上的一种责任，而这种责任的承担无关乎经济利益。[4] 在美国，尽管家庭成员作为受托人通常会获得补偿，但是也有案例否决了家庭受托人要求获得作为共同受托人费用的请求。法官在判决中指出，“如果（信托）服务是由一名家庭成员提供的，法律上推定该服务是免费的。”[5]

根据美国的信托实践，受托人的报酬通常由信托文件确定。有

[1] [美] 哈威尔 · E. 杰克逊、小爱德华、L. 本蒙斯：《金融监管》，吴志攀等译，中国政法大学出版社 2003 年版，第 210 页。

[2] The Trust Regulatory Handbook, 1998−1999 edition, Pricewaterhouse Coopers, 1999, Sharpe Professional ,New York, 22.

[3] Steven L. Schwarcz, Commercial Trust As Business Organizationsa: an Invitation to Comparatists, Duke Journal of Comparative & Interantional Law, Vol 13:321. Special Issue 2003, p329.

[4] Ayliffe v. Murray (1740)2 Atk 58.

[5] McCormick v. McCormick, 180 Ill. App.3d 184.

些州的成文法对确定受托人报酬数额规定计算公式，它们通常规定受托人的费用报酬以信托本金（principal）或收益与本金的特定比例计算。而有些州的成文法则只规定受托人有权获得合理的报酬，其报酬的确定适用合理报酬规则。在确定合理报酬时，法院享有自由裁量权。法院需要考量的因素主要包括当地的惯常做法（custom），受托人的技能、经验、设施，履行信托义务所付出的时间，信托财产的数量与特征，信托管理的难度、责任与风险，由他人所提供服务的性质与成本，受托人服务的质量等。受托人获得的报酬数额与决定其他人提供的某些服务能否获得补偿有关。例如，受托人要求为其向投资顾问支付的费用进行补偿。如果受托人是无偿提供服务的，则这一请求通常会获准；但是，如果受托人获得了正常报酬，支付给投资顾问的费用能否获得补偿则取决于咨询的性质与目的，以及雇用投资顾问与对特定受托人合理期待的责任之间有怎样的关联性。[1]

对于信托文件规定的受托人报酬，法院有权根据受托人提供的信托服务进行相应的调整。在 Center v. Holman 一案中，受益人对银行和自然人 Holman 作为共同受益人的费用提起诉讼。法院认为，Holman 每年按照本金的 85% 来计算其费用超过合理限度。因为 Holman 没有提供任何的管理服务，管理服务都是由银行提供的，他的风险与责任是和银行共同承担的，其责任风险明显少于单一受托人，尽管受托人辩解说他和他的助理每天在信托上花费了七个小时，但法院认为其获得的费用依然过多。共同受托人没有不动产要管理，没有商业去经营，受益人份额也是由信托文件固定的，共同受托人在信托资金的分配方面不需要行使任何自由裁量权。很明显，法院只允许受托人按当地习惯和惯例获得费用。[2]

[1] Restatement (Third) of Trusts § 38, cmtc, (2003).

[2] Center v. Holman，107 Wash. 2d 693,701-704.

（二）优先受偿权

根据我国《信托法》第三十七条的规定，如果受托人以固有财产先行支付了信托管理费用或对第三人的债务，则受托人对信托财产享有优先受偿权。

1. 优先受偿权是一种法定权利

优先受偿权是一种法定受偿权，指法律规定某一权利人优先于其他权利人得以权利实现的权利。[1] 在我国《民法典》中，有多处对优先受偿权作了规定：第三百八十六条规定了担保物权人依法就担保财产享有的优先受偿权利，第八百零七条规定了承包人对建设工程折价或拍卖价款享有的优先受偿权。在其他部门法中，也有不少关于优先受偿权的规定。《商业银行法》第七十一条规定，商业银行破产的，个人贷款的本金和利息在支付清算费用和职工工资劳动保险费用后优先支付；《海商法》第二十一条和第二十二条规定了某些海事请求权主体对船舶的优先请求权。

2. 优先受偿权是各种权益平衡的结果

法律规定了不同类型的优先受偿权，就优先受偿权的本质来说，是立法对各种权益进行平衡后对某些权益优先保护的选择。当一个债务人面对多项债权或多个债权人时，基于立法选择，有些权益会优先于其他权益得到保护。

基于多个法律部门规定了不同的优先受偿权，不同的优先受偿权之间也会产生顺序上的冲突。例如，对于某些建筑工程，银行等债权人基于担保物权享有优先受偿权，而承包人也依法享有工程价款的优先受偿权，对于产生的优先受偿权冲突，又面临着一次权益的优先性选择，在最高人民法院的司法解释中，规定承包人对工程价款的优先受偿权优先于抵押权和其他债权。[2]

[1] 刘士国：《论债权优先受偿权》，载《法学》2005 年第 6 期，第 114 页。

[2] 参见《最高人民法院关于审理建设工程施工合同纠纷案件适用法律问题的解释（一）》（法释〔2020〕25 号），第三十六条。

3. 优先受偿权原则上允许权利人自愿放弃，但个别情形例外

如果优先受偿权的行使仅涉及自身利益，根据权利可以放弃的原理，权利人可以放弃行使优先受偿权。《民法典》第三百九十三条规定债权放弃担保物是担保物权消灭的情形之一；第四百三十五条规定质权人有权放弃质权。但是如果优先受偿权的行使不仅涉及权利人自己的利益，还涉及其他主体的合法利益，则该权利人不得自行放弃优先受偿权，以免损害他人利益。如发包人以其与承包人有放弃或限制优先受偿权的约定为由，主张承包人不享有优先受偿权，从而损害建筑工人利益的，法院不予支持。[1]

受托人优先受偿权应当优先于信托财产上的一般债权人。首先，受托人以其固有财产承担了应当由信托财产承担的管理费用和第三人债务，属于代付行为，理应优先受偿。[2] 其次，信托财产具有较强的独立性，信托财产为信托目的或受益人利益独立存在，承担了实现信托目的的使命，应当承担其存在过程中产生的债务和费用，尽管信托财产不是一个责任主体。最后，与一般债权人债权产生于信托财产交易这个基础原因不同，受托人对信托财产所产生的优先受偿权源于其对信托管理费用和信托债务的代付，并没有像一般债权人通过交易性安排获得利益，从这个角度分析，对于信托财产来说，基于代付信托管理费用和代偿信托债务，性质上有些像破产中的破产费用和共益债务，信托财产应当随时优先清偿这些对受托人的债务。

需要明确的是，受托人行使此项权利，应当以其合理、正当行使受托人职责为前提，如果受托人违背受托人职责，或因不当处理信托事务而产生的对第三人债务，则按《信托法》第三十七条第二

[1] 参见《最高人民法院关于审理建设工程施工合同纠纷案件适用法律问题的解释（一）》（法释〔2020〕25 号），第四十二条。

[2] 周小明：《信托制度：法理与实务》，中国法制出版社 2012 年版，第 225 页。

款规定由受托人的固有财产承担，受托人不得要求以信托财产清偿。受托人优先受偿权的行使存在两种情况：第一，在信托存在过程中产生的优先受偿权，受托人可以随时以信托财产进行清偿；第二，在信托终止后行使优先受偿权的，按《信托法》第五十七条的规定，受托人可以留置信托财产或请求信托财产归属人清偿。

（三）辞任权

受托人根据信托文件管理信托财产，处理信托事务，履行受托职责。在信托存续过程中，如果出现主观或客观的原因，不愿或不能继续履行受托人职责，受托人可以辞任。对于受托人的辞任，根据我国《信托法》的规定，应当区分私益信托与公益信托两种情形：对于私益信托，受托人辞任应当取得委托人和受益人的同意；对于公益信托，受托人的辞任需要经过公益事业管理机构的批准。

受托辞任的，在继任受托人产生之前依然应当履行受托人的职责。

美国《信托法重述（第三版）》规定，受托人可以根据信托文件的规定辞任，也可以在取得所有受益人同意的情况下辞任，或根据法院批准的条件辞任。[1]

受托人的辞任不应当给信托造成损失。在 Vale v. Union Bank 一案中，银行作为受托人在进行投资时要遵守一个委员会的指示，但银行可以通过递交书面通知的方式向委员会辞任。后来，银行对委员会的指令感到不满，于是辞任。银行的辞任引起了信用组合财产的损失。法院认为银行应当对损失承担责任，“银行辞任的权利必须结合受托人的信义责任善意行使。”[2]

---

[1] Restatement (Third) of Trusts §38, cmtc, (2003).

[2] Vale v. Union Bank，88 Cal.App.3d 330.

第六章　受益人与受益权

第一节　受益人

受益人是私益信托设立的“三个确定性”之一，没有确定的受益人则信托无从设立。委托设立信托目的，即由受益人获得信托上的利益；信托设立后，受托人依照信托文件的规定管理、运用、处分信托财产，处理各项信托事务，承担信托目的实现的重任；受益人是信托目的实现的承载者，其获得受托人支付给他的信托利益，也就实现了委托人设立信托的目的。

一、受益人资格

信托实质上就是一种特殊形式的赠与，委托人设立信托，将其财产或财产利益通过受托人交付受益人。受益人是纯粹获得信托利益之人，一般不需要承担义务，因此法律对其资格几乎没有限制。[1]

[1] 何宝玉：《信托法原理研究》，中国政法大学出版社2005年版，第237页。

按我国《信托法》第四十三条的规定，自然人、法人或其他组织都可以成为受益人，但是，如果受益人行使某些受益人权利，如撤销权、解任权等权利时，则需要具备相应的行为能力，下文有详述。

美国《信托法重述（第三版）》对受益人的资格也有规定，一个人具有取得并持有一定信托财产法定权利的能力就可以成为信托财产上的受益人，反之，则不能成为信托受益人。[1]具体来说，公司、非法人组织、自然人，以及其他已经成立的信托都可以成为受益人。[2]有些特殊主体的受益资格颇值得探讨。

（一）动物或宠物

根据法律规定，由于动物不是法律意义上的人，不能持有财产上的权利，不能成为私益信托受益人。[3]但委托人可以通过设立目的信托（purpose trust）或名誉信托 (honorary trust) 实现其照顾动物或宠物的目的。这些信托是特殊形式的非慈善信托，由委托人所表达的目的通常是不可强制执行的，原因在于没有确定的受益人申请按信托条款强制执行信托。那如何解决这一问题呢？根据美国《信托法重述（第三版）》的规定，如果财产所有人为了不确定或一般目的，并不限于慈善目的，把财产转入信托，财产受让人以受托人身份持有财产，其享有权利但并无义务把财产分配或运用于委托人所述目的。如果受托人没有行使权力，或在一定程度上没有行使权力，则受托人为了法律规定的归复受益人（reversionary beneficiaries）持有并分配财产。如果财产所有人为了特定非慈善目的把财产转入信托，但并未指定确定的或可确定的受益人，除非目的不明确，否则财产受让人以受托人身份持有财产，在不超过 21 年的特定或合理

[1] Restatement (Third) of Trusts §43 (2003).

[2] Restatement (Third) of Trusts §43, cmta, (2003).

[3] Restatement (Third) of Trusts §43, cmta, (2003).

时间内可行使权力把财产应用于指定目的，在受托人未行使权力的范围内，或财产超过了目的的合理所需，则由受托人持有未运用财产或超额财产，将其分配给法律规定的归复受益人。[1]

除了《信托法重述（第三版）》的规定外，美国各州均已制定特别立法，通过信托制度保护动物或宠物。自蒙大拿州 1993 年制定全美第一部宠物信托法以来，截至 2016 年，美国 50 个州及哥伦比亚特区全部制定实施了宠物信托法。各州的宠物信托法规定类似，规定委托人可以为照顾其生前存养的动物或宠物设立信托，信托在动物或宠物死亡，或最后一个生存的动物或宠物死亡时终止，或在信托设立满 21 年时终止。[2] 显然宠物信托是一种特殊类型的信托，由专门的宠物信托法调整。

按我国《信托法》的规定，从受益人角度分析，动物与宠物是不能成为受益人的，《信托法》第四十三条规定受益人为自然人、法人或其他依法成立的组织，显然，动物或宠物并不符合受益人的资格。受托人能否按《信托法》第二条信托的定义，为特定目的设立保护动物或宠物的信托呢？我国《信托法》对特定目的信托的规定主要体现在公益信托方面，如果委托人为保护动物或宠物这一公益目的设立慈善信托自然不存在疑问，但问题是委托人能否为自己特定的动物或宠物设立一个目的信托。虽然我国《信托法》第二条信托定义中“特定目的”并没有限定为公益目的，但大陆法系的信托法通常不承认私人目的信托。[3] 退一步说，即使允许设立私人目的信托，也存在特定情形下实施上的困境。如果为特定动物或宠物

[1] Restatement (Third) of Trusts § 43, cmta, (2003).

[2] Pet Trust Laws,https://www.aspca.org/pet-care/pet-planning/pet-trust-laws#:~:text=Summary%20of%20law%3A%20A%20trust%20may%20be%20created,act%20on%20behalf%20of%20the%20animal%20or%20animals.?msclkid=80fc4c42d05a11eca6a3c9006359bf30, 2020 年 3 月 16 日访问。

[3] 何宝玉：《信托法原理研究》，中国政法大学出版社 2005 年版，第 237 页。

设立非慈善特定目的信托，委托人在遗嘱中为其宠物猫设立非慈善特定目的信托，指定受托人以某部分财产照顾其宠物猫，如果受托人没有履行照看宠物猫的责任，如何强制实施信托？或受托人照看只耗费了部分信托财产，在我国《信托法》未规定归复信托的情形下，如何处理剩余信托财产？前述的情形是设立非慈善特定目的信托必须面对和解决的问题。

（二）胎儿

根据我国《信托法》的规定，自然人可以成为受益人。根据《民法典》第十三条的规定，胎儿并不属于自然人的范畴，自然人自出生起才具有民事权利能力，胎儿处于未出生状态，自然不具有民事权利能力。但是出于对胎儿利益的保护，《民法典》第十六条规定，就遗产继承、赠与等与胎儿利益保护有关事项，胎儿视为具有民事权利能力。信托受益人是接受信托利益的主体，通常并不需要履行义务，信托从某种意义上来说就相当于委托人的赠与。因此，信托受益人可以包括胎儿。

另外，胎儿作为受益人与信托设立要求的有确定的受益人也不冲突。既然胎儿具有成为受益人的资格，其自然能满足受益人确定性的要求。如果信托设立时，孩子未出生或母亲未怀孕，孩子也可成为信托受益人。[1]

以发生在美国为一个胎儿设立的信托为例，甲为一个没有子女的未婚男子，他把土地转移给乙设立信托，由乙管理信托财产，并为甲第一个出生的子女累积或支出土地租金和收益，在该子女成年时将土地和累积的租金及其他收益一起转移给该子女。信托设立了。如果甲后来死亡却没有子女，信托将不再存续，乙将为了甲的财产

[1] Restatement (Third) of Trusts §44, cmtc, (2003).

利益或其继承人的利益持有信托财产。[1]

二、受益人类型

按不同的标准，受益人可以进行不同类型的划分。

（一）单一身份受益人与复合身份受益人

以受益人在信托关系中是否兼有其他身份可以分为单一身份受益人和复合身份受益人。如果受益人在信托关系中，只以受益人的身份出现，则属于单一身份受益人；如果受益人兼有其他身份，如委托人或受托人身份，则属于复合身份受益人。单一身份受益人可以为一个人，也可以为数个人。对于复合身份受益人来说，委托人可以为多个受益人其中之一，也可以为唯一受益人；但是对于具有受托人身份的受益人来说，他不能作为信托的唯一受益人。

（二）收益受益人与剩余受益人

以从信托获得的收益为标准，可以把受益人分为收益受益人与剩余受益人。收益受益人是指获得信托财产所产生收益的受益人，而剩余受益人是指有权获取收益受益人所获收益之外所有剩余信托权益的受益人。

在英美信托实践中，收益受益人与剩余受益人是常见的类型划分。在众多的家庭信托中，很多委托人在信托文件中将配偶设定为收益受益人，甚至有时候规定配偶有权因为需要可以占用本金；在配偶死亡后，剩余的信托财产及权益归属于子女，即子女为剩余受益人。

如果信托同时有收益受益人与剩余受益人，可能会出现一种利益冲突。假设收益受益人为委托人的生存配偶，收益受益人希望受

[1] Restatement (Third) of Trusts §44, illustrations:2,(2003).

托人向其进行重大分配并将信托财产向其产业投资。而剩余受益人则希望收益受益人不要获得太多收益，并反对将信托财产投向风险高的收益受益人产业，他们希望把信托财产投向公开证券交易所中的债券或证券，甚至是存款凭证，这些投资虽然收益少，但是相对安全，这样他们就可以获得尽可能多的剩余财产。对于受托人来说，处理好这一利益冲突，首先，要遵照信托文件的规定，按照信托文件的规定进行相应的处理是最安全的做法。其次，如果信托文件没有规定，获得全体受益人一致的协议也是解决利益冲突的选择。最后，参照先例。美国最近的几个判例表明，受托人处理收益受益人与剩余受益人之间利益冲突时要考虑信托的类型。如果为不可撤销信托，受托人有权在其对受益人负有的信义义务约束下作出任何决定。但如果是可撤销信托，则有所不同。有几个判例揭示，如果信托为可撤销信托，受托人只对生存的委托人负有信义义务，即使委托人死后，剩余收益人也不能提起诉讼要求受托人对违反其对剩余受益人的信义义务承担责任。[1]

（三）私益信托受益人与公益信托受益人

私益信托受益人基于委托人的指定产生，通常与委托人存在较为紧密的私人关系，如委托人的配偶、子女、孙子女、兄弟姐妹，或委托人的亲朋好友等。私益信托受益人所享有的收益通常因信托类型而有所不同，在固定信托中，其收益取决于委托人指定，可能为信托财产上的收益，也可能为部分或全部信托财产；而在自由裁量信托中，受托人享有较大自由裁量权，可以决定受益人获得哪些收益，可以在什么时间获得收益。私益信托受益人除了享有信托财产上的利益之外，还享有要求受托人履行受托人职责、要求受托人

[1] https://www.stimmel-law.com/en/articles/conflicts-interest-between-income-beneficiaries-and-remainder-beneficiaries，2021 年 12 月 24 日访问。

承担赔偿责任、撤销受托人某些行为等权利。如按我国《信托法》的规定，受益人享有知情权、调整权、撤销权、解任权等。

公益信托受益人产生于公益信托救助、救灾、发展科教文卫体事业等公益目的指向的不特定社会公众。公益信托受益人与公益信托的委托人不存在特定的社会关系，其所获得的收益额度并不由委托人事先确定，而是根据实际情况确定具体救助的方式及额度，且不享有私益信托受益人对受托人所享有的各项权利。强制实施信托的权利通常由各国法律规定特定主体，如英美信托法规定的总检察长、我国的公益信托监察人等。

第二节　受益人的受益权

受益人享有一项独具信托色彩的权利——受益权，这是受益人在信托关系中独享的权利，信托法并未明确规定受益人的受益权内容，其内容是由委托人通过信托文件确定的。受益权可以分为狭义受益权与广义受益权。狭义的受益权是指受益人根据信托文件的规定从信托获得的财产性权益。从信托的实践来看，受益人的受益权内容多种多样，可以为信托财产在一定时期内所产生的收益，可以为部分或全部信托财产，也可以为收益与部分或全部信托财产的组合。而广义上的受益权除了受益人享有信托财产收益外，还享有《信托法》第二十条至第二十三条规定的委托人可以行使的权利。国内也有研究把受益人在信托关系中享有的所有权利都统称为受益权，从内容上分为财产性权利和非财产性权利，前者指受益人享有信托利益的权利，后者是信托受益权的工具性权利。[1]

从我国《信托法》立法分析，受益人的受益权采用狭义定义。《信

[1] 周小明：《信托制度：法理与实务》，中国法制出版社2012年版，第249页。

托法》第四十三条到第四十八条分别针对狭义受益权的享有、放弃、转让和继承等问题作了具体的规定，而第四十九条规定了受益人可以行使的其他权利。可以看出，立法把受益人的受益权作为与其他权利并列的一种权利类型进行了规定。本书对受益权以狭义的界定为基础进行相关研究。

一、受益权的特点

（一）非自设权益

受益人的受益权产生于信托机制，委托人通过信托文件确定受益人在信托中的权益。在英美的自由裁量信托中，受益人的权益是由受托人根据信托文件的规定，结合受益人的实际情况加以确定的。受益人享有受益权是基于委托人对其受益人身份的选定，其享有的受益权也是由委托人确定的，因此是一种非自设权益，区别于民事主体通过合同或其他法律行为为自己设定的权益。

（二）权益的身份性

从受益权的产生角度分析，受益人的受益权与继承人的继承权产生于自然人一定的身份关系[1]相似，受益人取得受益权是基于其为委托人所选定的受益人的身份，不同的是受益人完全由委托人确定，不限于像继承人那样要与被继承人存在近亲属关系。

（三）权益取得的无偿性

在一般民事信托中，受益人取得受益权益无须支付相应的对价或为其他对价性给付，即无偿取得信托权益。即使委托人规定受益人取得某些信托权益应当满足某些特定条件，这些条件也不构成受

[1] 魏振瀛：《民法》，北京大学出版社、高等教育出版社2001年版，第588页。

益人的对价性给付。这与赠与中的受赠人无偿取得财产权益具有同样的法律性质，但是从功能上看，信托向受益人提供的无偿财产权益更能体现委托人实施的某种程度的控制或对受益人更全面的保护，如在信托中，委托人通过受托人对受益人获取收益的时机、用途、债务偿还等进行一定程度的控制，从而保障信托目的的实现和对受益人权益的保护。

（四）权益的受限性

根据我国《信托法》第四十七条、第四十八条的规定，受益人可以其信托受益权清偿债务，受益人的受益权也可以依法进行转让和继承，但两个条款的但书规定中都明确了信托文件有限制性规定的除外。

可见，受益人的受益权处分受到信托文件的严格限制，受益人的受益权益相当于来自委托人的无偿赠与，委托人当然可以施加某些合法的限制。例如，委托人用一宗不动产设立信托，指示受托人把信托财产所产生的租金收益支付给受益人用于其在校期间的学费和生活费，并同时明确受益人不得将收益用于其他用途。假设受益人的一个朋友因计划购买电脑向其借款，受益人则不能将其所得信托收益向其朋友借款。

二、受益权的性质

自信托制度移植到大陆法系之后，很多学者对受益权的性质进行了“民法化”的解读和理论重构，出现了“债权说”“物权说”“新型权利”“实质法主体说”“特殊权利说”等多种理论观点。[1]

[1] 赵廉慧：《信托法解释论》，中国法制出版社 2015 年版，第 424-428 页。

（一）债权说

日本2006年修订的《信托法》第二条第七项规定，“本法所称受益权，指基于信托行为，受托人对于受益人所负债务中有关交付信用财产或其他与信托财产给付有关之债权（下称受益债权），以及为确保此债权依法对受托人及其他人的请求为一定行为权利。”日本的学术界一般认为受益权是一种具有股权性质的权利。[1]

有学者认为，根据我国《信托法》的规定，受益人的受益权属于一种特殊性质的债权，其债权的表现为受益人对受托人享有的要求其给付信托利益的财产请求权，其特殊性表现为受益人实现受益权享有众多的工具性权利和附属性权利。[2] 有些研究在承认受益人受益权具有物权特点的同时，还是倾向于其债权的定位。受益人对受托人违反信托目的的行为可行使撤销权，使信托具有了物权的追及性，并且受益权亦随着信托财产构成物的变化而变动，因此具有某种程度的物权效力，但是，受益人对信托财产并无直接的支配力，受益权并不具备物权的全部属性，所以受益人只是对受托人享有作为请求权。[3]

既然受益人的受益权是一种债权，那么从债的产生角度分析，这是一种合同之债呢，还是无因管理、不得当利之债呢？总的来说，信托本质上是一种合同之债。从信托的功能来看，信托实质上就是委托人通过受托人对受益人进行的一种特殊赠与。具体来说，委托人将自己的财产托付给受托人，指示受托人按其意愿将相关的信托财产权益交付受益人。

赠与为一种单务无偿契约，赠与人不仅可以让与既存的权利，也可为受赠人设定受益物权，无因承担受赠人债务，或提供有偿劳

---

[1] [日]新井诚：《信托法》（第四版），刘华译，中国政法大学出版社2017年版，第192页。

[2] 周小明：《信托制度：法理与实务》，中国法制出版社2012年版，第250页。

[3] 赖源河、王志诚：《现代信托法》，中国政法大学出版社2002年版，第99页。

务。[1] 赠与合同作为合同的一种，也是债务产生的原因之一。但是受赠人能否取得债权取决于赠与合同的性质。我国《民法典》第六百五十八条规定，赠与人在转移赠与财产权利之前可以撤销赠与，但经公证的赠与合同及其他具有公益性、道德义务性质的合同除外。如果按赠与合同受赠人的权利来界定信托受益人的受益权，那么受益人受益权的实现面临着很大的不确定性。而我国《信托法》第四十四条的规定恰好解决了这一难题，该条规定受益人的受益权自信托生效之日起开始享有，除非信托文件另有规定，因此，即便把信托看成是一个赠与合同，一般赠与合同中赠与人在实际交付前撤销赠与或赠与需要受赠人意思表示的困扰，可以为该条破解。

当然，如《信托法》第四十四条规定的那样，信托文件另有规定，如委托保留更换受益人或变更受益人受益权的权利，或像美国的生前可撤销信托，受益人的受益权实现也面临着一定的不确定性。

（二） 物权说

基于信托财产的独立性特征和信托财产由受托人实际占有和管理、运用的现实，有些研究认为受益人的受益权是一种特殊物权。以第三人对信托财产造成侵害为例，由于受益人并不实际占有信托财产，无法向第三人请求排除妨害，即使把受益权定性为物权性权利，请求第三人排除妨害的权利也只能由受托人行使。就受托人个人债权人不能主张信托财产为受托人个人责任财产来看，受益权具有物权性质，但并不是针对信托财产直接支配意义上的物权，与非占有担保物权的性质相近。[2] 国内有研究强调受益权为一种具有某些债权性因素的新型特殊物权，主要表现为受益权是派生于委托人最初所有权的他物权；仅体现为对信托财产的收益权能；以受托人不当

[1] 史尚宽：《债法各论》，中国政法大学出版社 2000 年版，第 120 页。

[2] [日] 能见善久：《现代信托法》，赵廉慧译，中国法制出版社 2011 年版，第 35 页。

行为发生作为行使前提的有条件物权。[1] 有学者基于英美信托法上受益人受益权对人权与物权的争论，通过比较认为对物权本质上是物权，而受益权具备了对物权的对物性、对世性、追及性、知晓性、优先性和支配性几个方面的特点，因此决定了对信托财产权的物权属性。[2]

受益人受益权具有物权性特点，并不足以证明它就是物权，以其具有物权的某些特征就认定其为物权，未免有些以偏概全。在信托制度框架中，信托财产由受托人依照信托文件实际占有、管理、运用和处分，受益人只能依照信托文件获得受托人支付的收益或本金，在信托法未明确受益人是信托财产所有人的前提下，在受益人获得信托收益或信托本金之前，其受益权只能是具有某些物权性质的债权，在其获得信托收益或信托本金之后，其受益权自然转化为物权。

（三）新型权利

大陆法系传统民法理论习惯于对财产权进行债权与物权的二元划分，但是随着新型民事权利如知识产权、股权等的出现，二元划分的结构已经没有足够的能力涵盖新的民事权利类型。首先，信托制度源于英美法系，英美法系具有更多的灵活性和实用性，其生成路径与注重概念、体系化构造的大陆法系存在明显的不同，也就是说，英美法系信托制度不是按大陆法系传统培育的法律制度。信托受益权在大陆法系的出现，实际上是对英美法系信托法普通法所有权与衡平法所有权二元所有权结构的容纳与再造。其次，随着社会经济的发展以及经济领域中新模式、新业态等各种创新发展，大陆法系国家自身也面临着物权、债权二元划分理论解释力不足的难题。

[1] 徐卫：《信托受益权的法律性质新探》，载《上海财经大学学报》2006 年第 4 期，第 51 页。

[2] 陈雪萍：《信托受益人权利的性质：对人权抑或对物权》，载《法商研究》2011 年第 6 期，第 76-78 页。

对受益权这种财产权进行物权或债权非此即彼的划分已经显示出一定程度的不合理了，这种传统分类标准和论证方式对股权、信托受益权等新型财产权已经失去了解释力。[1] 即使有观点对受益权的性质进行了物权或债权的选择，也不能否认其兼具其他权利的属性。如有学者认为，受益权是对信托财产实质上的所有权，受益人可以直接对信托财产主张权利，但同时强调，受益权是兼具物权与债权性质的权利。[2] 这种复合权利的主张虽然可以弥补物权说与债权说的不足，但这种观点更像对受益权的描述，而不是法律定性，因此在大陆法系中很难给这种权利找到一个恰当的位置。[3]

基于大陆法系的物权与债权难以涵盖受益权的内容，把受益权看成特殊的权利是一种较为适宜观点，以免套用一般民法理论，造成对受益人权益保护不足，或造成对受益人保护过度。[4] 把受益权视为一种由《信托法》创设的新型民事权利也无不可。[5]

三、受益权的实现与处分

（一）受益权的产生

受益权的产生时间取决于信托的生效日期。我国《信托法》第四十四条规定受益人享有受益权的日期自信托生效之日起计算。应当强调，信托设立与信托生效是两个相互联系但又存在区别的概念，在信托设立时间与生效时间不一致的情形下，受益权产生的时间取决于信托生效的时间，遗嘱信托便是最明显的例子，遗嘱人通过遗嘱设立的信托，只能在遗嘱人死亡后才能生效，受益人的受益权也

[1] 赵廉慧：《信托受益权法律性质新解——“剩余索取权理论”的引入》，载《中国政法大学学报》2015 年第 5 期，第 51 页。

[2] 谢哲胜：《信托法》，中国台湾元照出版有限公司 2014 年版，第 178 页。

[3] 汤淑梅：《信托受益权研究：理论与实践》，法律出版社 2009 年版，第 109 页。

[4] 何宝玉：《信托法原理研究》，中国政法大学出版社 2005 年版，第 237 页。

[5] 周小明：《信托制度：法理与实务》，中国法制出版社 2012 年版，第 250 页。

只能在遗嘱人死亡后才转为一种现实权益。

另外，受益权的产生时间与受益人实际取得信托收益也是两个要注意区分的法律事实。在有些民事信托中，信托生效后，受益权产生，但是受益人并不能即时获得信托收益，而只是获得了一些规定的期待利益，如信托文件规定信托收益或信托本金要等受益人年满21周岁、考入大学或结婚时才开始给付或分期给付。

当然信托文件对受益人取得受益权的时间另有规定的，从其规定。

（二）受益权的内容

受益权的内容取决于两个方面的因素。第一个因素是信托财产，不同的信托财产所产生的权益是不同的。以美国的土地为例，根据相关的财产法律制度，在土地上可以产生多种权益。比如，土地的绝对权益人可以将其土地权益进行分割处分，给予妻子终生土地权益，给儿子一个继受权（remainder），在妻子去世后儿子继受该土地并取得绝对权益，儿子取得的继受权是一种未来利益（future interest）。绝对权益人也可以只给妻子终生权益，而自己保留在土地上的保留权利或回收权利。[1] 不动产的终生权益与继受权益或剩余权益是常见的受益权内容。如果信托财产为无形的金融资产，委托人可以将受益权分为收益受益权与本金受益权。第二个因素为受托人的指定，如果信托有多个受益人，委托人会进行受益人权益的分割，以实现信托财产的最大功用并满足不同受益人的多样化需求。

我国《信托法》对于受益权内容的规定比较笼统，根据第四十四条和第四十五条的规定，不管是单一的受益人还是多个受益人，其受益权的具体内容都根据信托文件确定。如果存在多个受益人，且委托人对受益人的受益权内容未作明确规定，即未对利益分配比

[1] 李进之：《美国财产法》，法律出版社1999年版，第60-61页。

例或分配方法作出明确规定，则由受益人按均等比例分享信托利益。然而，这种平均化、均等化的受益权处置方式未免有些过于简单和武断了，并且未必符合委托人的意愿或受益人的实际需要。

为了最大限度地发挥信托的效能，立法应当在不触及公序良俗和公共政策的前提下给信托当事人提供更多的选择。在信托文件未对多个受益人的受益权内容作出明确规定的情况下，对于受益权的确定立法可以提供以下方案：首先可以由多个受益人共同协商受益权的分配方案，因为在家庭信托中，受益人多为家庭成员，达成协议的可能性并非不存在。其次可以增加信托类型，通过设立自由裁量信托的方式赋予受托人自由裁量权以决定受益人的权益内容。最后可以由法院确定，这是一种通过法院裁定的方式来解决受益权益分配的方式。

（三）受益权的放弃

受益人的受益权是信托目的的指向，信托目的的实现体现于受益人获得受益权益。如果受益人放弃了受益权，信托目的则无从实现，信托则发生终止，属于我国《信托法》第五十三条规定的信托目的不能实现而导致的信托终止。如果信托有多个受益人，则需要所有受益人都放弃受益权，才发生信托终止的效力。信托终止后，按我国《信托法》第五十四条的规定，信托财产按信托文件规定确定归属，如果未作规定的，则根据受益人或其继承人、委托人或其继承人的顺序确定归属。美国信托法对由于受益人放弃受益权所导致的信托终止后果有所不同，在一个案件中，法官认为，因为唯一生存的剩余受益人的权利已经实现或因为放弃变得不可强制执行，初审法院终止了某一信托，结果产生了委托人继承利益的归复信托。[1] 在美国法上，如果受益人放弃了受益权，则会产生一个归复信托（resulting

[1] Buchbinder v. Bank of America, 342 Ark. p632 (2000).

trust）以解决信托财产权益的归属。

需要明确的是，受益人放弃受益权应当向谁、以何种方式作出，我国《信托法》并没有明确的规定，基于受益权的放弃对信托影响的重要性，《信托法》将来修改时应当明确规定，受益人放弃受益权的，应当以书面方式向受托人作出。

如果信托的多个受益人中，只一个受益人或部分受益人放弃受益权，则并不发生信托终止的后果，因为其他人的受益权依然存在，信托目的并非全部落空。对于部分受益人放弃的受益权，根据我国《信托法》第四十六条的规定，按下列顺序确定归属：第一，信托文件有规定的按信托文件的规定；第二，由其他受益人受领；第三，归属于委托人或其继承人。

在被放弃受益权的归属顺序中，问题在于第二顺位的归属规定，如果在一个不可撤销信托中有多个受益人，遗嘱生效后，一个受益人放弃受益权，这时如何确定被放弃的权益归属于其他受益人的顺序和份额呢？如果该信托为生前信托，委托人在受益人放弃受益权后当然有权另行指定受益人或收回被放弃的受益权益，在这种情形下直接规定归属于其他受益人，可能会限制委托人的财产处分自由。我国《信托法》第五十一条规定了委托人变更受益人或处分受益人受益权的权利，而规定的几种情形中未包括受益人放弃受益权后委托人的处分权。从制度衔接的角度看，将来的《信托法》修改应当在第五十一条时加入受益人放弃受益权的情形。

（四）受益权的转让与继承

根据《信托法》第四十七条和第四十八条的规定，信托受益权是受益人依法享有的财产权益，除非法律、法规及信托文件另有限制性的规定，受益人的受益权可用于清偿到期债务，也可以依法进行转让和继承。受益人通过合同依法转让其在信托中获得的受益权，属于一般的民事权益转让合同，不应认定为信托合同纠纷。信托是委托人为了受益人利益设立的一种财富管理工具，其目的就是通过受托人的管理、运用和处分使受益人享受信托利益。受益权作为一种民事权利，受益人原则上享有依法转让的权利，也可由继承人依法继承，但是信托文件另有规定的除外。

信托具有赠与的法律属性，具体体现为委托人通过信托机制将某些利益交由受益人，信托是委托人处分自己财产的一种方式，委托人可能对通过信托交付受益人的利益实施合理的限制。如果信托文件允许，受益人可以将其还未实际获得的信托利益（期待利益）转让给他人，也可以将其已然获得的信托利益转让给他人。作为一般原则，即使受益人是唯一的受益人，也不能把未实际交付给他的由受托人持有的信托财产直接转让或出售给他人，因为受益人并不享有对信托财产的处分权。

在美国民事信托中通常使用“浪费者条款”（spendthrift provision）对受益人的受益权进行限制。“浪费者条款”是信托中的一个限制性条款，用以阻止受益人过度挥霍其从信托中获得的利益。信托中的“浪费者条款”对于怎样向受益人进行分配施加了限制。这是防止受益人以轻率的方式浪费信托财产，如果可能，帮助受益人以明智的方式运用信托财产。“浪费者条款”实质上是对受益人使用信托利益的限制。但是，对于受益人受到“浪费者条款”限制下的信托权益并不能对抗一些主体的合理请求，如受益人的子女及配偶要求支付生活费、受益人的债权人为保护受益人的信托利益的花费形成的债权并获得法院的判决支持、其他根据联邦法或州法规定提出的合理请求。

在我国许多商事信托纠纷中涉及受益权的转让问题。

郑州银行股份有限公司（以下简称郑州银行）与安信信托股份有限公司（以下简称安信公司）于2016年8月30日签订《信托受益权转让合同》（以下简称1号合同），约定安信公司以信托的委托人和受益人的身份，转让安信公司在《安信·四川润丰嘉流动资金贷款单一资金信托合同》中所享有的全部信托受益权，自郑州银行支付信托收益权转让价款之日起享有信托合同项下全部信托受益权。当日，双方又签订2号合同，郑州银行作为转让方，安信公司作为受让方，转让郑州银行作为受益人合法享有信托项下所享有的全部信托受益权。法院认为双方之间的1号合同与2号合同依法订立，且不存在法定无效的情形，应当合法有效。[1]二审判决作出后，安信公司向最高人民法院提出再审申请。安信公司认为，中国银保监会上海监管局（以下简称上海银保监局）于2020年3月31日作出沪银保监银罚决字（2020）4号《行政处罚决定书》，认定四川润丰嘉流动资金贷款单一资金信托计划有承诺信托财产不受损失或保证最低收益的违法行为。2号合同约定实质为安信公司对郑州银行固定收益的保证应视为保底或刚兑条款，应认定无效。法院认为，根据最高人民法院2019年11月印发的《全国民商事审判工作会议纪要》（以下简称《九民纪要》）第九十二条规定，对于金融机构作为资管产品的受托人与受益人订立的含有保证本息固定回报、保证本金不受损失等保底或者刚兑条款的合同，人民法院应当认定该条款无效。但结合1号合同和2号合同的内容分析看，尚不能认定2号合同约定的转让价款中包含的信托收益为信托受托人与受益人之间订立的保底或者刚兑条款。上海银保监局（2020）4号《行政处罚决定书》并未确认定2号合同约定了保底或刚兑条款，因此，安信公司主张2号合同相关条款无效的理由不能成立。维持一审法院认定。[2]

《信托公司集合资金信托计划管理办法》第八条第一款禁止信托公司推介信托计划以任何方式承诺信托资金不受损失，或者以任何方式承诺信托资金的最低收益；《九民纪要》第九十二条也强调，

[1] 参见河南省高级人民法院民事判决书（2019）豫民终1733号。

[2] 参见中华人民共和国最高人民法院民事裁定书（2020）最高法民申5362号。

无论保底或刚兑条款是以“抽屉协议”还是其他约定的方式出现，都应当认定无效。结合上述案例，法院在认定保底或刚兑条款无效时，应当注意适用的合同范围，即《九民纪要》第九十二条的规定：“信托公司、商业银行等金融机构作为资产管理产品的受托人与受益人订立的含有保证本息固定回报、保证本金不受损失等保底或者刚兑条款的合同”。信托公司、商业银行等金融机构作为资管产品的受托人与受益人订立合同，应当属于信托合同，即信托公司、商业银行等金融机构作为资产管理人，对委托人的资产按照合同约定进行运用、管理与处分，所得收益按合同约定交付受益人，所产生的风险与亏损亦由受益人承担，在受托管理资产的活动中不得约定保底与刚兑条款。在四川润丰嘉流动资金贷款单一资金信托合同中，安信公司与投资人形成信托关系，而在郑州银行与安信公司签订的1号合同中，约定安信公司以信托的委托人和受益人的身份，转让安信公司在《安信·四川润丰嘉流动资金贷款单一资金信托合同》中所享有的全部信托受益权，两者之间并不形成信托关系，这是一种信托受益权转让合同，其性质不是信托合同，原则上并不受信托法调整，主要受合同法的一般原则调整。同样，当日双方签订的2号合同也是受益权转让合同，是郑州银行将其信托受益权转让给安信公司，也不是信托性质的合同。从合同的性质角度分析，也不应当适用《九民纪要》第九十二条的规定。因此规制信托产品的不能承诺保证最低收益和财产不受损失的规定不适用于两者之间签订的受益权转让合同。

安信公司在提出案件再审申请时指出，案涉《安信·四川润丰嘉流动资金贷款单一资金信托合同》为单一资金信托，如果履行2号合同，安信公司则既是信托计划的受托人，又是信托计划的唯一受益人，违反了《信托法》第四十三条受托人不得是同一信托的唯一受益人的规定。[1]

[1] 参见中华人民共和国最高人民法院民事裁定书（2020）最高法民申5362号。

受益权是一种请求权、债权，在营业信托中，受益人的受益权最终能否实现取决于受托人对信托资产的管理和运用。在很多信托计划产品中，作为受托人的信托公司把信托资金投向目标项目，作为对价获得的是项目公司的股权或目标项目的收益权。即便是受益人根据信托合同享有受益权，但是目标公司或项目也通常把信托投资所产生的收益交付受托人，再由受托人把收益分配给受益人。也就是在受托人向受益人分配收益之前，受托人依然享有对目标公司或项目产生的收益进行再投资或管理、处分的权利。《安信·四川润丰嘉流动资金贷款单一资金信托合同》受益权应当由信托计划投资人享有。而安信公司作为合同的一方当事人把受益权转让给郑州银行，实质是对信托财产进行管理、运用和处分的手段而已。因此，安信公司主张以受让的受益权与郑州银行进行的转让协议违反《信托法》的规定是不成立的。

但受益权转让合同在某些情形下会被法院认定为是一种保底承诺或刚性兑付，从而认定受益权转让合同无效。

2016 年，安信信托股份有限公司（以下简称安信信托）因与湖南高速集团财务有限公司(以下简称高速财务)签订《信托合同》四份，由高速财务公司向安信信托认购“安信安赢 42 号·上海董家渡金融城项目集合资金信托计划”信托单位 4 亿元。2019 年 5 月 4 日，高速财务与安信信托签订《信托受益权转让协议》，约定由信托合同的受益人高速财务作为转让人，向安信信托转让其根据《信托合同》所享有的信托受益权及相关一切衍生权利，转让价款 = 标的信托收益权对应的信托资金 ×（1+6.5%/ 年 × 转让方实际持有信托受益权的天数 /365）– 转让方持有标的信托受益权期间已获得分配的信托利益。2019 年 7 月 9 日，高速财务与安信信托签订《补充协议》，对《信托受益权转让协议》的履行与违约责任进行补充约定。一审法院认为，高速财务与安信信托之间的《信托受益权转让协议》与《补充协议》签订于《信托合同》生效后 2 年，一方面，法律、行政法规未禁止信托受益权的转让；另一方面，《信托受益权转让协议》与《补充协议》系双方当事人的真实意思表示，协议合法有效。二审法院认为，本案双方争议的涉案《信托受益权转让协议》及《补充协议》应认定无效。第一，安信信托和高速财务通过《信托合同》建立了信托法律关系，而后双方签订的《信托受益权转让协议》及《补充协议》，使得《信托合同》确立的权利义务关系发生变化，信托受托人安信信托受让了信托受益人高速财务享有的信托利益和承担的全部投资风险，而高速财务则可以通过《信托受益权转让协议》及《补充协议》收取固定的信托受益权转让价款，从而达到获得本息固定回报、本金不受损失的结果。双方签订的《信托受益权转让协议》及《补充协议》名为转让信托受益权，实质为保本保收益的承诺安排，协议违反了《信托法》第三十四条“受托人以信托财产为限向受益人承担支付信托利益的义务”的规定，应认定无效。第二，上海银保监局于2020年8月出具的《上海银保监局关于回复长沙中级人民法院征询函的函》认为，高速财务与安信信托签订的《信托受益权转让协议》及《补充协议》等协议是保本保收益行为，属于违规刚性兑付。作为金融规范、监督管理的专业行政机构及信托公司的主管部门，上海银保监局对金融机构相关违法违规行为的认定和处罚具有权威性，应认定双方签订的受益权转让协议为违规刚性兑付。第三，根据《九民纪要》第九十二条的规定，资管产品的受托人与受益人订立合同如含有保证本息、固定回报、保证本金不受损失等保底或者刚兑条款的，人民法院应当认定该条款无效。[1]

郑州银行与安信公司之间的受益权转让合同被认定为有效，而高速财务与安信信托的受益权转让合同则被认定为无效，其主要原因在于，郑州银行受让安信公司转让的信托受益权时，并不具有信托合同受益人的身份，郑州银行与安信公司之间并未形成信托关系，

[1] 参见湖南省高级人民法院民事判决书（2020）湘民终1598号。

双方的受益权转让合同自然不能适用《信托法》及其他调整信托关系的法律规范。而高速财务与安信信托之间则是先有《信托合同》，《受益权转让协议》签署在后，双方存在确定的信托关系，《受益权转让协议》及《补充协议》的实际履行，达到的结果与信托公司承诺信托财产不受损失和保证收益并无二致，因此，按《信托法》《信托公司管理办法》及《信托公司集合资金信托计划管理办法》等法律法规的规定，应当认定为无效。但是值得一提的是，在二审法院认定高速财务与安信信托之间的受益权转让合同无效的同时，并没有对合同无效所造成的后果进行责任划分。安信信托作为专业从事信托业务的公司，不可能不知道与高速财务订立具有保证本息、固定回报、保证本金不受损失等保底、刚兑性质的合同条款是违规的，其在知情的情况下与对方当事人订立违规的协议，对合同被确认为无效也具有过错，根据 1999 年《合同法》第五十八条、《民法典》第一百五十七条的规定，对无效的法律行为所造成的后果，当事人各方都有过错的，应当各自承担相应的责任，而不应当像二审法院的判决一样没有让安信信托承担《受益权转让协议》及《补充协议》无效所造成的法律后果。

第三节　受益权制度在商事信托中的应用

一、受益人的受益权与收益权投资

在信托关系中，受益人根据信托文件的规定享有信托收益权，获得信托利益，这与信托公司在实践中所投资的收益权是两种截然不同的权益。信托公司在募集了投资人（委托人）的资金后，与投资人之间形成信托投资关系，投资人（委托人）也是信托的受益人，依法享有信托公司投资活动所取得的收益。信托公司募集资金之后有时会投资于基础资产产生的收益权，此时信托公司与基础资产的所有人之间通常形成投资合同关系，不会形成信托关系，信托公司所投资的基础资产收益权是信托公司对信托资金进行投资运用、管理过程中的投资标的，收益权投资的成败在事实上决定着受益人的受益权能否实现、能在多大程度上实现，但是受益人并是收益权投资关系的当事人。

在广西有色金属集团有限公司（以下简称广西有色金属公司）诉五矿国际信托有限公司（以下简称五矿信托公司）一案中，五矿信托公司设立“五矿信托—有色 1 号集合资金信托计划”，与信托计划的委托人签订《五矿信托—有色 1 号集合资金信托计划信托合同》。委托人将资金汇入五矿信托公司指定的信托专用账户，五矿信托公司作为信托计划的受托人对信托专用账户中的信托资金进行管理。信托计划的委托人与五矿信托公司之间形成了信托法律关系。为履行与委托人订立的信托合同，五矿信托公司与广西有色金属公司签订《特定资产收益权转让暨回购合同》，约定五矿信托公司以 8 亿元信托资金受让广西有色金属公司持有的广西有色金属公司办公大楼及东盟文化交流中心的收益权，到期后广西有色金属公司再回购该资产收益权，向五矿信托公司返还 8 亿元信托资金及 12.8% 的回购溢价款。如果广西有色金属公司不能按约定支付特定的股权收益或不能履行其合同约定的回购股权收益权的义务及支付其他任何应付款项义务，五矿信托公司则有权宣布回购本金提前到期。之后由于广西有色金属公司破产未能履行支付回购款的义务，双方发生诉讼。根据一审法院青海省高级人民法院的认定，五矿信托公司与广西有色金属公司之间依据双方签订的《特定资产收益权转让暨回购合同》一方面形成信托法律关系，双方在回购合同中对信托财产的范围、种类及其状况、转让价款、回购的价款等内容均作了明确约定；另一方面双方基于收益权回购合同形成回购法律关系。而二审法院只强调五矿信托公司与广西有色金属公司之间形成收益返售回购法律关系。五矿信托公司获取的收益并不是固定收益，回购合同所定的回购价格应为最低收益。回购合同约定的业务属于信托监管机构认可的信托公司正常的业务经营活动，与信托贷款业务存在差别。双方签订《特定资产收益权转让暨回购合同》后，五矿信托公司已向其监管部门履行了报备手续，监管部门并未提出整改意见。原审法院认定《特定资产收益权转让暨回购合同》的性质为营业信托，并无不当。上诉人广西有色金属公司关于《特定资产收益权转让暨回购合同》实为借贷合同的上诉理由不能成立。[1]

在上述案例中，信托计划委托人与五矿信托公司订立信托合同，形成信托法律关系，其中委托人也是信托的受益人，五矿信托是信托的受托人。五矿信托公司与广西有色金属公司订立《特定资产收益权转让暨回购合同》，把信托资金投向广西有色金属公司持有股权的收益权，这是信托公司对信托资金的投资管理和运用，双方是否会因此产生信托关系，应当看合同中是否存在明确约定，即委托人、受托人与受益人的角色是否有明确划定，信托目的为何，如果确定存在前述内容，则在五矿信托公司与广西有色金属公司之间形成另外一个信托法律关系。如果没有上述内容，则不能认定双方成立信托关系。但是可以明确的是，五矿信托公司与广西有色金属公司订立的《特定资产收益权转让暨回购合同》受信托计划委托人与五矿信托公司之间信托合同的约束。

在司法实践中，法院对信托公司将信托资金投资于收益权的行为会有其他性质的认定。例如，在安信信托股份有限公司（以下简称安信信托公司）诉北京天悦投资发展有限公司（以下简称北京天悦公司）等一案中，2013 年 8 月，安信信托公司与上海凯盟投资发展有限公司签订 3 亿元资金信托合同一份。北京天悦公司与安信信

[1] 参见中华人民共和国最高人民法院民事判决书（2016）最高法民终 233 号。

托公司于 2013 年 9 月 18 日签订《股权收益权转让及回购协议》（以下简称《回购协议》），约定安信信托公司以其持有的 3 亿元受托信托财产，受让北京天悦公司持有的天域公司 100% 股权的收益权。转让期限为 2 年，转让期满，北京天悦公司应当归还全部转让款 3 亿元并支付回购溢价款，溢价款按 3 亿元基本价款的 13.5%/ 年计算。除了安信信托公司与北京天悦公司签订的《回购协议》外，双方还签署了《股权质押协议》一份，约定以北京天悦公司持有的天域公司 100% 股权向安信信托公司支付的股权转让款提供质押担保，双方在 9 月 19 日还签署了《抵押合同》一份，以北京天悦公司特定的不动产产权对股权转让款提供抵押。为了保障股权转让款的安全，安信信托公司另外与王某瑛、黄某海签订了《保证合同》。之后北京天悦公司未能如期回购股权，安信信托公司诉诸法院。法院认为，虽然双方签订的《回购协议》形式上符合《信托公司管理办法》和《信托公司集合资金信托计划管理办法》规定的“买入返售”的信托资金管理模式，但是根据双方当事人的真实意思和合同履行的实际情况判断，安信信托公司并不存在买入北京天悦公司持有的天域公司 100% 股权收益权并承担相应风险的真实意思。原因有三：首先，根据双方签订的《回购协议》，标的股权收益权包括收取并获得标的股权的预期全部收益的权利，但协议又特别约定安信信托公司受让标的股权收益权后，北京天悦公司仍管理其持有的标的股权，但要把收到的标的股权收益，在规定时间将其全部收益转入安信信托公司指定账户。安信信托公司只获取北京天悦公司股权等所产生的收益，但并不参与标的股权的经营管理。其次，《回购协议》虽约定安信信托公司有权获得北京天悦公司经营管理标的股权产生的收益，但协议又强调北京天悦公司在协议履行期内不得以任何形式分配利润，协议同时约定北京天悦公司应与安信信托公司另行签订《股权质押协议》后将标的股权向安信信托公司进行质押。这些约定限制了北京天悦公司处置、转让标的股权产生收益的可能。最后，《回购协议》约定的标的股权收益权转让对价不符合市场交易逻辑，其价值并无市场价值的证明。双方当事人的真实交易目的在于通过出卖而后回购的方式以价金名义融通金钱，因为双方之间的《回购协议》并非《信托公司管理办法》规定的“买入返售”合同，又非合同法规定的有名合同，所以应当参照最相类似的借款合同的相关规定处理。[1]

二、证券化过程的受益权

在有些信托公司的商事信托业务中，会创新性地运用证券化技术。在这种信托中，融资人向信托公司交付信托财产设立信托，而信托公司又以信托财产为基础发行受益权份额，投资人通过认购受益权份额的方式成为信托受益人。

在安信信托投资股份有限公司（以下简称安信信托）诉昆山纯高投资开发有限公司（以下简称昆山纯高）一案中，昆山纯高与作为受托人的安信信托于2009年9月11日签订《信托合同》。合同约定，安信信托基于昆山纯高交付的信托财产向投资人发行信托受益份额而设立，受益人根据其持有的信托受益权份额享有优先受益权与一般受益权，在信托受益权分配方面，优先受益权优先于一般受益权获得清偿，在优先受益权获得足额清偿前，不对一般受益权进行信托财产的分配。优先受益权获得清偿后的，全部剩余信托财产归于一般受益权。信托财产系委托人昆山纯高对基础财产依法享有取得收益的权利及因对其管理、运用、处分或者其他情形而取得的财产，基础资产指委托人昆山纯高持有的位于昆山市的“昆山·联邦国际”项目的国有土地使用权及其在建工程。信托设立的目的在于实现委托人昆山纯高的基础资产财产价值的流动化，以其基础资产收益权为基础向投资者发行信托受益权份额，受托人安信信托依

[1] 参见中华人民共和国最高人民法院民事判决书（2017）最高法民终907号。

据信托文件，为受益人的利益对信托财产进行管理、运用和处分，并将信托利益向受益人进行分配。受托人安信信托按信托文件的约定，将本信托优先受益人的2.15亿元投资款交付给委托人并监督其用于支付“昆山·联邦国际”项目的工程款及调整财务结构。在信托存续期内，基础资产继续由委托人昆山纯高按原有方式妥善保管，并负责基础资产的管理、经营和销售。为保证收益款的按时足额收回以及委托人履行资金补足义务，委托人自愿将基础资产抵押给受托人安信信托，以保证受托人安信信托顺利行使对基础资产的受益权和处分权等各项权利。

同日，安信信托作为出借人，昆山纯高作为借款人，戴某峰、戴某平、嘉兴纯高公司作为保证人共同签订了《信托贷款合同》。合同约定，信托贷款指由安信信托作为受托人，将根据信托合同、《“昆山·联邦国际”资产收益财产权信托受益权投资说明书》获得信托资金向借款人昆山纯高发放的贷款。安信信托向昆山纯高发放的2.15亿元贷款为向投资者募集的认购优先受益权的资金。

2009年9月24日，安信信托发布公告“昆山·联邦国际”资产收益财产权信托成立。后来由于昆山纯高未能履行相关义务，引发诉讼。安信信托以昆山纯高未能履行《信托贷款合同》约定的还款义务，以信托贷款合同纠纷提起诉讼，要求昆山纯高承担相应的违约责任，但昆山纯高以信托合同纠纷提出抗辩。法院认为，该案纠纷的性质应定为营业信托纠纷，主要理由为，第一，安信信托承认信托成立及双方签订信托合同的事实，且信托合同为双方真实意思表示，未违反法律、法规的强制性规定，为合法有效合同，双方之间存在信托法律关系；第二，《信托合同》签订在先，《信托贷款合同》签订在后，且《信托贷款合同》确认信托贷款源于信托合同、投资说明书获得信托资金；第三，信托合同中的优先受益权本金与信托贷款合同中的贷款本金系同一笔资金；第四，《信托合同》与《信托贷款合同》约定的还款方式大体相同；第五，安信信托以信托贷款的方式把信托资金交付昆山纯高使用违反了信托合同规定的资金使用方式，并且安信信托没有把信托贷款向投资者披露，另外，安信信托在《信托贷款合同》中约定了高于向投资人兑付收益率的贷款利率，谋取自身利益。一审法院因此认定案件纠纷的性质为营业信托。法院认为，由于信托财产只是受益权，为保障案外投资人权益，抵押办理对于安信信托、昆山纯高和案外投资人而言都具有重要意义。由于信托合同的原因，难以办理基础资产抵押登记，因此双方通过签订《信托贷款合同》的方式办理了基础资产的抵押登记，双方对此均有预期且达成合意，应认定《信托贷款合同》是达成《信托合同》所约定抵押登记的工具。对于安信信托通过《信托贷款合同》谋取高额违约金、谋取私利的违反诚实信用的做法不予支持。[1]

二审法院认可了一审法院对案件性质的认定，认为信托合同是当事人的真实意思表示，且经监管部门备案登记，未违反法律强制性规定，属于有效合同。由于《信托合同》与《信托贷款合同》先后签署，且信托优先受益权本金与贷款本金系同一笔资金，因此《信托贷款合同》依附于《信托合同》产生。安信信托与昆山纯高针对一份款项签订两份合同，“其实质是以贷款合同为形式，来保障安信信托对信托财产的控制权，实际上安信信托对所谓的贷款本身并不享有权利。”安信信托与昆山纯高之间的权利义务及违约责任应当以双方的信托合同为依据。[2]

在该案中，信托公司设计了证券化的受益权，案外投资人投资于安信信托与昆山纯高设立信托发行的受益权份额，投资人通过认购受益权份额这种等价交换的方式获得了受益权，成为信托法律关系的当事人。另外，该案中信托还把受益权进行了结构化区分：优先受益权与一般受益权。优先受益权可以优先获得权益受偿，而一

[1] 参见上海市第二中级人民法院民事判决书（2012）沪二中民六（商）初字第7号。
[2] 参见上海市高级人民法院民事判决书（2013）沪高民五（商）终字第11号。

般受益权人应当在优先受益人获得受偿后才能获得受偿。

在广西有色金属公司诉五矿信托公司一案中，法院指出，回购合同约定的业务属于信托监管机构认可的信托公司正常的业务经营活动，与信托贷款业务存在差别。双方签订的《特定资产收益权转让暨回购合同》约定："信托公司取得的特定资产收益权及其产生的全部收益归入信托财产。"根据该约定，在约定的特定资产收益权期间内，信托公司取得特定资产产生的任何收益。因此，信托公司取得的收益并不是固定的，约定的回购价格应为最低收益。收益权回购业务属于信托公司正常的业务经营活动。双方签订《特定资产收益权转让暨回购合同》后，五矿信托公司已向其监管部门履行了报备手续，监管部门并未提出整改意见。《特定资产收益权转让暨回购合同》等相关协议，系各方当事人真实意思表示，且不违反法律、行政法规的禁止性规定，合同有效。[1]

[1] 参见中华人民共和国最高人民法院民事判决书（2016）最高法民终 233 号。

第七章　信托的变更与终止

第一节　信托的变更

一、信托变更的含义

从一般意义来说，信托的变更是指信托要素的变化，诸如信托的名称、受托人、信托财产的组成、受益人及受益人受益权的内容等。但是基于信托种类的多样性，信托的变更应当结合信托的具体类型进行讨论才有实际意义。

信托是委托人处分其财产的一种方式，委托人可以通过信托文件保留其对财产的合理控制。如果委托人在信托文件中规定了信托可以变更，那么信托可以根据信托文件的规定进行变更。以美国常见的生前信托为例，如果为可撤销信托，委托人可以随时对信托内容进行变更，如果为不可撤销信托，委托人在一般情况下不得对信托进行变更。在遗嘱信托中，由于在信托生效时委托人已经死亡，因此委托人不可能对信托进行变更，但是根据规定，受益人在满足规定的条件时可以对信托进行变更。

简单地说，信托的变更就是指相关主体在权限范围内对信托的内容进行的变更。

二、我国《信托法》规定的信托变更

我国《信托法》并没有对生前信托进行可撤销信托与不撤销信托的划分，《信托法》规定委托人对信托进行变更主要指两种情形：第一，《信托法》第二十一条规定的信托设立时未能预见的原因导致的调整信托财产管理方式；第二，《信托法》第五十一条规定的委托人变更受益人或处分受益人的受益权。因前文已经对委托人的调整权作了整理，在此不再赘述。下文主要对第二种情形进行梳理与说明。

我国《信托法》并没有给出信托变更的具体定义，根据条文来分析，第五十一条规定了信托变更的几种情形，指的是委托人变更受益人或处分受益人受益权的四种情形：第一，受益人对委托人有重大侵权行为；第二，受益人对其他共同受益人有重大侵权行为；第三，经受益人同意；第四，信托文件规定的其他情形。

从法律的规定分析，信托变更的主体为委托人，变更的内容为信托的受益人或对受益人的受益权进行处分。委托人变更信托的权利可以具体分为法定变更权利与约定变更权利，如果受益人对委托人实施了重大侵权行为或对其他共同受益人实施了重大侵权行为，则委托人可以行使法定变更信托权利，依法变更受益人或处分侵权受益人享有的信托受益权；除此之外，委托人根据信托文件的规定或经受益人同意行使的变更信托权利，则属于约定变更信托权利。同时，应当明确的是，委托人变更信托的权利只适用于他益信托，而不适用于自益信托。在他益信托中，受益人或受益权的变更在于信托受益人之外的主体，即委托人在依法改变原来的信托受益格局，一方主体以自己的行为对另一方主体的权利或权益产生影响，当然需要法律予以规范；但在自益信托中，委托人同时也是受益人，受益人处分信托受益权属于对自己权益的处分，只要不违反法律法规或信托文件的规定，当然无须他人的同意。

上海岩鑫实业投资有限公司（以下简称岩鑫实业）与华宝信托投资有限责任公司（以下简称华宝信托）于2004年2月4日订立《资金信托合同》，合同约定竞拍并完成望春花4007714股社会法人股并过户至岩鑫实业名下的全部成本作为信托资金，预计人民币4540216元；信托类型为自益信托，信托存续期暂定为2年。同时约定，如果岩鑫实业变更受益人，华宝信托有权收取信托资金额0.8%的变更手续费；岩鑫实业未经华宝信托同意，不得变更、撤销、解除或终止信托。2004年4月5日，岩鑫实业与致真公司签订《望春花法人股信托受益权转让合同》，约定向致真公司出让《资金信托合同》项下望春花4007714股社会法人股信托受益权。当天，华宝信托收取了致真公司交付的信托受益权转让手续费，但未办理受益权转让手续。岩鑫实业致函华宝信托催办无果，向致真公司承担违约责任后，向华宝信托发出通知要求解除双方签订的《资金信托合同》。法院认为，在该案的信托合同纠纷中，双方争议焦点在于岩鑫实业是否有权转让其在信托中的信托受益权。法院认为，华宝信托辩称岩鑫实业转让行为违反《资金信托合同》委托人不得更改信托的约定，系其单方解释。法院认为信托合同中没有禁止委托人转让受益权，而华宝信托将委托人不得更改信托理解为不得转让受益权，与签约时双方真实意思表示明显不一致，也与合同中关于华宝信托在岩鑫实业变更受益人时收取手续费的约定相冲突。因此，岩鑫实业有权将受益权转让他人。[1]

[1] 参见上海市第一中级人民法院民事判决书（2004）沪一中民三（商）初字第201号。

从法院判决来分析，可以得出以下的结论：第一，在《信托法》没有明确界定信托变更含义的前提下，第五十一条规定的信托的变更指向了委托人变更受益人或处分受益人受益权的两种情形，而自益信托委托人转让处分自己的信托受益权不属于信托变更的情形。第二，双方签订的《资金信托合同》也没有对信托的变更作出明确的界定，在这种情形下，当然不能把自益信托委托人转让信托受益权的行为包含进信托变更的范围。

三、美国信托法上的信托变更

美国《信托法重述（第三版）》第六十三条规定，生前信托的委托人有权撤销或修改信托条款；若信托条款（terms of the trust）[1] 无相反规定，委托人有权以提供任何能证明其存在明晰、确定意愿证据之方式撤销或修改信托。[2] 美国《信托法重述（第三版）》所规定的信托变更给我们的另外一个启示在于，信托的变更只能适用于生前信托而不适用于遗嘱信托。委托人变更信托，当然应当以其生存作为必要前提，还有一点应当明确，在美国信托法中生前信托还存在可撤销信托与不可撤销信托的区别，在不可撤销信托中，委

[1] 根据美国《信托法重述（第三版）》第四条规定，信托条款是委托人就信托内容所作出的意思表示（manifestation of intention），而信托内容的表达方式应当以司法程序中对其证据的认可为限。换句话说，如果委托人所做意思表示的证据不为司法程序所认可，那么委托人的意思表示就不构成信托条款。参见 Restatement (Third) of Trusts §4 cmt.b (2003)。信托条款包含了信托设立时委托人任何的意愿表达，不管是书面的还是口头的，抑或是通过行为表达的，只要是它认可司法程序中证明意愿表达的证据即可。就决定信托条款来说较为重要的内容包含以下几个方面：第一，委托人、受益人及受托人的具体情形，如年龄、法律权能与实际权能（legal and practical competence）、个人及金融情况，三者之间的关系；第二，信托财产的价值与特点；第三，信托设立的目的；第四，当时商业与金融的活动；第五，进行信托管理的情形；第六，包含相关问题表达的文件的起草形式正式与否、技能缺乏与否，注意缺乏与否。参见 Restatement (Third) of Trusts §4 cmt.a (2003)。

[2] Restatement (Third) of Trusts §63, (2003).

托人是无权对已经设立生效的信托进行任何变更的，因此，委托人可以变更的信托其实只有可撤销的生前信托这一种类型。

不同于我国《信托法》信托变更只适用他益信托的规定，美国的《信托法重述（第三版）》确定委托人行使变更、撤销信托的权利在于他在相关信托中是否享有信托利益。如果委托人在可撤销信托中，委托人未就信托是否可撤销或变更作出明确的表示，并且委托人未在信托中保留任何利益，可以推断委托人对信托不享有撤销或变更的权利，原因在于这种信托与完全赠与是相类似的，应当适用与生前赠与一样的传统规则。但是，如果委托人虽然未能表明信托是可撤销的或可变更的，但其在信托中保留了某些权益，推论就是信托是可撤销的或可变更的。

如为了 B 年满 23 岁之前的供养及教育，S 把财产转移给 T 作为信托财产。当 B 年满 23 岁时，信托财产全部分配给 B，如果 B 在年满 23 岁前死亡，财产则分配给 B 的子女。信托没有提及委托人撤销或变更信托的权力，也无证据表明委托人有此意图。在此信托中，S 无权撤销或变更信托。在另外一个信托中，S 把财产转移给 T 设立信托，规定 S 终生享有信托收益，并可享有受托人 T 认为供养 B 所必需的信托本金数额，在 S 死亡时，剩余财产归 R 或 R 的子女。信托没有提及委托人撤销或变更信托的权力，也无证据表明委托人有此意图。但在此信托中，根据默示，S 有权撤销或变更信托。[1]

在美国的信托判例法中存在一个 Claflin 原则。该原则与信托的变更也存在关联。该原则禁止与委托人明确的信托意图相抵触的任何变更或终止。该原则通过 Claflin v. Claflin 一案确立，在该案中，委托人为其儿子的利益设立了一个信托，要求受托人在儿子年满 30 岁时把信托本金支付于他。在未年满 30 岁之前，儿子起诉要求终止信托，并指出他是唯一的受益人。后来法院拒绝终止信托，原因是

[1] Restatement (Third) of Trusts § 63 cmt.c (2003).

终止信托违背委托人的意愿。法院认为，委托人在遗嘱中对其财产的处分可以在不违反法律的前提下施加一些限制，其意愿应当得到尊重，除非该意愿与法律的规定相抵触，或违反公共政策。[1] 在该原则确定之前，美国遵循英国的普通法规则，而英国的普通法规则确立基于所有财产权益都应当被合理地转让，一旦委托人交付了财产，受益人应当有资格控制所有的财产权益。[2]

通过法院对信托进行变更有两种途径：一是根据《统一信托法》第四百一十一条（a）的规定，受托人、受益人可以提起诉讼变更信托，如果委托人或所有受益人都同意，可以变更信托，也可以由委托人提起诉讼变更信托。如果委托人或所有受益人都同意变更信托，这种变更可能与信托目的相冲突。如果委托人死亡，或委托人不同意变更信托，根据《统一信托法》第四百一十一条（b）的规定，所有受益人一致同意变更，并且变更与信托的实质目的并不冲突，信托也可以变更。即使所有受益人并未一致达成变更信托的协议，法院依然可以在不违背信托实质目的的前提下变更信托，并且不同意变更信托的受益人利益会得到适当的保护。二是根据州法进行的信托分流（decanted），州法的规定通常涉及诉至法院并根据意定的分流条款创设新的信托。例如，在一个不可撤销信托中，有三位受益人。根据信托条款的规定，几年之后信托财产应当直接分配给三位受益人。假设一位受益人为无行为能力并有特殊需求，如果把信托财产直接分配给他，那么这位受益人就可能失去他所依赖的公共福利。第二位受益人因疲惫驾驶伤及他人被法院判决承担赔偿责任，如果信托财产直接分配给她，那么财产会被法院强制执行。第三位受益人则不会因为信托财产直接分配给他受到什么影响。三位受益人都在采用《统一信托法》的司法区，且他们都同意修改信托。信

[1] Claflin v. Claflin, 20 N.E. 454 (Mass. 1889).

[2] Austin W. ScoTr & WaLim F. Fratcher, The Law of Trusts § 337 (4th ed. 1987).

托修改后，由信托为第一位及第二位受益人终生持有信托财产，同时，把信托修改前应当分配给第三位受益人的信托财产直接分配给第三位受益人。[1]

可见，在美国，可撤销信托由委托人随时进行变更或终止；不可撤销信托可由受托人、受益人通过法院进行相应的变更，以实现受益人财产保护、税收便利或其他利益。

我国《信托法》规定的信托变更都是针对生前信托这一类型，没有考虑到遗嘱信托类型的变更需要，如果从将来民事信托应用的角度来看，理应把遗嘱信托的变更纳入调整的范围，并借鉴美国信托法的规定，规定受益人的一致变更权，以使信托的应用具有更多的灵活性，满足当事人的需求。对于遗嘱信托中的受益人变更信托的权利，是否需要确定受益人的变更与信托实质目的一致性，实际上是在委托人的财产处分自由与受益人的财产处分自由中进行政策选择的问题。

第二节　信托的终止

信托的终止是指因特定事由所导致的信托关系消灭。信托的终止是信托的终点，也是一个不能忽视的重要问题，需要对信托终止的事由及其法律后果进行重点厘清。

一、信托终止的事由

我国《信托法》第五十三条对信托终止的事由作出了明确的列举，相应情形的发生会导致信托关系的终止。

[1] Modifying an Irrevocable Trust，https://www.aaepa.com/2019/04/modifying-an-irrevocable-trust/，2021 年 6 月 19 日访问。

（一）信托文件规定的终止事由发生

信托文件是信托设立、运行及终止所依据的重要法律文件，信托文件可以规定信托终止的事由，这体现了委托人财产处分自由。

通常来说，由信托文件所规定的信托终止事由大体有三种类型：第一，特定的受托人无法履行职责；第二，特定的受益对象不再信赖信托利益；第三，发生了违背委托人意愿的事件。[1] 如果信托文件规定了信托存续期限，那么期限届至也是信托文件规定的终止事由。

（二）信托的存续违反信托目的

信托目的是信托有效设立的三个必备要素之一，信托的运行应当实现委托人的信托目的，如果信托的存续已经违反信托目的，实质上也就违背了委托人的意愿，这种情形下，信托存续的合理性也就不存在了。

（三）信托目的已经实现或不能实现

信托目的实现，信托自然终止，这应当是信托终止最理想的状态。这也就意味着委托人的意愿通过信托机制得以实现，信托的使命已经完成。

如果信托的目的确定不能实现，那么信托也会终止。例如，信托因为唯一受益人死亡或全体受益人放弃受益权，信托目的无法实现，信托在此种情形下应当终止。

（四）信托当事人协商同意

在这种情形中，首先应当分情形确定信托当事人的范围。在遗嘱信托中，信托生效时委托人已经死亡，要协商终止信托的主体只

---

[1] 何宝玉：《信托法原理研究》，中国政法大学出版社 2005 年版，第 128-129 页。

限于受托人与受益人；在生前信托中，协商终止信托的当事人包括委托人、受托人与受益人三方。

协商终止信托与信托终止的第三种情形即信托目的已经实现或不可能实现不应存在交叉，也就是协商终止信托时并没有出现信托目的已经实现或不能实现的情形。在信托的正常运行过程中，当事人协商终止信托无疑会使委托人设立信托的目的落空。这也就意味着，在遗嘱信托中，受托人与受益人的协商可以否决遗嘱人对信托财产的处分；在生前信托中，三方当事人协商也可以终止委托人设立信托的初衷。这一规定明显体现出信托当事人对信托的处分权优先于委托人的处分权。

美国《信托法重述（第三版）》对于委托人之外的信托当事人修改与终止信托的规定还强调了对委托人意愿的尊重。其第六十四条规定，除非另有规定，受托人或受益人只享有按照信托条款赋予的权力终止信托或修改信托条款；信托条款也可以授权第三人终止或修改信托。[1] 其第六十五条规定，如果所有不可撤销信托的受益人同意修改信托或终止信托，必须与信托的实质目的一致，否则不得修改信托条款或终止信托；除非获得委托人同意，或者委托人死后获得了法院的授权。[2]

（五）信托被撤销

信托被撤销指的是已经产生效力的信托因法院等有权机关的干预而终止其已经发生的法律效力。

我国《信托法》第十一条规定了信托无效的六种情形，信托无效，顾名思义，就是它自始至终没有发生法律效力，自然谈不上信托的撤销问题。至于信托的撤销，我国《信托法》只在第十二条规

[1] Restatement (Third) of Trusts §64 (2003).

[2] Restatement (Third) of Trusts §65 (2003).

定了信托撤销的唯一情形，即委托人设立信托损害了债权人利益时，债权人有权申请人民法院撤销该信托。除此之外，我国《信托法》没有规定其他的信托撤销事由。

（六）信托被解除

信托的解除，是指信托主体行使解除权终止与信托有关的行为。我国《信托法》第五十条规定了信托解除的两种情况：第一，如果委托人是信托的唯一受益人，委托人或其继承人享有法定的信托解除权。在这种情形下，委托人为自身利益设立信托，委托人或其继承人解除信托不会影响他人权益，自然可以随时随地行使解除信托的权利。第二，信托文件规定的其他解除情形。从立法的角度来看，立法认可信托文件规定的主体在规定的情形下行使解除权，终止信托关系，可以看出，立法在解除权上认可委托人的处分自由。

美国《信托法重述（第三版）》规定的委托人修改与终止信托的权力范围要广得多。根据其第六十三条的规定，生前信托的委托人可以在信托文件规定的范围内对信托进行修改或予以终止。如果信托条款没有相反规定，委托人可以任何有明确、可信的证据证明委托人有意以此方式对信托进行修改或予以终止。[1]

二、信托终止的法律后果

信托关系终止，并不意味着所有的信托事务结束。信托终止的后果也需要信托法进行相应的调整。

（一）信托财产归属

我国《信托法》第五十四条规定了信托终止后的信托财产归属问题。首先，信托终止时信托文件对财产归属有规定的，归属于信

[1] Restatement (Third) of Trusts §63 (2003).

托文件规定的人。其次，信托文件对信托财产归属未作规定的，按第五十四条规定的顺序确定归属，第一，受益人或其继承人；第二，委托人或其继承人。

信托终止后信托财产归属的规定，体现了信托文件规定优先的原则，这实际上是对委托人处分自由的优先保护。

（二）信托财产转移中的法定信托

根据我国《信托法》第五十五条的规定，自信托终止时起，至信托财产移交完毕时止,信托关系仍视为存续,受托人仍负各项义务。

从信托法理分析，这是我国《信托法》上明确规定的唯一的法定信托情形。信托已然终止，但信托事务并未完全处理完毕，在受托人未把信托财产完全转移给权利归属人之前，《信托法》规定了一种法定的信托关系，即原受托人作为法定信托的受托人，为了权利归属人（法定信托中的受益人）的利益处理相应的财产事务。

（三）信托财产上债务的归属

根据我国《信托法》的规定，信托终止后，人民法院依法对原信托财产进行强制执行的，信托财产归属人为被执行人。

（四）受托人报酬请求权和补偿权

在信托终止后，受托人依法享有的报酬请求权和补偿权未能实现的情况下，受托人可以对信托财产行使留置权或对信托财产归属人提出请求权。

根据我国《民法典》第四百四十七条的规定，债权人在债务人不履行到期债务时可以对其合法占有的债务人动产进行留置，并有权进行优先受偿。留置权是一种法定担保物权。[1] 根据《民法典》

[1] 魏振瀛：《民法》，北京大学出版社、高等教育出版社 2001 年版，第 284 页。

第四百五十七条的规定，如果受托人留置的信托财产上存在已经设立的抵押权或者质权，受托人作为留置权人优先于其他担保物权人受偿。

受托人担负着管理信托事务、运用处分信托财产的重要职责，其对信托所产生的债权，对于其他信托债权人来讲，是一种共益性的债务，理应得到优先受偿。

如果信托终止，信托财产已经属于归属人，但受托人的报酬请求权和补偿权未及实现，受托人可以向信托财产归属人提出请求。

中华人民共和国信托法

（2001 年 4 月 28 日第九届全国人民代表大会

常务委员会第二十一次会议通过）

目　　录

第一章　总　　则

第一条　为了调整信托关系，规范信托行为，保护信托当事人的合法权益，促进信托事业的健康发展，制定本法。

第二条　本法所称信托，是指委托人基于对受托人的信任，将其财产权委托给受托人，由受托人按委托人的意愿以自己的名义，为受益人的利益或者特定目的，进行管理或者处分的行为。

第三条 委托人、受托人、受益人（以下统称信托当事人）在中华人民共和国境内进行民事、营业、公益信托活动，适用本法。

第四条 受托人采取信托机构形式从事信托活动，其组织和管理由国务院制定具体办法。

第五条 信托当事人进行信托活动，必须遵守法律、行政法规，遵循自愿、公平和诚实信用原则，不得损害国家利益和社会公共利益。

第二章 信托的设立

第六条 设立信托，必须有合法的信托目的。

第七条 设立信托，必须有确定的信托财产，并且该信托财产必须是委托人合法所有的财产。

本法所称财产包括合法的财产权利。

第八条 设立信托，应当采取书面形式。

书面形式包括信托合同、遗嘱或者法律、行政法规规定的其他书面文件等。

采取信托合同形式设立信托的，信托合同签订时，信托成立。采取其他书面形式设立信托的，受托人承诺信托时，信托成立。

第九条 设立信托，其书面文件应当载明下列事项：

（一）信托目的；

（二）委托人、受托人的姓名或者名称、住所；

（三）受益人或者受益人范围；

（四）信托财产的范围、种类及状况；

（五）受益人取得信托利益的形式、方法。

除前款所列事项外，可以载明信托期限、信托财产的管理方法、受托人的报酬、新受托人的选任方式、信托终止事由等事项。

第十条 设立信托，对于信托财产，有关法律、行政法规规定应当办理登记手续的，应当依法办理信托登记。

未依照前款规定办理信托登记的，应当补办登记手续；不补办的，该信托不产生效力。

第十一条 有下列情形之一的，信托无效：

（一）信托目的违反法律、行政法规或者损害社会公共利益；

（二）信托财产不能确定；

（三）委托人以非法财产或者本法规定不得设立信托的财产设立信托；

（四）专以诉讼或者讨债为目的设立信托；

（五）受益人或者受益人范围不能确定；

（六）法律、行政法规规定的其他情形。

第十二条 委托人设立信托损害其债权人利益的，债权人有权申请人民法院撤销该信托。

人民法院依照前款规定撤销信托的，不影响善意受益人已经取得的信托利益。

本条第一款规定的申请权，自债权人知道或者应当知道撤销原因之日起一年内不行使的，归于消灭。

第十三条 设立遗嘱信托，应当遵守继承法关于遗嘱的规定。

遗嘱指定的人拒绝或者无能力担任受托人的，由受益人另行选任受托人；受益人为无民事行为能力人或者限制民事行为能力人的，依法由其监护人代行选任。遗嘱对选任受托人另有规定的，从其规定。

第三章 信托财产

第十四条 受托人因承诺信托而取得的财产是信托财产。

受托人因信托财产的管理运用、处分或者其他情形而取得的财产，也归入信托财产。

法律、行政法规禁止流通的财产，不得作为信托财产。

法律、行政法规限制流通的财产，依法经有关主管部门批准后，可以作为信托财产。

第十五条 信托财产与委托人未设立信托的其他财产相区别。

设立信托后，委托人死亡或者依法解散、被依法撤销、被宣告破产时，委托人是唯一受益人的，信托终止，信托财产作为其遗产或者清算财产；委托人不是唯一受益人的，信托存续，信托财产不作为其遗产或者清算财产；但作为共同受益人的委托人死亡或者依法解散、被依法撤销、被宣告破产时，其信托受益权作为其遗产或者清算财产。

第十六条 信托财产与属于受托人所有的财产（以下简称固有财产）相区别，不得归入受托人的固有财产或者成为固有财产的一部分。

受托人死亡或者依法解散、被依法撤销、被宣告破产而终止，信托财产不属于其遗产或者清算财产。

第十七条 除因下列情形之一外，对信托财产不得强制执行：

（一）设立信托前债权人已对该信托财产享有优先受偿的权利，并依法行使该权利的；

（二）受托人处理信托事务所产生债务，债权人要求清偿该债务的；

（三）信托财产本身应担负的税款；

（四）法律规定的其他情形。

对于违反前款规定而强制执行信托财产，委托人、受托人或者受益人有权向人民法院提出异议。

第十八条 受托人管理运用、处分信托财产所产生的债权，不得与其固有财产产生的债务相抵销。

受托人管理运用、处分不同委托人的信托财产所产生的债权债务，不得相互抵销。

第四章 信托当事人

第一节 委托人

第十九条 委托人应当是具有完全民事行为能力的自然人、法人或者依法成立的其他组织。

第二十条 委托人有权了解其信托财产的管理运用、处分及收支情况，并有权要求受托人作出说明。

委托人有权查阅、抄录或者复制与其信托财产有关的信托帐目以及处理信托事务的其他文件。

第二十一条 因设立信托时未能预见的特别事由，致使信托财产的管理方法不利于实现信托目的或者不符合受益人的利益时，委托人有权要求受托人调整该信托财产的管理方法。

第二十二条 受托人违反信托目的处分信托财产或者因违背管理职责、处理信托事务不当致使信托财产受到损失的，委托人有权申请人民法院撤销该处分行为，并有权要求受托人恢复信托财产的原状或者予以赔偿；该信托财产的受让人明知是违反信托目的而接受该财产的，应当予以返还或者予以赔偿。

前款规定的申请权，自委托人知道或者应当知道撤销原因之日起一年内不行使的，归于消灭。

第二十三条 受托人违反信托目的处分信托财产或者管理运用、处分信托财产有重大过失的，委托人有权依照信托文件的规定解任受托人，或者申请人民法院解任受托人。

第二节 受托人

第二十四条 受托人应当是具有完全民事行为能力的自然人、法人。

法律、行政法规对受托人的条件另有规定的，从其规定。

第二十五条 受托人应当遵守信托文件的规定，为受益人的最大利益处理信托事务。

受托人管理信托财产，必须恪尽职守，履行诚实、信用、谨慎、有效管理的义务。

第二十六条 受托人除依照本法规定取得报酬外，不得利用信托财产为自己谋取利益。

受托人违反前款规定，利用信托财产为自己谋取利益的，所得利益归入信托财产。

第二十七条 受托人不得将信托财产转为其固有财产。受托人将信托财产转为其固有财产的，必须恢复该信托财产的原状；造成信托财产损失的，应当承担赔偿责任。

第二十八条 受托人不得将其固有财产与信托财产进行交易或者将不同委托人的信托财产进行相互交易，但信托文件另有规定或者经委托人或者受益人同意，并以公平的市场价格进行交易的除外。

受托人违反前款规定，造成信托财产损失的，应当承担赔偿责任。

第二十九条 受托人必须将信托财产与其固有财产分别管理、分别记帐，并将不同委托人的信托财产分别管理、分别记帐。

第三十条 受托人应当自己处理信托事务，但信托文件另有规定或者有不得已事由的，可以委托他人代为处理。

受托人依法将信托事务委托他人代理的，应当对他人处理信托事务的行为承担责任。

第三十一条 同一信托的受托人有两个以上的，为共同受托人。

共同受托人应当共同处理信托事务，但信托文件规定对某些具体事务由受托人分别处理的，从其规定。

共同受托人共同处理信托事务，意见不一致时，按信托文件规定处理；信托文件未规定的，由委托人、受益人或者其利害关系人决定。

第三十二条 共同受托人处理信托事务对第三人所负债务，应当承担连带清偿责任。第三人对共同受托人之一所作的意思表示，对其他受托人同样有效。

共同受托人之一违反信托目的处分信托财产或者因违背管理职责、处理信托事务不当致使信托财产受到损失的，其他受托人应当承担连带赔偿责任。

第三十三条 受托人必须保存处理信托事务的完整记录。

受托人应当每年定期将信托财产的管理运用、处分及收支情况，报告委托人和受益人。

受托人对委托人、受益人以及处理信托事务的情况和资料负有依法保密的义务。

第三十四条　受托人以信托财产为限向受益人承担支付信托利益的义务。

第三十五条　受托人有权依照信托文件的约定取得报酬。信托文件未作事先约定的，经信托当事人协商同意，可以作出补充约定；未作事先约定和补充约定的，不得收取报酬。

约定的报酬经信托当事人协商同意，可以增减其数额。

第三十六条　受托人违反信托目的处分信托财产或者因违背管理职责、处理信托事务不当致使信托财产受到损失的，在未恢复信托财产的原状或者未予赔偿前，不得请求给付报酬。

第三十七条　受托人因处理信托事务所支出的费用、对第三人所负债务，以信托财产承担。受托人以其固有财产先行支付的，对信托财产享有优先受偿的权利。

受托人违背管理职责或者处理信托事务不当对第三人所负债务或者自己所受到的损失，以其固有财产承担。

第三十八条　设立信托后，经委托人和受益人同意，受托人可以辞任。本法对公益信托的受托人辞任另有规定的，从其规定。

受托人辞任的，在新受托人选出前仍应履行管理信托事务的职责。

第三十九条　受托人有下列情形之一的，其职责终止：

（一）死亡或者被依法宣告死亡；

（二）被依法宣告为无民事行为能力人或者限制民事行为能力人；

（三）被依法撤销或者被宣告破产；

（四）依法解散或者法定资格丧失；

（五）辞任或者被解任；

（六）法律、行政法规规定的其他情形。

受托人职责终止时，其继承人或者遗产管理人、监护人、清算人应当妥善保管信托财产，协助新受托人接管信托事务。

第四十条 受托人职责终止的，依照信托文件规定选任新受托人；信托文件未规定的，由委托人选任；委托人不指定或者无能力指定的，由受益人选任；受益人为无民事行为能力人或者限制民事行为能力人的，依法由其监护人代行选任。

原受托人处理信托事务的权利和义务，由新受托人承继。

第四十一条 受托人有本法第三十九条第一款第（三）项至第（六）项所列情形之一，职责终止的，应当作出处理信托事务的报告，并向新受托人办理信托财产和信托事务的移交手续。

前款报告经委托人或者受益人认可，原受托人就报告中所列事项解除责任。但原受托人有不正当行为的除外。

第四十二条 共同受托人之一职责终止的，信托财产由其他受托人管理和处分。

第三节 受益人

第四十三条 受益人是在信托中享有信托受益权的人。受益人可以是自然人、法人或者依法成立的其他组织。

委托人可以是受益人，也可以是同一信托的唯一受益人。

受托人可以是受益人，但不得是同一信托的唯一受益人。

第四十四条 受益人自信托生效之日起享有信托受益权。信托文件另有规定的，从其规定。

第四十五条 共同受益人按照信托文件的规定享受信托利益。信托文件对信托利益的分配比例或者分配方法未作规定的，各受益人按照均等的比例享受信托利益。

第四十六条 受益人可以放弃信托受益权。

全体受益人放弃信托受益权的，信托终止。

部分受益人放弃信托受益权的，被放弃的信托受益权按下列顺序确定归属：

（一）信托文件规定的人；

（二）其他受益人；

（三）委托人或者其继承人。

第四十七条 受益人不能清偿到期债务的，其信托受益权可以用于清偿债务，但法律、行政法规以及信托文件有限制性规定的除外。

第四十八条 受益人的信托受益权可以依法转让和继承，但信托文件有限制性规定的除外。

第四十九条 受益人可以行使本法第二十条至第二十三条规定的委托人享有的权利。受益人行使上述权利，与委托人意见不一致时，可以申请人民法院作出裁定。

受托人有本法第二十二条第一款所列行为，共同受益人之一申请人民法院撤销该处分行为的，人民法院所作出的撤销裁定，对全体共同受益人有效。

第五章 信托的变更与终止

第五十条 委托人是唯一受益人的，委托人或者其继承人可以解除信托。信托文件另有规定的，从其规定。

第五十一条 设立信托后，有下列情形之一的，委托人可以变更受益人或者处分受益人的信托受益权：

（一）受益人对委托人有重大侵权行为；

（二）受益人对其他共同受益人有重大侵权行为；

（三）经受益人同意；

（四）信托文件规定的其他情形。

有前款第（一）项、第（三）项、第（四）项所列情形之一的，委托人可以解除信托。

第五十二条 信托不因委托人或者受托人的死亡、丧失民事行为能力、依法解散、被依法撤销或者被宣告破产而终止，也不因受托人的辞任而终止。但本法或者信托文件另有规定的除外。

第五十三条 有下列情形之一的，信托终止：

（一）信托文件规定的终止事由发生；

（二）信托的存续违反信托目的；

（三）信托目的已经实现或者不能实现；

（四）信托当事人协商同意；

（五）信托被撤销；

（六）信托被解除。

第五十四条　信托终止的，信托财产归属于信托文件规定的人；信托文件未规定的，按下列顺序确定归属：

（一）受益人或者其继承人；

（二）委托人或者其继承人。

第五十五条　依照前条规定，信托财产的归属确定后，在该信托财产转移给权利归属人的过程中，信托视为存续，权利归属人视为受益人。

第五十六条　信托终止后，人民法院依据本法第十七条的规定对原信托财产进行强制执行的，以权利归属人为被执行人。

第五十七条　信托终止后，受托人依照本法规定行使请求给付报酬、从信托财产中获得补偿的权利时，可以留置信托财产或者对信托财产的权利归属人提出请求。

第五十八条　信托终止的，受托人应当作出处理信托事务的清算报告。受益人或者信托财产的权利归属人对清算报告无异议的，受托人就清算报告所列事项解除责任。但受托人有不正当行为的除外。

第六章　公益信托

第五十九条　公益信托适用本章规定。本章未规定的，适用本法及其他相关法律的规定。

第六十条　为了下列公共利益目的之一而设立的信托，属于公益信托：

（一）救济贫困；

（二）救助灾民；

（三）扶助残疾人；

（四）发展教育、科技、文化、艺术、体育事业；

（五）发展医疗卫生事业；

（六）发展环境保护事业，维护生态环境；

（七）发展其他社会公益事业。

第六十一条　国家鼓励发展公益信托。

第六十二条　公益信托的设立和确定其受托人，应当经有关公益事业的管理机构（以下简称公益事业管理机构）批准。

未经公益事业管理机构的批准，不得以公益信托的名义进行活动。

公益事业管理机构对于公益信托活动应当给予支持。

第六十三条　公益信托的信托财产及其收益，不得用于非公益目的。

第六十四条　公益信托应当设置信托监察人。

信托监察人由信托文件规定。信托文件未规定的，由公益事业管理机构指定。

第六十五条　信托监察人有权以自己的名义，为维护受益人的利益，提起诉讼或者实施其他法律行为。

第六十六条　公益信托的受托人未经公益事业管理机构批准，不得辞任。

第六十七条　公益事业管理机构应当检查受托人处理公益信托事务的情况及财产状况。

受托人应当至少每年一次作出信托事务处理情况及财产状况报告，经信托监察人认可后，报公益事业管理机构核准，并由受托人予以公告。

第六十八条　公益信托的受托人违反信托义务或者无能力履行其职责的，由公益事业管理机构变更受托人。

第六十九条　公益信托成立后，发生设立信托时不能预见的情形，公益事业管理机构可以根据信托目的，变更信托文件中的有关条款。

第七十条　公益信托终止的，受托人应当于终止事由发生之日起十五日内，将终止事由和终止日期报告公益事业管理机构。

第七十一条　公益信托终止的，受托人作出的处理信托事务的清算报告，应当经信托监察人认可后，报公益事业管理机构核准，并由受托人予以公告。

第七十二条　公益信托终止，没有信托财产权利归属人或者信托财产权利归属人是不特定的社会公众的，经公益事业管理机构批准，受托人应当将信托财产用于与原公益目的相近似的目的，或者将信托财产转移给具有近似目的的公益组织或者其他公益信托。

第七十三条　公益事业管理机构违反本法规定的，委托人、受托人或者受益人有权向人民法院起诉。

第七章　附　　则

第七十四条　本法自 2001 年 10 月 1 日起施行。